el

Cine español

Contado con sencillez

Lo que yo te diga

el
Cine español
Contado con sencillez

MAEVA

COLECCIÓN
Contado con sencillez

Dirigida por:
EDUARDO VERDÚ

Cubierta: Soledad Verdú Ferrándiz y Juan García-Escudero Desoto

© LO QUE YO TE DIGA: A. MARTÍNEZ, E. CASTRO Y J. ZAVALA, 2007
© MAEVA EDICIONES, 2007
  Benito Castro, 6
  28028 MADRID
  emaeva@maeva.es
  www.maeva.es

  ISBN: 978-84-96748-23-1
  Depósito legal: M-39.349-2007

  Fotocomposición: MCF TEXTOS, S. A.
  Impresión y encuadernación: Huertas, S. A..
  Impreso en España / Printed in Spain

A «nuestras» chicas: Ana y Andrea.
Blanca, Silvia y Beatriz.
Ana, María y Amaia.

El cine español empieza a rodar

¿Cuándo llegó el cine a España?

Era el mes de mayo de 1896 y Madrid vivía las vísperas de las fiestas de su patrón, San Isidro. Como siempre en esas fechas, multitud de forasteros, apodados cariñosamente «isidros», llegaban a la capital para disfrutar de los bailes al son del organillo, las corridas de toros y las meriendas de la Pradera del Santo. Pero entre los visitantes había un «isidro» que no se divertía. La responsabilidad de su misión le tenía muy preocupado. Era el francés **Alexandre Promio (1968-1927)**, enviado especial de los hermanos Lumière para dar a conocer en nuestro país el Cinematógrafo, el aparato de proyección de fotografías animadas que apenas 20 semanas antes, el 28 de diciembre de 1895, se había presentado en París con gran éxito.

En realidad, los españoles ya conocían la imagen en movimiento antes de la llegada de Promio. Meses atrás se habían ofrecido demostraciones públicas del Kinetoscopio, un invento patentado por Edison que tenía el inconveniente de ser una máquina de uso individual. En cambio, sí podían verse colectivamente y proyectadas en una pantalla las imágenes del Animatógrafo, otro sistema parecido al cine pero con mayores imperfecciones que pocos días antes había sido presentado en el Circo Parish de Madrid.

El éxito del invento de los Lumière haría caer pronto en el olvido a estos otros aparatos.

Aconsejado por el embajador francés, Alexandre Promio alquiló un local situado en los bajos del Hotel Rusia, en la Carrera de San Jerónimo, una de las vías más distinguidas de la capital. El enviado de los Lumière conocía bien la importancia de la publicidad para el éxito de su lanzamiento y sabía que debía ganarse a la prensa. Por eso, la víspera de la inauguración, organizó un pase privado para periodistas y personalidades que con sus comentarios se encargarían de calentar el ambiente para la presentación oficial.

Al día siguiente, el 14 de mayo, la gente hacía cola ante el local desde primeras horas de la mañana a pesar de que el precio de la entrada era de una peseta, bastante caro para la época, ya que cualquier espectáculo teatral costaba la mitad. Pero a juzgar por las reacciones posteriores, el gasto mereció la pena. El programa que vieron aquel día los madrileños era prácticamente el mismo que meses antes se había presentado en París, con su *Salida de los obreros de la fábrica Lumière*, *La llegada de un tren* o *Vistas de los Campos Elíseos*. La impresión de aquellas películas en los primeros espectadores fue tremenda y la fama del nuevo invento corrió como la pólvora. El embajador francés, que ya había asistido a la sesión privada, regresó acompañado de un grupo de alumnas del colegio San Luis de los Franceses. Una de ellas, Paz Salcedo, publicaría años después en la revista de los años 40 *Primer Plano* sus recuerdos de la sesión, según lo recoge el historiador cinematográfico Fernando Méndez-Leite: «Recuerdo la algazara que se produjo al ver andar a los hombres muy deprisa, muy deprisa, entre la horripilante oscilación que dañaba la vista; el susto que nos producía el ver que se nos echaban encima los caballos de los «fiacres» y de los ómnibus y que a todas, instintivamente, nos obligaba a echarnos hacia atrás en las sillas creyendo que nos atropellaban; y por último, el palmoteo y la nueva algazara que se armó en *El regador regado,* al ver salir agua de la manga de aquel inocente jardinero, y las risotadas cuando el chico que le había pisado la manga levantó el pie y le puso como una sopa».

¿Cuál fue la primera película que se rodó en nuestro país?

En los días siguientes Promio siguió mostrando el cine a los madrileños a razón de veinte sesiones diarias. La Familia Real en pleno acudió a ver el espectáculo y felicitó personalmente al operador francés. Orgulloso y satisfecho, Alexandre Promio informó a sus patronos de Lyon del éxito de su misión y éstos le encargaron que rodara una serie de vistas locales para aumentar la atracción del público y, de paso, enriquecer los programas de la compañía Lumière que se exhibían ya por diferentes países. Las primeras imágenes las filmó en Barcelona, en concreto una panorámica titulada *Plaza del Puerto de Barcelona*, que es por derecho la primera película rodada en nuestro país, aunque por su baja calidad no fue incluida en el catálogo Lumière. Sí lo fueron en cambio las vistas madrileñas que el operador filmó en los primeros días de junio de 1896; pequeñas películas de uno o dos minutos de duración con títulos como *Puerta del sol, Llegada de los toreros* o *Ciclistas militares*. Por cierto, uno de estos rodajes provocó un pequeño incidente en Palacio. Promio había solicitado al Intendente de la Guardia Real que hiciera funcionar unas piezas de artillería para registrar el momento. Cuando éste se negó, el francés acudió a la Regente María

Cristina, a la que tan buena impresión había causado días atrás, y ella, sin dudarlo, dio la orden de disparar los cañones para el cine, dejando a su oficial en evidencia ante toda la tropa.

El espectáculo de Alexandre Promio en los bajos del Hotel Rusia se mantuvo en Madrid hasta el 19 de junio. En las semanas siguientes comenzaron las presentaciones en otras ciudades españolas. A partir de ese momento el Cinematógrafo dejó de ser una curiosidad científica para convertirse en un negocio de empresarios emprendedores que solicitaban equipos a la casa Lumière.

¿Y cuándo surgió el cine propiamente español?

El cine, que había nacido en nuestro país en un salón aristocrático, pronto bajó de las alturas para instalarse en barracas, casetas de feria y salones de variedades. Dos de los asistentes a esas primeras proyecciones ofrecidas en Madrid por Promio fueron los aragoneses **Eduardo Jimeno (1869-1947)** y su padre, que regentaban una barraca de figuras de cera. Enseguida se dieron cuenta de las posibilidades lucrativas del invento y, tras hacerse con un aparato Lumière no sin muchas dificultades, se dirigieron a Zaragoza para ofrecer su espectáculo en las fiestas del Pilar. Lo malo es que otro feriante, Estanislao Bravo, había tenido la misma idea y en su barracón exhibía un cartel que decía: «En la caseta de enfrente, trece películas; aquí catorce.»

Estimulados por la competencia, los Jimeno decidieron ofrecer películas más cercanas que atrajeran al público, y así rodaron la que durante muchos años ha sido considerada la primera película del cine español: *Salida de misa de doce del Pilar,* un plano general de la gente saliendo de la iglesia, que tuvo un éxito rotundo, ya que los espectadores acudían a verse a si mismos y volvían una y otra vez acompañados de amigos y familiares para que pudieran «admirarles» en su papel.

Hace unos años, en octubre de 1996, se celebró en Zaragoza el centenario del nacimiento del cine español conmemorando el estreno de la película de los Jimeno. Sin embargo, estudios más recientes han demostrado que el filme no se rodó en 1896 sino un año después, con lo que el honor de haber filmado la primera película española correspondería a **José Sellier (1850-1922)** que, en junio de 1897, rodó *El entierro del general Sánchez Bregua*. Sea como sea, nadie puede quitarles el mérito a los Jimeno, pioneros que extendieron el cine en nuestro país y rodaron el film más antiguo de los que actualmente se conservan.

Tras exhibir su negocio por ferias y pueblos, padre e hijo acabarían instalando un recinto estable en la madrileña calle de Fuencarral, con el ambicioso nombre de Palacio de Proyecciones. Un cine que ha sido reformado varias veces y que es hoy en día un moderno complejo multisalas.

¿En el cine de entonces todo eran «vistas» documentales? ¿No había argumentos de ficción?

Un grupo de jóvenes sentados en la terraza de un café discuten y se enzarzan en una pelea por causa de una mujer. Ésa es a grandes rasgos la trama de *Riña en un café,* rodada en agosto de 1897 por el catalán **Fructuoso Gelabert (1874-1955)** y citada siempre como la primera película argumental del cine español. Gelabert es otro de los grandes pioneros de nuestro cine, y muchos historiadores le consideran el verdadero fundador de la industria cinematográfica en España.

Sus conocimientos de mecánica y fotografía le llevaron a construir su propio aparato tomavistas. A partir de ese momento ninguna de las facetas del quehacer cinematográfico le fue ajena. Fue actor, director, guionista, operador y productor, además de empresario, instalador de cinemas y técnico de mantenimiento de proyectores. En 1899 creó en Barcelona el primer taller para construir aparatos de proyección y un laboratorio de revelado. Poco después estableció por primera vez en nuestro país el alquiler de películas para exhibidores, lo que impulsó notablemente el desarrollo del Cinematógrafo ya que los dueños de las salas no tenían que hacer grandes desembolsos en la compra de películas. Pero más aún, se puede decir que Gelabert contribuyó a este desarrollo llevando literalmente el cine a cuestas por toda la geografía nacional. Con su equipo acudía a todos los pueblos y ciudades que reclamaban su presencia. En algunos lugares ni siquiera existía la electricidad y él, para producir la corriente que permitiera sus demostraciones, adaptaba una dinamo a las ruedas de su automóvil.

Como autor, su afán fue siempre el de explorar las distintas posibilidades del nuevo arte. Así, ya en 1897, fue el precursor del cine documental al filmar un reportaje de las obras del rompeolas del puerto de Barcelona. Al año siguiente, con motivo de un viaje del rey a Cataluña, rodó *La visita de doña María Cristina y don Alfonso XIII a Barcelona,* que tuvo tanto éxito que fue comprada por la compañía francesa Pathé, lo que la convierte en la primera película española exportada al extranjero. Gelabert, antes incluso de Segundo de Chomón, inauguró también en España el cine de trucos y efectos especiales rodando con maquetas el *Choque de dos trasatlánticos*

(1899); y suyas fueron las primeras investigaciones de cine en relieve gracias a un proyector especial que él mismo inventó.

Más curioso aún resulta un primitivo sistema de cine parlante que ensayó con *Los competidores* (1908). Durante la filmación, en lugar de los gestos habituales del cine mudo, los actores pronunciaban claramente sus diálogos. Luego, al proyectar la cinta en Barcelona, escondía a esos mismos intérpretes en el foso del teatro para que repitieran las mismas frases en directo buscando la sincronización con la imagen.

Entre 1897 y 1931 Gelabert rodó 110 películas de todo tipo: documentales, cómicas, adaptaciones literarias e incluso sucesos de actualidad que él dramatizaba convenientemente. Ya en 1898 se atrevió con una versión de *La Cenicienta* en plan «superproducción». En ella aparecían innumerables personajes vestidos con trajes de época y actuando en espléndidos salones. El propio Gelabert recogía en sus memorias los comentarios que la gente hacía a la salida del cine de Palma de Mallorca en el que se proyectaba:

No sé –decían– cómo el buque ha podido traer a la isla tanta gente como sale en el teatro.

¡Y el gasto que harán diariamente en trajes! Porque muchos de ellos deben estropearse y tendrán que reponerlos para salir bien.

¡Lo que me gustaría ver son las grandes calderas que necesitan para dar de comer diariamente a tanto personal!

¿Por qué en los Goya hay un premio técnico llamado Segundo de Chomón?

El premio Segundo de Chomón se concede a las «mejoras tecnológicas en beneficio de la Cinematografía» y lleva ese nombre en recuerdo de otro de los padres del cine español, el más creativo e innovador de todos ellos, cuyas aportaciones en el campo de los efectos especiales le llevaron a ser comparado con George Méliès, el inventor del cine fantástico.

El aragonés **Segundo de Chomón (1871-1929)** fue una de las primeras personas en comprender el campo ilimitado para la imaginación que se abría con el cine. En sus filmes las personas aparecían y desaparecían, los objetos se movían solos o se multiplicaban en una misma imagen. Pintaba las películas fotograma a fotograma para conseguir cine en color; usaba maquetas combinándolas astutamente con imágenes reales o transparencias que servían como fondos exóticos y fantásticos a los actores. También se le atribuye la invención del *travelling* o cámara en movimiento, técnica que creó de forma rudimentaria pero ingeniosa uniendo dos patines con una tabla sobre la que montaba su tomavistas. La mayoría de sus trucos se basaban en el llamado «paso de manivela», técnica que él perfeccionó y que consistía en la filmación fotograma a fotograma, de tal forma que, en los intervalos, era posible la alteración de las posiciones o la desaparición de objetos y personajes ante la cámara.

Chomón comenzó su carrera montando un taller en Barcelona para el coloreado a mano de películas y la traducción de rótulos de filmes extranjeros. Su fama pronto se extendió y empezó a recibir encargos de varios países. Al mismo tiempo rodaba películas de todo tipo: cuentos como *Pulgarcito (*1903) o argumentos históricos como *El sitio de Zaragoza* (1906), aunque su mayor interés era investigar trucos. En 1905 rodó un *Eclipse de sol*, presentado como algo mágico, que dejó al público boquiabierto. Pero, sin duda, su película más famosa es *El hotel eléctrico* (1908), en la que un matrimonio llega a un hotel en el que el personal ha sido sustituido por la electricidad. Las maletas se trasladan solas a la habitación; la ropa se va colocando por sí misma en el armario; un cepillo animado limpia las botas del señor mientras un peine arregla por su cuenta el cabello de la mujer. Y es que en eso, básicamente, consistía el trabajo de Chomón, en dibujar sueños y fantasías imposibles.

Chomón emigró a Francia contratado por la compañía Pathé para rodar «fantasmagorías», nombre con el que por entonces se conocían a las películas fantásticas con profusión de seres sobrenaturales. Otra de sus especialidades era el género de viajes imaginarios: *Viaje a Júpiter, Viaje al fondo de la Tierra, Nuevo viaje a la Luna...* También trabajó en Italia, donde fue contratado en calidad de operador de cámara y técnico de efectos especiales en muchas películas, destacando especialmente su labor en *Cabiria* (1914), la mayor superproducción histórica rodada hasta entonces. Con Abel Gance, uno de los grandes maestros del cine francés, colaboró en *Napoleón* (1927), en la que se encargó de los trucos fotográficos y de las maquetas. Suyo era, por ejemplo, el aplaudido efecto final en el que un águila se posaba sobre el mástil de la barca que llevaba a la familia de Napoleón hacia Córcega.

Segundo de Chomón murió en 1929 como consecuencia de una enfermedad contraída en Marruecos mientras ensayaba el uso del color en un documental. A sus espaldas quedaban centenares de películas que habrían de influir notablemente en la obra de muchos cineastas posteriores. También un puñado de invenciones técnicas que resultarían claves para el progreso del lenguaje cinematográfico.

¿Cómo eran los cines por entonces?

De las primeras barracas ambulantes se pasó a los cafés y a los teatros donde las películas se exhibían a menudo como complemento de otros números de variedades. Más tarde fueron surgiendo locales estables, los llamados «coliseos». Como los precios de las entradas eran baratos, entre diez y veinticinco céntimos, el cine poco a poco se fue convirtiendo en la principal diversión del pueblo. En 1914 había más de 900 cinematógrafos en toda España. Hacia 1922 las salas de exhibición eran ya cerca de 1.500, casi la décima parte del total europeo.

Un personaje imprescindible en los cines de la época era el «explicador», persona de verbo fácil y mucha imaginación que, a su manera, iba contándole al público lo que sucedía en la pantalla. A veces acompañaban sus comentarios con efectos sonoros que ellos mismos producían con diversos utensilios. Hay que tener en cuenta que la tasa de analfabetismo en España por entonces era del 60 por ciento y que el público más habitual de los cines pertenecía a las clases populares, por lo que los carteles explicativos no eran suficientes. Algunos de estos «explicadores» eran realmente graciosos y alcanzaron una gran popularidad, hasta el punto de que la gente iba al cine atraída sólo por ellos. Uno de los más famosos fue el novelista Tomás Borrás. Otras veces, en cambio, se convertían en el blanco de insultos, burlas y hasta agresiones del público, tanto por sus equivocaciones como porque los espectadores expresaban así su disgusto con la película.

¿Y cómo era la industria del cine?

Durante las dos primeras décadas del siglo XX Barcelona fue el motor del cine español. Allí se creó la primera productora nacional, fundada por Segundo de Chomón y los empresarios Albert Marro y Luis Macaya. Comenzaron produciendo las cintas de trucos de Chomón, además de algunos documentales y películas cómicas. La empresa se transformó poco después en Hispano Films, compañía que logró el primer gran éxito comercial del cine español: *Don Juan Tenorio* (1908), dirigida por **Ricardo Baños (1882–1939)**, uno de los realizadores más activos de estos primeros años. A la estela de Hispano Films surgirían otras muchas productoras, la mayoría de ellas también instaladas en Barcelona, pero de vida muy corta. Casi ninguna superaba los cuatro años y muchas se creaban exclusivamente para la producción de sólo una película.

Hacia 1910 el único que aguantaba la competencia catalana era el valenciano **Antonio Cuesta (1882–1931)**, cuya productora se especializó en reportajes taurinos. Como tenía un archivo considerable de faenas, Cuesta decidió montar un servicio de películas de corridas a la carta, juntando a los diestros deseados por cada cliente, aunque éstos nunca hubiesen compartido cartel en la vida real. Enseguida le llovieron peticiones de varios países y se convirtió en el primer exportador cinematográfico de este período.

Cuando llegó la Primera Guerra Mundial el cine español pudo haber aprovechado el parón de la producción cinematográfica de los países beligerantes para intentar penetrar en los mercados internacionales. Pero la industria era débil. No había estudios, ni tampoco la suficiente película virgen puesto que toda la que se utilizaba era de importación. El gran capital español de la época nunca se sintió atraído por el negocio del cine. Las inversiones que se hacían eran puntuales, pero no había continuidad ni se planteaba la producción de películas de una forma industrial.

Tampoco existía una legislación adecuada que favoreciera al cine español. Las primeras normativas surgieron a partir de 1908, pero se limitaban a regular las condiciones para abrir salas de exhibición y los impuestos derivados del precio de cada entrada. En los años siguientes aparecieron varias disposiciones de censura. Por ejemplo, en 1918 el gobernador de Barcelona prohibió que los personajes de las películas tuvieran nombres de personas conocidas. Y en 1920 el Director General de Seguridad dictó una ridícula norma por la cual los hombres debían separarse de las mujeres en las salas de proyección. Afortunadamente, nunca llegó a cumplirse.

A partir de los años 20 Madrid tomó el testigo de Barcelona como capital del cine español, en buena parte favorecida por el centralismo de la dictadura de Primo de Rivera. Surgieron entonces grandes productoras como Atlántida o Film Española, que crearon sus propios estudios de rodaje. Detrás de Atlántida se encontraban destacados miembros de la burguesía industrial y de la aristocracia y fue el primer intento de cierta envergadura económica destinado a dinamizar la producción cinematográfica española.

¿Qué clase de películas se hacían?

El panorama creativo era en general bastante pobre. Los argumentos se centraban en el costumbrismo, con adaptaciones de zarzuelas y sainetes, además de otras películas pintorescas sobre toros, casticismo y folclore. El escritor José María Escudero lo resumió diciendo que el cine mudo español es un pueblo: «la andaluzada, la baturrada, la madrileñada y la zarzuelada». Hay que aclarar que los exhibidores, como pasa a menudo hoy en día, solían mostrarse reticentes ante las películas españolas y preferían el cine que venía de los Estados Unidos, Francia o Italia. Ello llevó a los directores a buscar géneros nacionales y castizos que intentaran conectar con la sensibilidad popular.

Durante la década de 1910 tuvieron bastante éxito los seriales por entregas, películas de episodios que se estrenaban semanalmente y que el público seguía con pasión, lanzando insultos desde las butacas contra «los malos» y aplaudiendo entusiasmado las heroicidades de «los buenos». Uno de los seriales más populares fue *Los misterios de Barcelona* (1915) de Albert Marro. Otro, *Fuerza y nobleza* (1918), protagonizado por el boxeador Jack Johnson, el primer afroamericano que conquistó el título mundial de los pesos pesados.

A mediados de los años 20 llegó el mayor éxito comercial del cine mudo español con *La casa de la Troya* (1924), adaptación de la novela de **Alejandro Pérez Lugín (1870-1926)**, que el propio escritor dirigió para la pantalla. Lugín realizó una agresiva campaña de publicidad y, ante la reticencia de los exhibidores para estrenar la película, se decidió él mismo a alquilar el Teatro de la Zarzuela de Madrid, donde consiguió colgar el cartel de «no hay entradas» durante varias semanas. Un año más tarde, el escritor repetiría la jugada con otra adaptación propia, *Currito de la Cruz,* pero su repentina muerte en 1926 dio al traste con cualquier otro proyecto.

El éxito económico de *La casa de la Troya* animó el interés de los inversores por el cine y en la segunda mitad de la década se produjeron varios éxitos que pudieron competir de tú a tú con el cine de Hollywood: *La Malcasada* (1926), *El negro que tenía el alma blanca* (1927), *¡Viva Madrid que es mi pueblo!* (1928) o *Prim* (1930). Pero en éstas llegó el cine sonoro con su mayor complejidad técnica y la producción española cayó en picado, barrido por el cine americano, que ofrecía la atractiva novedad de las películas parlantes.

¿Además de Pérez Lugín había otros escritores que también se interesaban por el cine?

En los primeros años la consideración del cine entre los intelectuales iba del desprecio, en general mayoritario, a la indiferencia, en el mejor de los casos. Para ellos el cine no era un arte sino tan sólo una simple «degradación del teatro». Los escritores de la Generación del 98 fueron casi todos cinematófobos. Unamuno, por ejemplo, se negaba a permitir que llevaran sus novelas a la pantalla. «Si etimológicamente "película" significa "pellejo" —decía— "peliculear" una obra literaria no sería otra cosa que "despellejarla"». Azorín aseguraba orgulloso que a lo largo de su vida sólo había visto una película y que fue suficiente para él (años más tarde, sin embargo, cambiaría de opinión y escribiría artículos y críticas de cine). Machado definía el cine como «un invento de Satanás para aburrir al género humano» y Pío Baroja echaba pestes de las adaptaciones que se hacían de sus obras. Aun así, apareció haciendo de sargento carlista en la versión muda de *Zalacaín el aventurero* (1929), para luego renegar tanto de la película como de su interpretación.

Más adelante, sin embargo, la mayor duración de las cintas permitió tramas más complejas. Fueron cada vez más frecuentes las adaptaciones de obras literarias universales y, en consecuencia, algunos autores vieron en el nuevo invento un medio eficaz para difundir sus creaciones. Dramaturgos como Eduardo Marquina, Joaquín Dicenta o Adriá Gual escribieron argumentos originales para la pantalla o adaptaron sus propias obras. Gual fue además el impulsor de Barcinógrafo, una de las productoras más destacadas de la década de 1910. Pero hubo dos autores cuya implicación con el cine superó a la del resto: Benavente y Blasco Ibáñez.

Jacinto Benavente (1866-1954) había asistido a las primeras proyecciones del Cinematógrafo en Madrid en 1896 y desde entonces había mostrado un gran interés por el nuevo arte. Su relación con el cine era de amor-odio. Decía, por ejemplo, que «cuando te contratan una obra para hacerla película, lo que te pagan son los desperfectos que van a ocasionarte». Pero en vez de quedarse en las quejas, Benavente decidió lanzarse él mismo a la creación cinematográfica y en 1918 dirigió para la pantalla una versión de su obra *Los intereses creados*. Más aún, descontento con la calidad técnica de la copia, creó su propia productora para ofrecer mejores productos y con ella dirigiría dos películas más: *La Madonna de las rosas* (1919), con argumento original escrito para el cine, y *Más allá de la muerte* (1924).

Con el mismo empeño, pero mayor éxito aún, **Vicente Blasco Ibáñez (1867-1928)** también quiso participar en la aventura cinematográfica. En 1916 dirigió su propia versión de *Sangre y arena* y durante años trabajó en una adaptación del Quijote que finalmente no pudo llevar a cabo. Blasco Ibáñez escribió algunos argumentos de películas, pero sobre todo triunfó internacionalmente con las adaptaciones cinematográficas que a partir de la década de los 20 Hollywood hizo de sus novelas; títulos como *Los cuatro jinetes del Apocalipsis, Mare Nostrum* o *Sangre y arena*. Sus argumentos melodramáticos y populistas eran muy apropiados para la pantalla y además añadían otro factor muy atractivo para el cine norteamericano: un exotismo repleto de toreros y pescadores de La Albufera.

A diferencia de Unamuno o Baroja, Blasco Ibáñez supo entender enseguida las ventajas del nuevo arte. En una carta a Martínez de la Riva fechada en 1921 el novelista escribía: «Puede uno, gracias al Cinematógrafo, ser aplaudido en la misma noche en todas las regiones del globo… esto es tentador y conseguirlo representaría la conquista más enorme y victoriosa que puede coronar una existencia.»

¿Quién fue el fundador de la industria cinematográfica madrileña?

«El más internacional de nuestros directores», «uno de los grandes responsables de la modernización del cine español», pero también: «Afrancesado», «cineasta antiespañol», «enemigo del cine patrio»… Todo eso y mucho más decían de **Benito Perojo (1893-1974)**, cuya figura siempre estuvo rodeada de controversia. Mientras algunos le consideraban el mejor de nuestros directores, otros no le perdonaban que le gustara rodar en estudios extranjeros con equipos en los que se mezclaban profesionales españoles y foráneos. Incluso se llegó a insinuar maliciosamente que la dirección de sus películas la llevaban de forma encubierta directores extranjeros.

Polémicas al margen, lo cierto es que fue uno de los directores más importantes de los años 20 y 30, y uno de los grandes impulsores del sistema de coproducciones. También fue el gran pionero de la industria cinematográfica en Madrid, ciudad que había asistido con apatía al dominio empresarial de Barcelona durante las dos primeras décadas del cine. Así fue hasta que entró en escena Benito Perojo, un joven de apenas 20 años que había estudiado ingeniería en Inglaterra y era hijo de un famoso editor y diputado liberal. Interesados por el cine, él y su hermano José filmaron en 1913 un pequeño documental titulado *Cómo se hace un periódico*. El éxito de la cinta les animaría dos años más tarde a fundar la productora Patria Films, la primera editora de películas madrileña de cierto empaque. Con ella Perojo dirigió e interpretó varios cortos cómicos protagonizados por un personaje llamado «Peladilla» que se inspiraba descaradamente en Charlot.

A pesar de la fama que le proporcionaron estas películas, Perojo tomó entonces una decisión que demuestra su empeño sincero por conocer en profundidad la técnica cinematográfica. Se fue a Francia y allí buscó trabajo como figurante. Poco a poco fue accediendo a papeles más importantes como actor, al tiempo que aprendía los diversos oficios del cine. Este largo período de aprendizaje culminaría hacia 1922 con la dirección de dos películas documentales. Cuando se sintió preparado, Perojo regresó a España y ayudó a Jacinto Benavente a poner en marcha su productora. Para ella rodaría sus primeros largometrajes españoles, que incluyen títulos de gran éxito como *Boy* (1925), *Malvaloca* (1926) y, sobre todo, *El negro que tenía el alma blanca* (1927), con la que debutó en el cine la cantante Concha Piquer. El director solía rodar los interiores en estudios franceses, y en sus equipos abundaban los profesionales extranjeros, lo que provocó, como hemos dicho antes, la crítica de muchos compañeros que le acusaban de falta de apoyo a la industria cinematográfica española. Pero ése no era el único rasgo distintivo del cine de Perojo. Sus películas de esta época huían del casticismo habitual del cine español e intentaban poner en pie un cine burgués de carácter cosmopolita.

A finales de los años 20 trabajó en Francia y en Hollywood en las dobles versiones que las grandes productoras americanas rodaban para el mercado hispano durante los primeros años del cine sonoro. Perojo sería también uno de los impulsores de la revolución que trasformó el cine, dirigiendo algunas de las primeras películas parlantes que se filmaron en España. Durante la II República el cine de Benito Perojo llegó a su cenit. *Se ha fugado un preso* (1933) fue la primera película española proyectada en el Festival de cine de Venecia. Pero nada comparable al éxito que obtuvo con la versión sonora de *La verbena de la Paloma* (1935), para algunos el mejor musical de la historia de nuestro cine, en el que supo adaptar al ambiente español la alegría y la elegancia de los musicales americanos de los años 30.

Durante la Guerra Civil rodó en Alemania e Italia varias películas que sirvieron para lanzar la carrera de Estrellita Castro. Perojo, que siempre destacó por sus productos cosmopolitas, se adentró en esta fase de su trayectoria en el cine costumbrista y folclórico que había tratado de evitar en sus comienzos. Su último éxito, *Goyescas* (1942), protagonizado por Imperio Argentina, iba también en esta línea.

Los años 40 marcaron su ocaso profesional. Pasó varios años en Argentina, donde rodó las últimas películas notables de su filmografía. En los 50 abandonó el trabajo de director y desde entonces, y hasta su muerte en 1974, se dedicó exclusivamente a las labores de producción, especializándose en películas musicales con Carmen Sevilla, Pili y Mili o Sara Montiel.

¿Era habitual, como en el caso de Perojo, que los directores empezaran trabajando de actores?

Fue casi una constante entre los grandes directores españoles de la época. **José Buch (1896–1973)** era un joven actor cántabro que fue contratado para interpretar el papel de «Arlequín» en la versión de *Los intereses creados* que Benavente dirigió en 1918. Como era uno de los pocos miembros de ese rodaje que tenía ciertos conocimientos técnicos, se le encomendó también el trabajo de ayudante de dirección junto a otro joven: Fernando Delgado. Satisfecho de la experiencia, Buch decidió lanzarse a la dirección con varias películas, en las que también intervino como actor, y enseguida se convirtió en un realizador muy popular. De hecho se le considera el primer director verdaderamente comercial de la historia del cine español.

Sus películas buscaban siempre la conexión con el público mediante historias basadas en la tradición popular. «Considero un error desdeñar el costumbrismo, que diferencia unos pueblos de otros», explicaba el propio Buch. «Contamos con temas exclusivos nuestros, como la fiesta brava, riquísima en fascinantes sugestiones, y el bandidaje andaluz. Nuestra historia es una de las más apasionantes del mundo y por ello estamos obligados a utilizarla como uno de los más sólidos sustentos del cine español.»

Las películas de José Buch se consideraban éxitos infalibles de taquilla y sus 29 largometrajes dirigidos entre 1920 y 1930 le sitúan como el director más activo de la década. Era famoso por la rapidez con que rodaba, aunque esa rapidez a veces le llevaba a ofrecer productos poco elaborados. Pero sus cintas siempre daban beneficios. Tenía a gala no derrochar ni un solo metro de celuloide. Por eso acostumbraba a poner la mano delante del objetivo al tiempo que gritaba «¡Corten!» a fin de no malgastar material inútilmente.

Buch fue también quien impuso la moda de adaptar zarzuelas al cine. En 1921 consiguió su primer gran éxito con la versión muda de *La verbena de la paloma*, que tuvo un coste de 42.000 pesetas, cinco veces superior a cualquier producción de la época. Los decorados eran lo nunca visto hasta entonces en cuanto a lujo y detalle. Pero además el director tuvo el acierto de hacer que los actores cantaran de verdad durante el rodaje. Luego, cuando se estrenó la película, una orquesta de 60 músicos acompañaba la proyección y los espectadores, que se conocían la zarzuela al dedillo, cantaban a coro todas las canciones, siguiendo únicamente el movimiento de los labios de los actores.

A partir de entonces las adaptaciones del llamado «género chico» fueron muy habituales en su filmografía. También ayudó a poner de moda el cine de bandoleros, con películas como *Diego Corrientes* (1924) o *Una extraña aventura de Luis Candelas* (1926). Hizo sainetes, películas de toros y varias novelizaciones históricas como *El dos de mayo* (1927), *El Empecinao* (1929) o *Prim* (1930), la producción española más ambiciosa hasta aquella fecha. En la reconstrucción histórica de la batalla de Castillejos, por ejemplo, movilizó más de 2.000 extras y 600 caballos, cifras habituales de Hollywood pero impensables en nuestro cine. *Prim* fue también una de las películas pioneras del cine sonoro español. Aunque se rodó como una cinta muda, luego fue sonorizada parcialmente en París. No obstante, Buch tiene el honor también de ser el responsable de la primera película totalmente sonora producida en España, que tratándose de él, no podía ser otra sino una nueva zarzuela: *Carceleras* (1932).

A **Fernando Delgado (1891-1950)** le acabamos de nombrar como compañero de Buch en el rodaje de *Los intereses creados*. El hijo del escritor y fundador de la Sociedad de Autores, Sinesio Delgado, comenzó como actor de teatro siendo casi un adolescente. Perojo le dio la alternativa en el cine en una de sus primeras cintas cómicas y en 1924 se pasó a la dirección como responsable de *Los granujas*. Su cine, como el de Buch, era también costumbrista y popular y tuvo una larga carrera llena de aciertos, entre los que brillan especialmente *Las de Méndez* (1927), *El gordo de Navidad* (1929) o *¡Viva Madrid que es mi pue-*

blo! (1928). Esta última, protagonizada por el torero Marcial Lalanda, tuvo un éxito arrollador y con ella se utilizó por primera vez en España el negativo infrarrojo, que permitió ofrecer una fotografía llena de contrastes y belleza. Fernando Delgado destacó como un excelente director de actores y solía escribir él mismo sus propios guiones. Era un gran profesional, concienzudo y tan cuidadoso del detalle que en los chistes de entonces se decía de él que «hilaba muy delgado».

No menos importante en la época fue también **Manuel Noriega (1880-1961)**, un asturiano emigrado muy joven a Méjico donde, además de formar parte de las huestes de Pancho Villa, se convirtió en uno de los actores pioneros del cine mejicano. También pasó por Hollywood, donde participó en varias comedias burlescas de la década de 1910. Su carrera como director en España comenzó con *Problema resuelto* en 1923, y destacó con películas como la adaptación de la zarzuela *Don Quintín el amargao* (1925), la comedia futurista *Madrid en el año 2000* (1925) o el melodrama rural *Bajo las nieblas de Asturias* (1926).

Hubo otros directores como Florián Rey o Juan de Orduña que también empezaron su carrera como actores, pero de ellos hablaremos más tarde.

¿Quiénes fueron las primeras estrellas de nuestro cine?

Durante las dos primeras décadas del siglo XX los directores aprovecharon el prestigio de algunas estrellas del teatro, como Margarita Xirgu, Enrique Borrás o María Guerrero, para lanzarlas a la pantalla y convertirlas en un reclamo para el público. Sin embargo, la mayoría de los actores teatrales renegaba del cine, ya que se sentían limitados ante las cámaras al no poder lucir sus voces bien moduladas. Por fin, a partir de los años 20, fue surgiendo poco a poco un modesto *star-system* nacional formado por actores que se habían hecho populares gracias exclusivamente a las películas.

Entre los intérpretes masculinos destacaban sobre todo **José Montenegro (1893-1956)**, uno de los actores más versátiles y prolíficos de la década, o **Fortunio Bonanova (1895-1969)**, especialista en papeles de galán que con el tiempo se trasladaría a Hollywood donde continuó su carrera participando en películas como *Ciudadano Kane* de Orson Welles o *Perdición* de Billy Wilder. Galán que provocaba suspiros entre las mujeres fue también el futuro director Juan de Orduña, que comenzó su larga trayectoria en el cine como actor de gran tirón popular, sobre todo tras su éxito en *La casa de la Troya* y en *Boy* de Perojo. Y no faltaron tampoco especialistas del género cómico, como Pedro Elviro «Pitouto» o Alfredo Hurtado «Pitusín», la primera estrella juvenil de nuestra cinematografía.

Muchos de estos actores eran vocacionales. Otros, en cambio, llegaban al cine por simple casualidad. Tal fue el caso de **Pedro Larrañaga (1887-1944).** Un día, mientras acompañaba en un rodaje a una actriz alemana de la cual se había enamorado, un ayudante de dirección le confundió con uno de los actores de la producción y le dio las órdenes para interpretar una escena, trabajo que él hizo con gran diligencia. La experiencia resultó reveladora y a partir de ese momento decidió dedicarse al cine. Destacó en películas como *La aldea maldita* (1929) o *Zalacaín el aventurero* (1929) e inauguró una famosa dinastía de actores españoles que se extiende hasta la actualidad con su hijo Carlos o sus nietos Amparo Larrañaga o Luis Merlo.

En cuanto a las actrices, el público solía dividir sus favores entre Elisa Ruiz Romero, conocida como «La Romerito», y **Raquel Meller (1888-1962)**, reina del cuplé y musa de la intelectualidad española de la época. Ricard de Baños le hizo debutar en la pantalla en *Los arlequines de seda y oro* (1919). Después, su fama saltó nuestras fronteras y la Meller se trasladó a Francia donde continuó su carrera, a menudo representando la imagen tópica de la mujer española en películas como *Carmen* o *Violetas imperiales*.

¿Quién era la mejor mecanógrafa del cine español?

La actriz más popular de la década de los 20 fue **Carmen Viance (1905-1985)**, que saltó a la fama gracias a su personaje de Carmiña de Castro en *La casa de la Troya*. Su naturalidad, su gesto dulce y su capacidad para emocionar al público la consagraron como la primera estrella de nuestro cine gracias a títulos como *Gigantes y cabezudos, Las de Méndez, Prim* o la que todos consideran su mejor interpretación: *La aldea maldita*.

Con su nombre brillando en luces, el cine Callao de Madrid inauguró en España la costumbre de utilizar bombillas eléctricas para remarcar el nombre de los actores. Carmen Viance era la estrella más rutilante del cine español, pero su sencillez y su humildad no tenían nada que ver con el divismo que se gastaban los astros de Hollywood. De hecho, a pesar de su fama, nunca dejó de trabajar como mecanógrafa en la Presidencia del Congreso, puesto que había conseguido mediante oposición: «Después del papel de Carmiña —contaba en una entrevista al periodista Domingo Andórez— mis jefes estaban muy contentos conmigo, así que cuando les pedía permiso para hacer una nueva película, me tapaban como podían ante los demás y me dejaban ir. Las películas las rodábamos siempre en un mes, me pagaban y regresaba a mi trabajo.»

Con la llegada del cine sonoro, Carmen Viance sorprendió a todos anunciando su retirada de las pantallas para perderse en el anonimato de una vida normal: «Yo estaba ya cansada de rodar películas y me dije: hasta aquí he llegado. No tenía ganas de aprender nuevas técnicas ni a modular la voz. Podía haberlas aprendido o al menos haberlo intentado, pero me pareció demasiado trabajo. Para mí el cine siempre había sido como un juego, no una profesión. Así que volví a mi oficina.»

¿Cuál es la única película española del período mudo que figura en las enciclopedias universales del cine?

La aldea maldita (1929) de **Florián Rey (1894–1962)**, película que contaba la emigración colectiva de un pueblo castellano que huía de la sequía y el hambre. Influida por el cine soviético y mezclando un realismo cercano al documental con la poesía visual que subrayaba los momentos más dramáticos, fue el primer intento serio de un cine ideológico y social desconocido hasta entonces en nuestro país. La película tuvo una excelente acogida en Francia. Se estrenó en París en el cine Pleyel y estuvo en cartel más de un año, mucho más tiempo que en España, donde el público le dio la espalda. Aunque rodada como un filme mudo, *La aldea maldita* se estrenó justo cuando el sonoro irrumpía en las salas y el director, temiendo que acabara relegada, la sonorizó parcialmente añadiéndole música y algunos diálogos.

Florián Rey era un aragonés de La Almunia de Doña Godina cuyo verdadero nombre era Antonio Martínez del Castillo. Empezó trabajando como periodista y adoptó ese seudónimo caballeresco para firmar sus colaboraciones en el diario *La correspondencia de España*. Era un asiduo de las tertulias del café Lisboa y allí conoció a don Jacinto Benavente, que le dio una carta de recomendación para los estudios Atlántida, donde entró a formar parte de la plantilla de actores. Tras destacar en el papel de Julián en *La verbena de la Paloma* de Buch y en otras cuantas películas, en 1924 montó una pequeña productora con la que consiguió debutar como director adaptando al cine la zarzuela *La revoltosa*. Vistos los buenos resultados, Rey decidió decantarse por las comedias de tono popular con títulos como *El lazarillo de Tormes* (1925) o *Gigantes y cabezudos* (1925), siendo *La aldea maldita* una rara avis de su filmografía. Entre sus virtudes como director destacaba sobre todo la dirección de actores. Sabía cómo poner en situación a los intérpretes y sacar de ellos las mejores reacciones ante la cámara.

¿Cuál fue el gran descubrimiento de Florián Rey?

En 1927 un amigo le recomendó pasarse por el teatro Romea de Madrid para ver a una joven que cantaba tangos dentro de un espectáculo de variedades. Se llamaba Magdalena Nile, aunque pronto sería conocida con el nombre de Imperio Argentina. Fascinado con su belleza y su simpatía, Florián Rey la fichó inmediatamente para su película *La hermana San Sulpicio* (1927), una comedia sobre una monja que decide abandonar el convento, y que acabaría convirtiéndose en un gran éxito. A partir de ese momento los destinos de Florián Rey e Imperio Argentina quedaron unidos durante más de diez años en una relación profesional y sentimental que daría lugar a algunas de las páginas más destacadas de nuestro cine. Y es que la combinación era perfecta. Florián aportaba su buen hacer profesional e Imperio la gracia, su excelente voz en las canciones, y una sonrisa y una mirada que iluminaban por sí solas la pantalla.

Tras trabajar una temporada en los estudios parisinos de Joinville en las versiones españolas que las productoras norteamericanas rodaban de sus filmes, la pareja regresó a España en 1933, comenzando una época de gran esplendor en la que encadenarían un éxito tras otro. El primero fue *El novio de mamá* (1934), seguido de una nueva versión hablada de *La hermana San Sulpicio* (1934). Ese mismo año Rey se divorció de su primera esposa y se casó con Imperio. La pareja pasó su luna de miel en Aragón buscando los escenarios naturales de la que sería su nueva película: *Nobleza baturra* (1935), un folletín de ambiente campesino sobre el tema de la honra, que causaría sensación entre el público. Éxito que aún superarían con su siguiente filme, *Morena Clara* (1936), una comedia de enredo sobre dos gitanos denunciados por el robo de unos jamones, en la que la actriz cantaba algunas de sus tonadillas más famosas como «La falsa moneda», «Échale guindas al pavo» o «El día que nací yo».

La película resultó todo un hito en la historia del cine español. *Morena Clara* se estrenó tres meses antes del inicio de la Guerra Civil, pero ni siquiera las bombas pudieron interrumpir su éxito en las taquillas de todo el país. Fue la única película exhibida a la vez en las ciudades de los dos bandos, permaneciendo en cartel más de cuatro años.

Durante la guerra, la pareja se trasladó a Alemania, invitada por el mismo Hitler, para rodar allí dos películas: *Carmen la de Triana* (1939) y *La canción de Aixa*

(1939). Un episodio que años después inspiraría la película *La niña de tus ojos* de Fernando Trueba. Tal y como muestra ese filme, primero se rodaban las escenas en español y luego se repetían en alemán, con la propia Imperio doblándose a sí misma en lengua germana. Está documentado también el interés sentimental que el ministro Goebbels sintió por la actriz, pero de quien se enamoró Imperio Argentina por entonces fue del actor Rafael Rivelles, rompiendo así su matrimonio con Florián Rey.

En los años 40 comenzó la decadencia progresiva del director. Separado de su musa, no consiguió encontrar la inspiración en sus películas posteriores y sus títulos al servicio de folclóricas como Lola Flores, Paquita Rico o Marujita Díaz tienen mucho menos interés. En 1942 rodó una versión sonora de *La aldea maldita*, menos lograda que la original, y en 1948 volvería a reencontrarse con Imperio en *La cigarra,* aunque el éxito ya no estaba de su lado.

Por fin, a mediados de los 50, Florián Rey abandonó el cine. Se marchó a vivir a Benidorm, donde abrió un pequeño mesón y allí permaneció en el olvido más absoluto hasta su muerte en 1962. Al cumplirse los diez años del entierro, sus restos fueron exhumados pero, al no ser reclamados por nadie, fueron depositados en la fosa común de la Sacramental de Alicante. Allí, en el anonimato, reposa uno de los directores más grandes de la historia del cine español.

¿Qué director español llevó el surrealismo al cine?

Una de las mayores obsesiones de **Luis Buñuel (1900-1984)** eran los sueños: «Si me dijeran —cuenta en su libro de memorias— te quedan veinte años de vida, ¿qué te gustaría hacer durante las veinticuatro horas de cada uno de los días que vas a vivir?, yo respondería: dadme dos horas de vida activa y veinte horas de sueños, con la condición de que luego pueda recordarlos; porque el sueño sólo existe por el recuerdo que lo acaricia.» Esta pasión por el mundo onírico fue la base del surrealismo que impregnó toda su obra como director.

Buñuel había nacido con el siglo XX en Calanda, un pueblo de Teruel. De joven estudió en la célebre Residencia de Estudiantes de Madrid donde hizo amistad con Salvador Dalí y Federico García Lorca. Un día, viendo la película *Tres palabras* de Fritz Lang, decidió que quería dedicarse al cine y empezó a aprender el oficio en una escuela de París, donde además se dedicó a frecuentar las tertulias de los surrealistas franceses. Durante una visita que hizo a Dalí en su casa de Figueras le contó un sueño que había tenido en el que «una nube desflecada cortaba la luna y una cuchilla de afeitar hendía un ojo». Dalí, a su vez, le explicó que la noche anterior había soñado con una mano llena de hormigas. A partir de esas visiones los dos amigos decidieron escribir el guión de una película siguiendo una regla muy estricta: no aceptar idea ni imagen alguna que pudiera tener una explicación racional. Sólo admitirían las imágenes que les impresionaban sin tratar de averiguar por qué.

Realizada con las 25.000 pesetas que aportó la madre de Buñuel y con una duración de 17 minutos, *Un perro andaluz* (1929) era una sucesión de imágenes oníricas sin ningún argumento: ojos seccionados, insectos, asnos podridos, manos mutiladas... El surrealismo había nacido para el cine y toda la intelectualidad parisina celebró el filme, que además tuvo un éxito inesperado de público. Dalí y Buñuel comenzaron a trabajar en un nuevo proyecto, *La edad de oro* (1930), pero la irrupción de Gala en la vida del pintor acabó separándoles, ya que Buñuel no la soportaba. El director aragonés rodaría en solitario la película.

¿Cuál fue el primer escándalo de la carrera de Buñuel?

Un día de 1930, en el cine de París donde se exhibía *La edad de oro,* un grupo de ultraderecha entró en la sala lanzando bombas de humo y destrozando el patio de butacas. La prensa conservadora llevaba ya varias semanas atacando duramente la película, que arremetía contra todos los valores tradicionales. A pesar de que hoy se la considera una de las grandes obras maestras del cine de vanguardia, su anticlericalismo había provocado un gran escándalo, hasta el punto de que la madre de Charles de Noailles, el aristócrata que había financiado la película, tuvo que viajar a Roma a pedirle al Papa que no excomulgara a su hijo. Finalmente, *La edad de oro* fue prohibida por el jefe de policía de París en nombre del orden público y no volvería a ser distribuida comercialmente hasta 1980. Con su primer largometraje Luis Buñuel comenzaba una carrera que iba a estar jalonada de escándalos, muy a su pesar.

En nuestro país *La edad de oro* fue también prohibida. Igual suerte iba a correr su siguiente obra, un documental sobre la vida miserable en las Hurdes, por entonces una de las regiones más deprimidas de España. «Aquellas montañas desheredadas me conquistaron enseguida —decía Buñuel—. Me fascinaba el desamparo de sus habitantes, pero también su inteligencia y su apego a su remoto país, a su "tierra sin pan". Por lo menos en una veintena de pueblos se desconocía el pan tierno. De vez en cuando, alguien llevaba de Andalucía algún mendrugo que servía de moneda de cambio.» La fuerza de las imágenes y el sentido crítico que en ellas vertió Buñuel hizo de *Las Hurdes, tierra sin pan* (1932) una película muy incómoda para el gobierno de la República, debido a la imagen negativa que ofrecía de España. De esta forma, a pesar de haber sido financiada por la administración republicana, su exhibición fue prohibida, lo que con el tiempo proporcionaría a Buñuel un curioso récord: es el único director al que dos regímenes españoles distintos han vetado otras tantas películas, ya que en 1961 la censura franquista prohibió *Viridiana.*

En 1930 Buñuel viajó a Hollywood, donde fue enviado por la Metro como «observador» para aprender la técnica americana, con vistas a contratarle después. Pero allí se aburrió enseguida y lo único interesante que hizo fue entablar cierta amistad con Charles Chaplin y Erich Von Stroheim. De vuelta a España se afilió al Partido Comunista y ayudó a fundar la productora Filmófono con el objetivo de poner en marcha películas populares que no estuvieran exentas de calidad, interviniendo en varias de ellas como productor o guionista.

Cuando estalló la Guerra Civil huyó a Francia, donde ocupó el cargo de agregado cultural en la Embajada Española de París. Desde allí le enviaron de vuelta a Estados Unidos para que supervisara las producciones de Hollywood a favor del gobierno de la República, pero ninguno de los proyectos en los que trabajó llegó a rodarse, ya que los productores americanos no se atrevieron a enemistarse con Franco antes de saber quién iba a ganar la guerra.

Cuando terminó la contienda española, Buñuel se quedó sin trabajo pero, enseguida, Nelson Roquefeller le contrató para trabajar en el Museo de Arte Moderno de Nueva York, al frente de una oficina encargada de suministrar películas de propaganda aliada a los países de América Latina durante la Segunda Guerra Mundial. Allí estuvo más de dos años, hasta que saltó un nuevo escándalo. Su antiguo amigo Salvador Dalí había publicado un libro en Estados Unidos en el que le acusaba de comunista y ateo. Aquello eran palabras mayores para los norteamericanos. Algunos sectores presionaron a las autoridades del museo para que prescindieran de Buñuel y éste se vio de nuevo en la calle.

Una casualidad hizo que la vida del director cambiara radicalmente. Una productora francesa le había ofrecido rodar en París una adaptación de *La casa de Bernarda Alba* de su amigo Lorca. Antes de volar hacia Europa la mujer debía pasar por Méjico y Buñuel le acompañó en el viaje. Allí el director se enteró de que el hermano de Lorca había vendido los derechos de la obra a los británicos, con lo que su proyecto quedaba cancelado. Buñuel tenía entonces 45 años. Sin dinero, sin trabajo y en una ciudad desconocida, su futuro no se presentaba muy prometedor. Pero en Méjico pronto le ofrecieron una oportunidad para trabajar y en este país acabaría reiniciando su carrera como director, provocando así una triste paradoja: el cineasta español más universal de toda la historia habría de realizar fuera de España la mayor parte de su obra.

Los turbulentos años 30

¿Es cierto que el cine español tuvo también un profeta llamado Elías como en la Biblia?

Su nombre era **Francisco Elías (1890-1977)** y fue el profeta en España de la revolución que cambió el cine: el sonido.

El 6 de octubre de 1927 se había estrenado en Estados Unidos *El cantor de jazz,* la película que marcó el punto de partida del cine sonoro. En todo el mundo los estudios y las salas de exhibición se trasformaban rápidamente para adaptarse al nuevo sistema que el público reclamaba con entusiasmo. En todas partes, menos en España. La ausencia de una industria fuerte y de empresarios dispuestos a acometer las nuevas inversiones (ya que consideraban que el cine hablado era una moda pasajera) hizo que la llegada del sonoro a nuestro país se retrasara varios años. Y fue ahí donde surgió la figura de Francisco Elías, el primero que se atrevió a dar la batalla del sonido.

Elías comenzó su relación con el cine en la década de 1910 trabajando como redactor de títulos para la compañía francesa Gaumont. Después se trasladó a Estados Unidos donde entró en contacto con el cine de Hollywood y colaboró con algunos de sus principales creadores como David W. Griffith. Con él aprendió todo lo necesario sobre los oficios cinematográficos y poco después fundó en Nueva York una empresa de producción de rótulos en castellano para las películas americanas que se distribuían en España e Hispanoamérica.

La casualidad quiso que en el mismo edificio en que tenía su taller Elías tuviera también su empresa el inventor Lee DeForrest, creador de la lámpara de tres electrodos, que hizo posible la radio, y de un sistema de cine sonoro llamado Phonofilm que llevaba desarrollando desde comienzos de los años 20. Fue así como nuestro hombre empezó a interesarse por las posibilidades del cine parlante. Tras su regreso a España, Elías se puso en contacto con el empresario Feliciano Vitores que llevaba en nuestro país la patente del invento de DeForrest, y le propuso rodar la primera película hablada del cine español: *El misterio de la Puerta del Sol,* una comedia con ciertos elementos de intriga protagonizada por el galán Juan de Orduña.

Sonorizada finalmente sólo en parte, Elías rodó la película en un par de semanas a finales de 1929, pero se encontró con que no había salas preparadas para exhibirla. Por fin, tras mucho buscar, consiguió acondicionar medianamente un cine de Burgos y allí se estrenó con resultados ciertamente calamitosos: problemas de sincronía, voces demasiado aflautadas e ininteligibles... Tras un par de ensayos más con desenlace similar, la película dejó de exhibirse sin que prácticamente nadie la hubiera visto.

Surgieron por entonces otros intentos de cine sonoro en español: Sabino A. Micón rodó *La alegría que pasa* (1930) con un rudimentario sistema de sincronización de imágenes con discos grabados aparte; Benito Perojo se fue a Francia y a Alemania para filmar con sonido *La bodega* (1929) y *El embrujo de Sevilla* (1930) y películas inicialmente concebidas mudas, como *La aldea maldita* o *Prim,* se sonorizaron parcialmente en estudios franceses.

Mientras, Elías no tiraba la toalla. En Francia se alió con el productor Camille Lemoin y le convenció para sacar adelante una nueva película titulada *Pax*. La idea se la había proporcionado Ramón Franco, famoso aviador y hermano del futuro dictador, y el argumento, ironías del destino, trataba del secuestro de un tirano por un comando de pilotos. El proyecto de Elías consistía en filmar al mismo tiempo una versión francesa y otra española y rodarlas ambas en Barcelona. Pero para ello necesitaban un lugar con las condiciones técnicas adecuadas. Aprovechando su amistad con el por entonces presidente de la Generalitat Francesc Macià, el director consiguió que éste les cediera el Palacio de la Química de la Exposición Universal de 1929, y allí fundaron los estudios Orphea, los primeros de nuestro país con todos los medios técnicos para rodar películas habladas.

En mayo de 1932 se rodó la versión francesa de *Pax,* pero el presupuesto se agotó antes de lo previsto y la versión española fue cancelada. Paradójicamente, la primera producción completamente sonora rodada en España hablaba en francés. Sin embargo, la primera piedra del cine sonoro español ya estaba puesta gracias a Orphea. Varios productores acudieron al estudio y así, tan sólo seis meses después de su inauguración, ya se rodaban allí cinco películas simultáneamente. La primera en estrenarse, a finales de 1932, fue *Carceleras* de Buch, a la que le corresponde el honor de ser la primera película totalmente sonorizada, en español, y rodada dentro de nuestras fronteras.

¿Hubo alguna vez un Drácula con acento andaluz?

Y detectives de cine negro con aires del Madrid castizo y algún que otro *cow-boy* nacido en la Man-

cha. La llegada del sonoro produjo éstas y otras para-
dojas en las películas americanas. Antes, con traducir
los pocos carteles explicativos que acompañaban a las
cintas era suficiente, pero ahora los diferentes idio-
mas planteaban un problema de cara a la distribución
internacional. Hollywood veía peligrar la exportación de sus películas a los países de habla no inglesa
y decidió inventar una solución de urgencia: las
dobles versiones.

Utilizando el mismo guión, los mismos decorados
y los mismos técnicos, se rodaba primero la versión
en inglés y luego los principales actores eran sustituidos por otros extranjeros que repetían las mismas
escenas pero en su idioma. Estas versiones se rodaban
inmediatamente después de las originales y en apenas
diez días, según un intenso plan de producción dise-
ñado por los estudios. Sobre todo se rodaron dobles
versiones en español, francés y alemán.

Algunas estrellas americanas hacían ellas mismas la
doble versión en castellano. Un ayudante sujetaba
fuera del campo de la cámara unos carteles en los
que aparecía escrita la pronunciación fonética de los
diálogos, que los actores leían sin entender nada de
su significado. Buster Keaton lo hacía realmente
bien y tampoco desmerecían Harry Langdon o Stan
Laurel y Oliver Hardy, los populares «El gordo y el
flaco». Claro que lo suyo era la comedia y oírles pro-
nunciar con dificultad el castellano aumentaba
incluso la hilaridad de sus películas. Pero en la
mayoría de los casos se impuso la contratación de
actores, directores y guionistas españoles. Por eso, a
finales de los años 20 y principios de los 30, un gran
número de ellos partieron hacia los estudios de la
Metro y la Fox en Hollywood, o hacia Joinville-le-
Pont, a las afueras de París, el lugar donde la Para-
mount había decidido centralizar su producción para
los países europeos.

De esta forma pudimos ver un *Drácula* en el que el andaluz Carlos Villarías reemplazaba a Bela Lugosi, o a Manuel Arbó con los ojos rasgados interpretando al detective chino Charlie Chan. Antonio Moreno se metió en la piel del elegante investigador Philo Vance, al que solía dar vida el americano William Powell. Otros actores, como José Nieto, Rafael Rivelles o Conchita Montenegro, también pasaron por Hollywood. Hacia Joinville, en cambio, se dirigieron Pepe Isbert, Antoñita Colomé, Miguel Ligero o Imperio Argentina, la estrella que más brilló en las dobles versiones.

Directores como Benito Perojo y Florián Rey también trabajaron en Joinville, pero sobre todo resultó curiosa la emigración a Hollywood de un grupo de escritores españoles contratados para traducir al castellano los guiones en inglés, escribir secuencias adicionales y supervisar la correcta fonética de los actores durante el rodaje. El grupo lo formaban entre otros Enrique Jardiel Poncela, Edgar Neville, Gregorio Martínez Sierra o José López Rubio, que fue de largo el que más vivió la experiencia trabajando nada menos que en 24 largometrajes en los cinco años que pasó en los Estados Unidos. Se cuenta que Jardiel Poncela se hizo construir en un rincón de los estudios un pequeño decorado que simulaba un café madrileño, con su velador y su botella de agua, ya que decía que él sólo sabía escribir en los cafés.

En total, entre 1929 y 1933, se rodaron en los estudios extranjeros unas 120 películas en castellano. Gracias a ello, muchos profesionales y artistas españoles vieron una salida a la crisis industrial que en nuestro país había provocado la transición al sonido. El actor Julio Peña, por ejemplo, ganaba 12 pesetas con 50 céntimos por día de rodaje en España. En Joinville su sueldo era de 200 pesetas diarias. Y en

Hollywood le fue mejor aún, según contaba él mismo en el libro *Los cómicos* de Manuel Román: «Allí yo tenía casa, coche y criado japonés y jugaba al tenis con el mismísimo Charlie Chaplin.»

¿Y el público español aceptó bien estas dobles versiones?

La mayoría de ellas no tuvieron ningún éxito en las pantallas españolas. Hubo algunas excepciones como *La mujer X* (1929) o *El presidio* (1930), versión en castellano de *The big house,* en la que Wallace Beery era sustituido por un Juan de Landa magnífico en su papel. Los mayores éxitos de Joinville fueron cosa de Imperio Argentina. En *Su noche de bodas* (1931), el gracejo y la preciosa voz de la actriz mejoraban incluso la interpretación que Clara Bow había hecho en la película original, *Her wedding night*. También causó sensación *Melodía de arrabal* (1930), en la que Imperio formó pareja con el cantante argentino Carlos Gardel.

Pero el principal problema de estas dobles versiones era que en ellas participaban no sólo actores españoles, sino otros muchos latinoamericanos y aquella babel de acentos colombianos, argentinos, mejicanos o andaluces tenía efectos desastrosos en la credibilidad de los argumentos. Además el público español no aceptaba bien los sucedáneos. No estaba dispuesto a cambiar el *glamour* de Greta Garbo o John Barrymore por modestos actores españoles y latinos. Poco a poco los estudios americanos fueron inclinándose por otros métodos más baratos y menos polémicos para resolver el problema del idioma y el doblaje y el subtitulado acabaron imponiéndose. En 1933 se crearon en España los primeros estudios de doblaje y una orden de 1934 del Ministerio de

Industria de la República zanjó definitivamente el tema. Obligaron a doblar en el propio país todas las películas extranjeras que se exhibieran en España.

¿Cómo consiguió el cine español levantar el vuelo tras la crisis que había provocado la transición al sonoro?

En 1932 un camión recorría las carreteras españolas con un gran cartel incorporado a su chasis en el que podía verse una mano que agarraba con fuerza el mapa de España y una frase que exclamaba: «¡Españoles, España está en manos del cine extranjero!» La iniciativa había surgido de un grupo de inversores que intentaba conseguir la colaboración popular para la financiación de unos nuevos estudios cinematográficos en Madrid, los estudios ECESA. Pocos meses antes se había celebrado el Congreso Hispanoamericano de Cinematografía en cuyas conclusiones se reclamaba una mayor protección para el cine de habla hispana frente al norteamericano. Así, estimulado por la lucha contra la colonización extranjera, el cine español se propuso el relanzamiento de su producción. Tras el ejemplo de Orphea, en poco tiempo surgieron otros estudios preparados para rodar películas sonoras; se crearon nuevas empresas de servicios, laboratorios de revelado y edición, centros de doblaje y un número notable de nuevas compañías productoras.

También en 1932, nació la Sociedad Cinematográfica Española Americana, la CEA, impulsada por un grupo de dramaturgos, entre los que se encontraban Benavente, Pedro Muñoz Seca, Carlos Arniches, Luca de Tena o los hermanos Álvarez Quintero. En el acuerdo fundacional todos se comprometían a ceder gratuitamente sus obras a la empresa para su adaptación al cine, colaborando también en la escritura de guiones originales. Para tal menester la CEA abrió unos estudios en la Ciudad Lineal de Madrid. Estas y otras iniciativas lograron que la infraestructura industrial del cine español renaciera y así, hacia 1935, ya había en España 11 estudios de rodaje, más de 20 productoras y cerca de 3.000 salas de exhibición.

El cine de la II República tuvo dos etapas bien definidas. Entre 1932 y 1934 se consiguió la normalización de la producción para llegar, en el período que va desde enero de 1935 a julio de 1936, a lo que se ha venido en llamar «La edad dorada del cine español», la única época de nuestra historia en la que el público prefería las películas nacionales a las que venían del otro lado del Atlántico. Fue un período de grandes éxitos de taquilla, cimentado en un gran apoyo popular, y de una intensa actividad industrial. Entre 1932 y 1936 se rodaron 109 películas en clara progresión ascendente: 6 en 1932, 17 en 1933, 21 en 1934, 37 en 1935 y 28 hasta julio de 1936, mes en el que estalló la Guerra Civil.

¿Qué era «La antorcha de los éxitos»?

Era el lema publicitario de CIFESA (Compañía Industrial Films Española S.A.), la más importante productora surgida en esta época y que acabaría dominando el cine español durante las dos décadas siguientes. Su símbolo gráfico mostraba una mano sosteniendo una antorcha cuyas llamas estaban formadas por trozos de celuloide. Detrás de CIFESA estaban los Casanova, una familia muy conocida de la burguesía valenciana que había hecho fortuna en la industria del aceite. Buscando nuevas inversiones, Manuel Casanova y su hijo Vicente se hicieron con la distribución en exclusiva para España de las películas de la compañía norteamericana Columbia. El negocio resultó muy lucrativo y, por consejo de Florián Rey, decidieron convertir la empresa en productora. Su estreno y primer éxito llegó con *La hermana San Sulpicio* (1934) del propio Rey, cuya colaboración además resultaría decisiva en el diseño de los métodos de producción y la estructura industrial de la compañía.

CIFESA había puesto sus ojos como modelo en las grandes productoras americanas. A la usanza del sistema de estudios de Hollywood, la compañía mantenía a su cargo toda una plantilla compuesta por un gran número de profesionales: directores, actores y técnicos que permanecían bajo sus órdenes en régimen de contratación fija. Vicente Casanova, el gerente, se dedicó a fichar en exclusiva a las estrellas más populares del momento, con Imperio Argentina a la cabeza. De esta forma los intérpretes quedaban ligados a la empresa y no podían participar en otras producciones ajenas a ella.

Desde sus comienzos la compañía apostó por una línea ideológica claramente conservadora que defendía a ultranza los valores tradicionales y religiosos. Un cine populista en el que abundaba la temática rural-clerical. Pero CIFESA tenía también un buen olfato comercial y suyos fueron los mayores éxitos de taquilla de la época. En 1935 declaraba unos beneficios superiores a las 900.000 pesetas, una cifra que ninguna productora española había logrado ganar hasta entonces. La compañía tenía estudios en Sevilla y Madrid y su ámbito de distribución se extendía también a Latinoamérica y a otros mercados como el alemán, el francés o el marroquí.

Durante la Guerra Civil, Vicente Casanova puso sus instalaciones sevillanas al servicio del bando nacional y allí se rodaron las principales películas de propaganda franquista. Tras el fin de la contienda, la compañía viviría su mayor apogeo con el apoyo incondicional del régimen de Franco, llegando casi a monopolizar la producción cinematográfica nacional. En esta época, más que nunca, su cine se reafirmó en la exaltación de los valores patrióticos y católicos.

¿Quién le hacía la competencia a CIFESA?

En el otro extremo ideológico de CIFESA estaba Filmófono, la otra productora emblemática del cine republicano, cuyas producciones incluían propuestas mucho más progresistas y laicas. Aun así, también supo conectar con los espectadores ofreciendo un cine de carácter popular, que no populista. Al frente de la empresa estaba el ingeniero Ricardo Urgoiti, que contrató a Buñuel como supervisor de producción. El aragonés lo controlaba todo con mano férrea. Elegía personalmente los temas, los guionistas y el director, contrataba a los técnicos y a los actores, y vigilaba el rodaje y el montaje posterior. También participaba ocasionalmente en la escritura de guiones.

Los principales éxitos de Filmófono fueron el sainete de Arniches *Don Quintín el amargao* (1935), dirigido por Luis Marquina, y la comedia musical *La hija de Juan Simón* (1935), protagonizada por Angelillo, el cantante de flamenco más famoso de la época. La película la había comenzado Nemesio M. Sobrevila, hasta que Buñuel, descontento con la lentitud de sus progresos, le sustituyó a mitad de rodaje por un joven y debutante José Luis Sáenz de Heredia que comenzaba así su triunfal carrera en el cine español. Angelillo repetiría para Filmófono en *¡Centinela alerta!* (1936), dirigida en buena parte por el propio Buñuel, aunque el que figuraba como director era Jéan Gremillon. Pero el éxito cinematográfico del

48

cantante, la principal estrella del estudio, no tuvo equivalente en Mari Tere, una actriz infantil, versión española de Shirley Temple, que la productora intentó lanzar sin demasiada fortuna.

¿Cómo era el cine durante la II República?

El 14 de abril de 1931 se proclamó la II República Española. Comenzaba una época convulsa llena de transformaciones políticas y sociales que, sin embargo, no se iban a ver reflejadas en las películas de la época. El cine republicano fue un cine decididamente escapista, hecho a espaldas de la realidad política y de las vicisitudes de la España de entonces. De hecho, apenas hay películas con voluntad ideológica o de denuncia social. *Fermín Galán* (1932) de Fernando Roldán, sobre la sublevación antimonárquica de Jaca, o los documentales *Cómo nació la República Española* (1932) de Juan Vilá y *Las Hurdes, tierra sin pan* (1932) de Buñuel son algunos de los escasos títulos.

En cambio sí que fue importante socialmente el desarrollo de los cineclubs, creados sobre todo por organizaciones de izquierda, en los que, además de películas comerciales, se exhibían producciones pedagógicas que tenían por objeto la educación cultural y, sobre todo, política del espectador. En esta época se pueden contabilizar hasta 28 cineclubs de los cuales 17 corresponden sólo a Madrid. Destacaron, por ejemplo, el Cine-club Español, dirigido por Buñuel, y otros de carácter ideológico como el Cineclub del SEU o el del Socorro Rojo Internacional.

Más de la mitad de las producciones cinematográficas de la época fueron adaptaciones literarias. Por géneros, la comedia tenía mucho mayor peso que el drama, y la incorporación del sonido convirtió a las zarzuelas y a los musicales en uno de los divertimentos favoritos del público. El mayor éxito en este género fue *La verbena de la Paloma* de Perojo, pero también tuvieron un gran impacto popular la opereta musical *Boliche* (1933), de Elías, o *El gato montés* (1935) de Rosario Pi, la primera mujer cineasta de nuestra historia.

Géneros muy «españoles» fueron también las películas de ambiente taurino como *Currito de la Cruz* (1936) de Fernando Delgado o *Rosario la cortijera* (1935) de León Artola; así como las películas de bandoleros, con títulos como *Sierra de Ronda* (1933) de Florián Rey o *Diego Corrientes* (1935) de Ignacio F. Iquino. También abundaron las películas religiosas, destacando *El niño de las monjas* (1935) de José Buch o *El cura del aldea* (1936) de Francisco Camacho. Pero, sin lugar a duda, el género más querido del público fue el cine folclórico o de tipismo regional, que algunos por entonces empezaron a llamar «españolada», término que sería aplicado a otros muchos productos de nuestro cine en épocas posteriores. Eran películas que ofrecían una visión populachera y pintoresca de España, con situaciones de enredo, diálogos castizos y el adorno inevitable de las coplas y el baile. Los dos títulos míticos del género fueron los ya comentados *Nobleza baturra* y *Morena Clara* de Florián Rey, pero hubo otros muchos destacados como *María de la O* (1936) de Francisco Elías. Hay que señalar también que, tímidamente, comenzó por esta época un acercamiento a corrientes argumentales más típicas del cine americano con las llamadas películas detectivescas. El título más emblemático fue *Al margen de la ley* (1935) de Ignacio F. Iquino, versión cinematográfica del crimen del expreso de Andalucía que unos años atrás había provocado un gran conmoción popular.

Aunque la Monarquía estaba en el exilio ¿hubo reyes y reinas en el cine de la República?

Una de las principales causas del gran éxito popular del cine de la II República fue la fascinación que la gente sentía por las nuevas estrellas españolas de la pantalla. Algunas ya brillaban en la época del cine mudo pero con la llegada del sonoro muchos nuevos rostros se incorporaron al *star-system* nacional.

La simpatía era la principal característica de **Antoñita Colomé (1912-2005)**, excelente cantante y bailarina que siempre imprimía una gran alegría a sus interpretaciones. Debutó en el cine en las dobles versiones que se rodaban en Joinville y, al regresar a España, se convirtió en una de las actrices más queridas por el público gracias a películas como *El negro que tenía el alma blanca* (1934) de Perojo o *El malvado Carabel* (1935) y *La señorita de Trevélez* (1936) de Edgar Neville.

Raquel Rodrigo (1915-2004) tuvo, como Antoñita, la oportunidad de debutar en el cine en los estudios franceses de Joinville pero no pudo ser: «Querían que enseñara las piernas en una de las escenas de la película» contaba a Manuel Román. «Yo les dije que tenía que consultar con mis padres y éstos me denegaron el permiso, ya que entonces no estaba bien visto que una chica de familia bien mostrara sus pantorrillas.» Raquel regresó a España y debutó de la mano de José Buch en *Carceleras* (1932) convirtiéndose enseguida en otra de las actrices predilectas del público, hasta el punto de que la llamaban «La novia de España». *Doña Francisquita* (1934), *El niño de las monjas* (1935) o *El barbero de Sevilla* (1938) fueron sus películas más famosas. Ya en los años 90 fue rescatada para el cine por Fernando León de Aranoa, quien le dio un pequeño papel en *Familia* (1996). Fue su última aparición en la pantalla.

Rosita Díaz Gimeno (1911-1986) fue, probablemente, la actriz más bella de su tiempo. Brilló en varios filmes de Perojo como *Susana tiene un secreto* (1933) o *Se ha fugado un preso* (1933). Luego se casó con Juan Negrín, el hijo del que acabaría siendo el último presidente del Gobierno de la República. La Guerra Civil la sorprendió mientras rodaba *El genio alegre* (1936) de Fernando Delgado en Sevilla. Fue detenida por los nacionales y posteriormente canjeada por otro preso en poder de los republicanos. Rosita marcharía al exilio para nunca más regresar a nuestro país. Otras actrices destacadas de la época fueron las jóvenes Maruchi Fresno y Luchy Soto, o Lina Yegros, la actriz dramática por excelencia de esos años.

Entre los actores nadie pudo igualar la popularidad de **Miguel Ligero (1890-1968)**, un madrileño castizo que bordaba los papeles de andaluz y que, haciendo honor a su apellido, se especializó en personajes cómicos y musicales. Fue Don Hilarión en *La verbena de la Paloma* y compartió reparto con Imperio Argentina en sus mayores éxitos. Lo suyo era interpretar a tipos del pueblo y su gracia natural y espontánea conectaba siempre con el público, que se moría de risa con sus ocurrencias. «Chufla, chufla, que como no te apartes tú», le decía al tren mientras ocupaba la vía con su burro en *Nobleza baturra.* Dentro de los cómicos también destacaba **Antonio Vico (1904-1972),** protagonista de *Currito de la Cruz* (1936) de Delgado o *La hija del penal* (1935) de Eduardo García Maroto. En cambio a **Manuel Luna (1898-1958)**, el severo fiscal enamorado de Imperio Argentina en *Morena Clara,* casi siempre le tocó interpretar personajes de villano. Sus ojos profundos y su excelente pulso dramático le convertían en un «malo» muy atractivo. Por último hay que citar a tres intérpretes con grandes dotes musicales:

Angelillo (1908-1973), famoso «cantaor», y los tenores **Pedro Terol (1908-2003)**, pareja de Raquel Rodrigo en *Carceleras,* y **Roberto Rey (1899-1972)**, el Julián de *La verbena de la Paloma* y uno de los grandes galanes de la época.

¿Qué estrella del cine español encandiló a Hitler?

En 1937, **Imperio Argentina (1910-2003)** recibió un telegrama del ministro de Propaganda del Gobierno de Hitler, Joseph Goebbles, en el que le informaba de que el Fürher estaba muy interesado en que viajase a Alemania para rodar una película basada en la vida de Lola Montes, bailarina y amante del rey Luis II de Baviera. Cuando la actriz y su marido Florián Rey llegaron a Berlín y fueron recibidos en el Reichstag, descubrieron que el canciller alemán no sólo conocía todas sus películas sino que se las hacía proyectar repetidas veces. «Me halagó diciéndome que mi físico era igual que el de Lola Montes, a quien admiraba debido a su rebeldía», explicaba la actriz en sus memorias. «Me comentó lo mucho que le gustaba mi trabajo y me confesó abiertamente que había quedado prendado de mi voz y mi sonrisa.» Florián Rey convenció al dictador para que, en lugar de Lola Montes, un personaje muy poco conocido en España, hicieran una película sobre el mito de Carmen. Después se despidieron y nunca más volvieron a verse, aunque a partir de entonces a la actriz le persiguió siempre el rumor de que había sido amante del Fürher. Y no fue el único personaje famoso que se rindió ante ella. Goebbels la pretendía sin ningún disimulo; Fidel Castro fue también uno de sus mayores admiradores y le regaló un retrato hecho a lápiz por él mismo. Tuvo un coqueteo fugaz con José Antonio Primo de Rivera, fue novia de Carlos Gardel y a Mario Moreno «Cantinflas» tuvo que pararle los pies porque su admiración hacia ella iba más allá de lo profesional. El biógrafo de Marlene Dietrich, Donald Spoto, dice también que la actriz alemana bebía los vientos por ella aunque Imperio negó siempre cualquier relación.

La mujer que levantaba todas estas pasiones se llamaba en realidad Magdalena Nile del Río y había nacido en Buenos Aires en 1910, el mismo año de la aparición del cometa Halley, como a ella le gustaba señalar, ya que lo consideraba una especie de augurio de su futura carrera estelar. Su madre era una «bailaora» malagueña y su padre, un inglés de Gibraltar con buena mano para la guitarra. A los cuatro años la pequeña Malena ya recibía clases de ballet de la mítica Paulova y con seis debutó en el teatro. Jacinto Benavente la descubrió durante una actuación en Lima y la bautizó con el que sería su nombre definitivo. La niña bailaba como dos de sus artistas preferidas, Pastora Imperio y Antonia Mercé «la Argentina», así que se llamaría Imperio Argentina.

A mediados de los años 20 la familia Nile volvió a España. Imperio era ya una belleza polifacética y salerosa que desplegaba su arte cantando en el teatro Romea de Madrid. Allí, como ya hemos contado, la descubrió Florián Rey y la convirtió en actriz de cine, primero, y en su esposa después. Al regreso de Joinville, Imperio, dirigida por su pigmalión, se coronó como la máxima estrella del cine español, con unos niveles de popularidad y éxito que la convertirían en un mito al que ninguna otra actriz de nuestro cine ha logrado acercarse. Su talento para la canción, su sentido de la escena y su enorme simpatía le daban un poder de seducción que traspasaba las pantallas para conquistar el corazón de millones de seguidores. Incluso durante la Guerra Civil el público desafiaba las bombas para ir al cine a ver las películas de Imperio Argentina.

En el Berlín de Hitler hizo dos películas en doble versión para España y Alemania. De allí salió huyendo horrorizada después de la matanza de judíos en «La noche de los cristales rotos». Para entonces su matrimonio con Florián Rey ya se había terminado y la actriz estaba enamorada del actor Rafael Rivelles. Con él como pareja rodaría otro de sus éxitos, *Goyescas* (1942) de Benito Perojo. Antes, Imperio había viajado a Italia para protagonizar *Tosca* (1940), con la intención de conquistar definitivamente el estatus de estrella internacional, pero la Segunda Guerra Mundial truncó sus propósitos. En la España de Franco, Imperio siguió intentando mantener su estrellato pero poco a poco su popularidad y su actividad cinematográfica se fueron diluyendo. Se estableció en Argentina, donde rodó varias películas de la mano de Perojo. *Café cantante* (1951), de Antonio Momplet, marcó su adiós momentáneo al cine.

En los años 50 se entregó por completo al teatro y a la canción actuando por todo el mundo. En 1952 tuvo un éxito apoteósico en el Carnegie Hall de Nueva York, a pesar de que, a las puertas del teatro, grupos antinazis le acusaban de haber sido la amante de Hitler. El escritor Tennessee Williams, gran admirador suyo, salió en su defensa, publicando un elogioso artículo en el *The New York Times*.

La Noche de Reyes de 1959 Imperio Argentina sufrió la mayor pena de su vida con el suicidio de su hijo Florián, de 25 años. Para superar la tragedia quiso volver al cine y en 1960 protagonizó *Ama Rosa* de León Klimovsky, basada en un famoso serial radiofónico. Cinco años después volvió a intentarlo con Mario Camus y su película *Con el viento solano* (1965) que, aunque recibió buenas críticas, pasó sin pena ni gloria. Imperio Argentina no volvería al cine hasta que José Luis Borau la rescató en 1986 con *Tata mía*. *El polizón de Ulises* (1987) de Javier Aguirre, estrenada sólo en televisión, fue su última película.

En 1988 la Academia del Cine Español le concedió un Goya honorífico. Parecía el colofón final a su carrera, pero la actriz no se resignó a dejar los escenarios ni la canción. De hecho, siguió actuando hasta dos años antes de su muerte, con gran respuesta de público, como lo demuestra su presentación en el escenario de la Exposición Universal de Sevilla en 1992. Imperio Argentina falleció en Málaga en 2003, a los 92 años de edad. Sus nietas aseguran que murió cantando, demostrando que en su caso el refrán era verdad: «Genio y figura hasta la sepultura».

¿Cómo afectó al cine la Guerra Civil?

En julio de 1936 Fernando Delgado rodaba en Sevilla la película *El genio alegre* cuando estalló la Guerra Civil. La filmación fue interrumpida y no se finalizó hasta tres años después, terminada ya la guerra, sustituyendo a los actores muertos o en el exilio por dobles situados de espaldas a la cámara, entre ellos el de la principal protagonista, Rosita Díaz Gimeno, cuyo nombre fue borrado de los carteles y los títulos de crédito. También en julio de 1936 se rodaba en Cádiz *Asalto naval* de Tomás Colas. Su equipo electrógeno y de iluminación fue requisado y utilizado en apoyo del desembarco de Algeciras de las tropas del general Franco. Son dos simples anécdotas que ilustran cómo la sublevación militar que condujo a España a la mayor catástrofe de su historia afectó decisivamente al cine, al mismo tiempo que el cine fue también un elemento importante en el desarrollo de la guerra.

El estallido bélico llegó para la cinematografía española justo en el momento de mayor esplendor de su trayectoria, con un importante arraigo popular y unas estructuras industriales a punto de alcanzar el pleno desarrollo. Por eso siempre quedará la duda de saber hasta dónde hubiera podido llegar el cine español si el brillante porvenir que apuntaba no hubiera sido cercenado de forma brutal por la guerra.

Pero ni en los peores momentos de la contienda el cine desapareció de la vida española. Los locales de exhibición de las dos zonas funcionaban con relativa normalidad proyectando sobre todo películas americanas (también soviéticas y francesas en la zona republicana) y algunas cintas españolas, como *Morena Clara*. Lógicamente, ante las dificultades para producir largometrajes de ficción, la actividad cinematográfica se orientó, sobre todo, hacia los documentales y los noticiarios. Los gobiernos de las dos zonas vieron grandes posibilidades en el cine como medio de propaganda y de influencia ideológica y se lanzaron con entusiasmo a la producción de películas afines a su causa. De hecho, entre 1936 y 1939, se contabiliza un elevadísimo número de filmes. Los republicanos suman 360 y los nacionales, 93.

¿Cómo se organizó el cine en la zona republicana?

El bando republicano partía con ventaja ya que la mayor parte de los estudios y laboratorios cinematográficos estaban en su territorio, con Madrid, Barcelona y Valencia a la cabeza. Desde el primer momento se socializaron todas las empresas de cine, que por entonces daban trabajo a más de 40.000 empleados. Los empresarios productores que habían huido a la zona nacional fueron sustituidos por cooperativas o por representantes de sindicatos, grupos políticos y partidos. Éstos también crearon sus propias redes de salas utilizando, además de los teatros, ateneos obreros y casas del pueblo.

La CNT anarquista se hizo con el control de los estudios Orphea de Barcelona con el objetivo de producir películas de propaganda. Apenas pocos días después del estallido bélico, ya tenían listo el primer documental sobre la guerra: *Reportaje del movimiento revolucionario en Barcelona*, dirigido por Mateo Santos. También crearon un noticiario con dos versiones: *España gráfica,* para Cataluña, y *Momentos de España* para Madrid. En total la CNT-FAI rodó 69 documentales sobre acciones de guerra o de carácter didáctico y adoctrinador, con títulos como *Bajo el signo libertario* o *Barcelona trabaja para el frente.*

El otro motor de producción documental fue el Partido Comunista, cuyas películas ponían el énfasis en los esfuerzos por ganar la guerra, a diferencia de las anarquistas, que se centraban sobre todo en la necesidad de una revolución social y en sus experiencias libertarias. Los comunistas crearon también su propia productora, Film Popular, y produjeron el noticiario semanal *España al día,* con versiones en inglés y francés para el extranjero.

Dentro del cine de ficción destacan sobre todo dos películas proletarias que algunos consideran antecedentes del neorrealismo italiano. Son *Barrios bajos* (1938) de Pedro Puche y *Aurora de esperanza* (1938) de Antonio Sau. Ambas giraban en torno a las penalidades diarias de los obreros en los años de preguerra, en un intento de cine social muy poco habitual en nuestra cinematografía. Hubo también algunas producciones de puro entretenimiento como la comedia *¡No quiero…no quiero!* (1938), dirigida por Francisco Elías, tan despejada de ideología que se estrenó sin problemas en la España franquista.

¿Cuál es la obra maestra del cine de la Guerra Civil?

El gobierno de la República era consciente de la importancia de la difusión en el exterior de su causa y con ese objetivo promovió y financió varias películas, como el mediometraje *España 1936*, en el que se realizaba un resumen de los antecedentes de la Guerra Civil.

Pero la más importante de todas ellas fue *Sierra de Teruel*, que a la postre quedaría como el mejor largometraje de ficción de este período. Fue dirigida por el escritor y político francés **André Malraux (1901-1974)**, que había venido a España como voluntario de las Brigadas Internacionales. Utilizando las experiencias que vivió al frente de una escuadrilla de pilotos, escribió la novela *L'espoir (La esperanza)* en uno de cuyos capítulos más emocionantes se basa la película. *Sierra de Teruel* cuenta con habilidad y realismo la misión de una escuadrilla aérea que debe abrir el cerco del ejército franquista. La película hace especial hincapié en la falta de recursos militares y materiales de los republicanos y subraya el abandono del que es objeto el legítimo Gobierno español por parte de las naciones democráticas. El enemigo fascista nunca aparece mostrado, convirtiéndose así en una amenaza sin rostro.

El rodaje de la película sufrió los avatares de la propia contienda. Cuando los nacionales entraron en Barcelona, en enero de 1939, todavía quedaban por rodarse varias escenas, por lo que el equipo tuvo que desplazarse a los estudios de Joinville en París. El montaje final y la sonorización se terminaron con la guerra ya concluida, con lo que su mensaje de petición de ayuda internacional para la causa republicana resultó completamente inútil. Además, el estallido de la Segunda Guerra Mundial aplazó su estreno hasta 1945. En España, naturalmente, fue prohibida por la censura y no se estrenaría hasta 1977, lo que contribuyó a aumentar su dimensión de filme mítico. Algunas de sus imágenes, como el famoso cortejo final que desciende por la montaña con los pilotos muertos y heridos, han pasado con todos los honores a la antología de los mejores momentos del cine español.

Y en el otro lado, ¿cómo era el cine de los nacionales?

El bando nacional lo tenía más difícil a la hora de poner en marcha sus propias producciones, ya que en su zona apenas contaba con la infraestructura adecuada. Por ello recurrieron al apoyo logístico de la Alemania nazi y la Italia fascista, en cuyos estudios Benito Perojo y Florián Rey rodarían las pocas películas de ficción producidas por el bando franquista durante la guerra. Eran argumentos que nada tenían que ver con la contienda; las típicas historias regionales con Imperio Argentina y Estrellita Castro paseando sus batas de cola sobre escenarios que reconstruían una Andalucía de dudosa verosimilitud, con secundarios alemanes e italianos haciéndose pasar por bandoleros, toreros o gitanos.

Una ayuda muy importante al cine del bando franquista se la prestó el dueño de CIFESA, Vicente Casanova. El estallido de la guerra le pilló en Valencia. Tras pedir un permiso a las autoridades republicanas para viajar al extranjero por motivos profesionales, lo que hizo fue pasarse a la zona nacional a través de Francia y poner sus estudios sevillanos al servicio de la oficina de Prensa y Propaganda que por entonces dirigía el general Millán Astray. Así, los estudios de CIFESA se convirtieron en el cuartel general de la propaganda franquista. Allí se rodaron 17 documentales dedicados a ensalzar de forma triunfalista las victorias de los sublevados: *Hacia una nueva España* (1936), *Santander para España* (1937) o *Ya viene el cortejo* (1939), que tuvieron en Fernando Delgado su principal artífice.

Otras organizaciones, como La Comunión Tradicionalista Requeté o la Falange Española, también promovieron distintos documentales: *Con las brigadas navarras* (1936), *Derrumbamiento del ejército rojo* (1938) o *Frente de Vizcaya* (1937) en el que con gran desfachatez se atribuía la destrucción de Guernica a «los incendiarios y dinamiteros republicanos».

En abril de 1938 toda la producción del bando nacional se unificó al crearse en Burgos el Departamento Nacional de Cinematografía, encargado de financiar, distribuir y controlar las películas afines a su causa. También se creó una sección de censura con el fin de revisar los guiones antes de su aprobación, y se puso en marcha *El noticiario español*. Edgar Neville rodó para este departamento varios documentales de propaganda, pero la obra más importante en este sentido la realizó Joaquín Reig desde Berlín con el documental *España heroica* (1937), considerada la película manifiesto de los sublevados, en la que se justificaban de cara al exterior los motivos del alzamiento.

Películas para después de una guerra

¿Qué hicieron con el cine los vencedores de la guerra?

«En el día de hoy, cautivo y desarmado el ejército rojo, han alcanzado las tropas nacionales sus últimos objetivos militares. La guerra ha terminado.» No es extraño que el encargado de la lectura del último parte militar desde los micrófonos de Radio Nacional fuera precisamente un actor, Fernando Fernández de Córdoba. El nuevo régimen impuesto por los vencedores estaba decidido a contar con el cine como un aliado esencial en la instauración de su Sistema Nacional Católico. A Franco le obsesionaba controlar la producción cinematográfica a fin de convertirla en un instrumento de propaganda de los principios del Movimiento. El de los años 40 fue, pues, un cine impuesto, creado para responder a los intereses políticos del momento. De ahí que su calidad media alcanzara las cotas más bajas de toda la historia del cine español.

La situación de la industria cinematográfica tras la guerra era tan caótica como la del propio país. Muchos estudios habían cerrado o estaban en ruinas como consecuencia de los bombardeos. No había suficiente película virgen ni materiales para fabricar decorados. Un gran número de técnicos, actores y cineastas había partido hacia el exilio. Otros estaban presos, depauperados por el hambre o enfermos. Hay una anécdota que ilustra las difíciles condiciones en las que el cine español debió renacer de sus cenizas. Una de las primeras películas en rodarse tras el final de la guerra fue *Los cuatro robinsones* (1939) de Eduardo García Maroto. En una escena, uno de los protagonistas veía un espejismo con una serie de exquisitos manjares que incluían faisán, jamón y langosta. Al positivar la toma se dieron cuenta de que estaba defectuosa y quisieron repetirla, pero fue imposible: el administrador de la producción se había cenado la noche anterior todas las viandas en compañía de su familia y no había forma de encontrar otras nuevas. Pero al régimen de Franco no le preocupaba demasiado la calidad o el acabado de las películas. La política cinematográfica de la nueva Administración iba a basarse sobre todo en dos elementos: la censura y el proteccionismo.

Una de las primeras medidas adoptadas fue la obligatoriedad del doblaje. Ninguna película extranjera podía exhibirse si no estaba hablada en castellano. La medida, que intentaba «salvaguardar los valores sobreentendidos de la lengua española», lo que consiguió en realidad fue favorecer de nuevo la colonización americana del cine que se exhibía en España, ya que colocaba en desigual competencia al débil cine nacional con los poderosos y atractivos productos que venían de Hollywood.

Al mismo tiempo se instauró un sistema de concesión de licencias de doblaje que también resultaría nefasto. Una Comisión Calificadora entregaba estas licencias, que se obtenían a cambio de producir cintas nacionales. Por ejemplo, un productor rodaba una película española y, si ésta gustaba a la Comisión, le otorgaban un número de licencias que podía ir de una a quince. El productor podía utilizarlas para importar películas extranjeras y doblarlas, o podía vender estas licencias a terceros, dando lugar así a un negocio especulativo en el que abundaba la corrupción.

El negocio era redondo para el productor ya que a menudo, con sólo vender una licencia, amortizaba la inversión inicial e incluso conseguía beneficios. En cambio resultaba fatal para la calidad cinematográfica ya que las películas no se hacían con criterios comerciales o artísticos, sino únicamente para agradar a la Comisión. Ésta otorgaba sus prebendas según considerara que la película era en mayor o menor grado de «interés nacional». ¿Y qué debía contener una película para ser de interés nacional? Pues «exaltar los valores raciales o las enseñanzas de los principios morales del régimen».

Todo ello provocó un alubión de cintas españolas de nulo interés, hechas con el fin exclusivo de acertar con los criterios oficiales y así recibir el mayor número de licencias de importación de películas americanas para doblarlas, que era donde realmente estaba el dinero. Además, la medida, que en su origen había surgido para proteger al cine español, acabó perjudicándole, ya que cada producción nacional significaba a la vez la explotación de una media de cinco o seis películas americanas.

¿Cómo pasó Grace Kelly de ser adúltera a convertirse en hermana incestuosa?

En *Mogambo* (1953) Grace Kelly y Donald Sinden interpretaban a un matrimonio que participaba en un safari en África. Con el fin de ocultar el adulterio que ella vivía con el cazador Clark Gable, los censores españoles alteraron el doblaje convirtiendo al matrimonio en una pareja de hermanos, con lo que la Kelly pasaba a ser una mujer soltera libre de coquetear con quien ella quisiera. Unos cortes aquí, unas líneas de diálogo cambiadas allá... lo malo es que el resultado terminaba siendo mucho más escabroso ya que el público se preguntaba por qué aquellos hermanos compartían cama y se mostraban a veces tan cariñosos entre ellos. Disparatada, ilógica, ridícula... Así era la censura, el otro pilar básico en el que se asentaba el control cinematográfico del franquismo.

«Quedan prohibidas las películas en las que de forma más o menos encubierta se haga menosprecio o se combatan los principios religiosos y los fundamentos morales.» «Los sacerdotes sólo pueden aparecer en las películas para ser ensalzados y han de ser tratados siempre con la máxima consideración.» «Todos los temas relacionados con el comunismo o las tendencias marxistas quedan prohibidos, así como los relativos a la lucha de clases o las referencias a la clase obrera». «No se puede escuchar la música de la Marsellesa», ni «utilizar la palabra revolucionario en diálogo alguno». «Se prohíben todas las películas antimilitaristas y aquellas que vayan en contra del espíritu y el honor del ejército.» «Las efusiones amorosas han de ser mostradas con extraordinaria rapidez, incluidos los besos.» «Se prohíbe cualquier plano que muestre algún nivel de desnudez» (curiosamente se autorizan «las escenas de conjunto en que suelen intervenir figuras de ambos sexos, vestidas escasamente, si se muestran a distancia prudente del espectador»). «Se prohíben especialmente las danzas orientales, debido a las contorsiones de las bailarinas.» Todas estas y un sinfín más de prohibiciones pusieron a prueba durante décadas la habilidad de los guionistas y directores españoles para sacar adelante sus argumentos sin molestar a los quisquillosos censores.

La Junta Superior de Censura controlaba todo el proceso creativo de una película, empezando por el guión, hecho sin precedentes en otros sistemas de censura del mundo. Todos los argumentos debían pasar previamente por la inspección censora. Tras someterlo a examen, los productores recibían el llamado «Cartón de censura», un impreso en el que venían anotados todos los cortes y modificaciones que debían realizarse en el guión: suprimir aquel beso, eliminar una referencia peligrosa en tal diálogo, modificar la situación de una escena o el vestuario de los actores... La Junta controlaba también la copia definitiva, pudiendo cortar escenas enteras o incluso prohibir por completo el estreno de una película. También se supervisaba el lanzamiento publicitario del filme, con especial atención a los carteles. Se retocaban los escotes de las actrices, se les bajaba la falda o incluso se cubrían los torsos desnudos de los boxeadores con camisetas dibujadas con tinta china. Además, como ya hemos visto, se podía manipular el doblaje de las películas extranjeras para evitar situaciones y diálogos contrarios a los principios nacionales y religiosos.

La Iglesia española participaba en la Junta censora aportando sus propios criterios. Lo que más les molestaba eran las exhibiciones anatómicas de las actrices, por pequeñas que éstas fuesen. Los diversos colectivos profesionales también podían influir en la Junta. Por ejemplo, la película *La guerra de Dios* (1953), de Rafael Gil, estuvo suspendida durante varias semanas como consecuencia de una denuncia del Colegio de Médicos. El motivo era que en ella aparecía un doctor con pocos escrúpulos deontológicos.

La Junta de censura no hizo públicos sus criterios hasta 1964, con lo que el capricho y el amiguismo político campaban a sus anchas. Las anécdotas que demuestran las cotas de ridiculez que alcanzaron los censores son interminables. Una escena del filme argentino *Dama de compañía* (1940) de Alberto de Zavalía fue eliminada porque en ella se veía cómo ordeñaban a una vaca. Del mismo modo, José María Forqué se llevó una gran sorpresa al enterarse de que la censura prohibía el estreno de su película *Amanecer en Puerta Oscura* (1956). Al preguntar las razones, le dijeron que el argumento ofendía a «nuestros aliados norteamericanos». Forqué les explicó que en la película no aparecía ni un solo norteamericano, que los malos en realidad eran ingleses. Tras pensarlo un tiempo, los censores dieron finalmente su autorización y la película ganó el Oso de Plata en el festival de Berlín de aquel año.

¿Quién presumía de poner «el mundo entero al alcance de todos los españoles»?

El NO-DO, abreviatura de «Noticiarios y Documentales Cinematográficos», o al menos eso pregonaba en su triunfalista cabecera de presentación. En realidad, de lo que se trataba era de controlar la información nacional e internacional que llegaba al público, filtrando y seleccionando las noticias que sirvieran a los fines de propaganda del Estado.

El NO-DO surgió como una iniciativa de la Vicesecretaría de Educación Popular que controlaba la Falange. Tomando como modelo un noticiario del fascismo italiano llamado LUCE, una orden del 17 de diciembre de 1942 promulgaba su creación y establecía su carácter exclusivo y obligatorio. Esto significaba que se suprimía cualquier otro tipo de documental y se prohibía a los operadores realizar reportajes cinematográficos sin autorización de NO-DO. El Noticiario se erigía en la única voz autorizada del régimen y ninguna persona podía filmar el seguimiento de una noticia o abordar reportaje alguno por su cuenta, lo cual suponía un golpe mortal al género documental, que tanto se había desarrollado durante la II República y la Guerra Civil. Del mismo modo quedaba estipulado que el Noticiario se proyectaría de forma obligatoria en todas las salas de exhibición españolas antes de cada sesión.

El 4 de enero de 1943 el NO-DO se estrenó oficialmente en las pantallas españolas. El primer número ya dejaba claro quién iba a ser su principal protagonista. Una serie de imágenes encadenadas nos situaban en el exterior del palacio de El Pardo. La cámara penetraba en el interior hasta llegar al despacho del Generalísimo, donde descubríamos a Franco trabajando en su mesa, absorto en las tareas de gobierno. Una voz en *off* comenzaba entonces el relato en tono épico: «En los días de supremo peligro para la patria, él supo salvarla…» A partir de ahí se evocaba el pasado reciente y la guerra como hechos dolorosos pero necesarios para llegar a una «nueva era de honor nacional y de grandeza» de la cual el Caudillo era el principal artífice.

La mayor parte de los reportajes que ofrecía NO-DO estaba dedicada a la entusiasta exaltación del régimen, con Franco inaugurando pantanos sin cesar como símbolo incontestable de la prosperidad del país. Además de informaciones de actualidad convenientemente manipuladas, se ofrecían noticias taurinas, deportivas y folclóricas, así como el seguimiento de celebraciones tradicionales, procesiones, actos religiosos, etc. En sus comienzos se elaboraba una edición semanal. Con el paso del tiempo, el ritmo de producción se fue relajando, con lo que los exhibidores se veían obligados a repetir el mismo noticiario durante varias semanas y los espectadores más asiduos acababan aprendiéndose de memoria los reportajes.

La expansión de la televisión a partir de los años 60 acabaría haciendo inoperante la eficacia política del NO-DO. A pesar de ello se mantuvo hasta comienzos de 1976. Aunque fuera por sólo unos meses, el NO-DO sobrevivió a Franco.

¿Quién era el misterioso Juan de Andrade?

No contento con el control que ejercía sobre el cine mediante la censura, el proteccionismo y la exclusividad del NO-DO, el propio **Francisco Franco (1892-1975)** se decidió a ofrecer un modelo que sirviera de ejemplo de lo que debía ser el cine español. Bajo el seudónimo de Jaime de Andrade, escribió el guión de una película titulada *Raza* (1941). Contaba la historia de una familia de militares desde el Desastre del 98 hasta el final de la Guerra Civil y su mensaje era bien sencillo: el ejército es el guardián de los valores espirituales de los españoles y cuando los políticos lo ponen en peligro, es necesario actuar.

La película fue producida con todo lujo de medios por el Consejo de la Hispanidad, un organismo oficial creado especialmente para esa labor y el propio Franco escogió personalmente como director a José Luis Sáenz de Heredia, primo hermano de José Antonio Primo de Rivera, el desaparecido líder de la Falange. Aunque el dictador nunca visitó el rodaje, diariamente un motorista de El Pardo llegaba con instrucciones sobre cómo debían rodarse las escenas del día. A pesar de la ingenuidad del argumento, lleno de tópicos, y del simplismo de su visión histórica, la película contiene algunas escenas muy notables, como el fusilamiento de un grupo de sacerdotes al amanecer en la playa, o la autenticidad con la que se muestra la vida en la retaguardia.

Raza contenía ciertos elementos autobiográficos del propio dictador pero sobre todo se la puede considerar un manifiesto audiovisual de la ideología franquista, ya que expresaba con claridad el pensamiento de Franco en temas como la familia, el honor o los principios morales y religiosos. Que el general utilizara una película para exponerlo públicamente no es extraño. Desde siempre Franco había sido un gran aficionado al cine. Ya en 1926 había intervenido, junto a otras personalidades de la época, en la película *La malcasada* de Francisco Gómez Hidalgo. En el palacio de El Pardo se hacía proyectar todas las noches los estrenos nacionales e internacionales de su tiempo. También le gustaba hacer sus pinitos como director. Tenía un tomavistas Super 8 con el que inmortalizaba sus vacaciones familiares o las escenas de cacería. Tras su experiencia en *Raza,* empezó a escribir un segundo guión sobre la División Azul que nunca se llevó a cabo. Más adelante, en 1964, decidió reverdecer sus laureles cinematográficos con motivo de lo que el régimen llamaba los «25 años de paz» y promovió el rodaje del documental *Franco, ese hombre.*

A la estela de *Raza* surgió todo un género de películas de exaltación patriótica, también llamado «cine de Cruzada», que llenó las pantallas españolas en los primeros años de la década de los 40. Eran filmes que hacían apología del heroísmo individual y la épica militar, legitimando el alzamiento contra la República y el nuevo Estado surgido tras la guerra. El guionista y director José López-Rubio lo resumía con éstas palabras: «El cine tiene poder para encauzar el alma de los pueblos. Lo interesante para la producción española es dar con el espíritu nacional porque, ¿acaso no se escribieron las novelas de capa y espada para encauzar el alma de los pueblos?»

En realidad, el camino ya había sido abierto unos meses antes del estreno de *Raza* por otras dos películas: *Harka* (1941), de Carlos Arévalo, y *Sin novedad en el Alcázar* (1940) de Augusto Genina, una producción italiana con fuerte presencia española. Después vendrían otras muchas como *Escuadrilla* (1941) y *Boda en el infierno* (1942) de Antonio Román, *¡A mi la Legión!* (1942) de Orduña, *Rojo y negro* (1941) de Arévalo, *Legión de héroes* (1942) de Armando Sevilla, o la película que cerró el ciclo, *El santuario no se rinde* (1949), curiosamente dirigida por Arturo Ruiz-Castillo, un hombre de izquierdas que había colaborado con García Lorca en su teatro de *La Barraca*.

Aunque la identidad de Jaime de Andrade era un secreto a voces (algo que se puede comprobar por el respeto y admiración con los que se trataba al misterioso guionista en los artículos de prensa), Franco no desvelaría la autoría del guión de *Raza* hasta 1964, cuando solicitó su ingreso en la Sociedad General de Autores de España.

¿Por qué eligió Franco a Sáenz de Heredia para dirigir *Raza*?

El guión escrito por el dictador fue enviado a tres directores distintos para que lo desarrollaran. El único de los tres que puso objeciones y que desechó parte del mismo por reiterativo fue **José Luis Sáenz de Heredia (1911-1992)**. Aquel «atrevimiento» debió gustarle al Generalísimo ya que acabó escogiéndole a él. Poco antes de su estreno comercial, *Raza* fue proyectada en el palacio de El Pardo. Sáenz de Heredia lo recordaba así: «La vimos Franco y yo sentados delante y su señora y demás gente detrás; yo le observaba de reojo y con la luz de la pantalla veía que estaba emocionado, con los ojos húmedos y muy atento.» Al terminar la proyección, Franco se dirigió al director y le dijo: «Usted ha cumplido.»

Dado el habitual laconismo del dictador, Sáenz de Heredia llegó a la conclusión de que aquella escueta frase era todo un elogio.

José Luis Sáenz de Heredia se había iniciado en el cine como guionista. En 1934 escribió un argumento titulado *Patricio miró una estrella*. A mitad de rodaje el director del proyecto, Fernando Delgado, abandonó el trabajo y él se ofreció para terminarlo. Luis Buñuel, por entonces supervisor de la productora Filmófono, quedó tan impresionado por la seguridad que mostraba aquel joven de 23 años que decidió darle la oportunidad. Un año después le ocurrió otra cosa parecida. Buñuel volvió a contar con él para sustituir a otro director al que había expulsado del rodaje de *La hija de Juan Simón*. Así entró Sáenz de Heredia en el cine, terminando lo que otros empezaban, aunque no iba a tardar mucho tiempo en pasar, de sustituto, a número uno de los directores españoles de los 40.

El comienzo de la guerra le pilló en Madrid donde fue detenido y enviado a una checa. Era primo carnal de José Antonio Primo de Rivera y su sentencia de muerte parecía firmada. Sin embargo, gracias a la intervención de Luis Buñuel, consiguió salvar la vida, se refugió en la embajada cubana y poco después consiguió pasar a la zona nacional, donde se presentó voluntario para ir al frente. Terminada la guerra recogió los frutos de sus méritos militares y de su parentesco con José Antonio y fue nombrado Jefe de Producción del Departamento Nacional de Cinematografía. En 1941 retomó su trabajo como director con una comedia burlesca titulada *A mi no me mire usted*, y en éstas llegó a sus manos el guión de *Raza*.

El éxito arrollador de la película convirtió a su director en el cineasta favorito del régimen, y en los años siguientes así lo confirmarían los numerosos

premios recibidos, el éxito continuado de sus películas y la buena acogida que todas ellas tenían entre la
crítica. El sueño de cualquier actor o técnico del cine
español era trabajar en una película de Sáenz de
Heredia.

A pesar de ello el director no se acomodó sino
que mostró un resuelto interés por explorar nuevas
vías y escapar del encasillamiento. José Luis Sáenz de
Heredia fue pionero de casi todos los géneros del
cine de la posguerra, abriendo rutas que otros directores seguirían tras él: Las películas patrióticas con
Raza; el cine de época con *El escándalo* (1943); la
comedia con elementos fantásticos con *El destino se
disculpa* (1944); el cine religioso con *La mies es mucha*
(1949) o las adaptaciones de obras de teatro y novelas clásicas con *Mariona Rebull* (1947) o *Don Juan*
(1950). *Historias de la radio* (1955) es, para muchos, su
gran obra maestra. Una película de una gran riqueza
costumbrista, de esas que siempre figuran en las
antologías del cine español. Y es que la principal virtud como director de Sáenz de Heredia fue siempre
saber adaptarse al espíritu de cada época, con un gran
sentido del oportunismo que le hacía conectar con
las expectativas del público.

Como ya ocurriera con *Raza,* él fue también el
elegido en 1964 para rodar el documental *Franco, ese
hombre*, que exaltaba la figura del jefe de Estado. Pero
sus mejores tiempos como director ya habían pasado.
Intentó repetir el éxito de *Historias de la radio* con
Historias de la televisión (1965) con Concha Velasco,
uno de sus grandes amores, en el papel protagonista.
Pero poco a poco fue cayendo en el vacío creativo y
rebajando su propio nivel de exigencia para acabar
dirigiendo películas que únicamente buscaban la
comercialidad explotando el tirón de artistas como
Manolo Escobar o Paco Martínez Soria. *Solo ante el
streaking* (1973), su última película de ficción, resu-

me por sí misma toda esta época. El propio Sáenz de Heredia reconocía su decadencia con estas palabras: «Ahora soy una especie de taxista que va a la calle que le indica el productor; me da igual una u otra. Lo que ya no hago es subir a los pisos.»

José Luis Sáenz de Heredia murió en Madrid en 1992, a los 81 años de edad. Había filmado cerca de 40 películas pero no pudo rodar nunca su proyecto más querido, *El primer mártir,* un argumento centrado en el fusilamiento de su primo José Antonio Primo de Rivera en la cárcel de Alicante a comienzos de la guerra.

¿Cuándo los bigotillos de teniente dieron paso a las barbas de reyes y caballeros?

Tras la victoria de los Aliados en la Segunda Guerra Mundial, el tono de las películas de exaltación patriótica empezó a resultar muy incómodo a un régimen que se había propuesto buscar nuevos amigos y desmarcarse de los caídos Hitler y Mussolini. Fue así como, desde el poder, se empezó a apoyar a otro tipo de cine que también podía ser proveedor de ideología pero que a la vez, al menos en la forma, se apartaba del fascismo: las películas históricas.

Se trataba de rememorar los grandes momentos del pasado de España exhumando figuras y hechos históricos, con frecuencia manipulados o maquillados convenientemente para que proclamaran el glorioso pasado imperial español y el heroísmo de sus gentes. Además, eran películas que tenían un cierto componente de «cine de salvación nacional» ya que defendían la vieja tesis de la agresión exterior hacia los «sacrosantos principios de nuestra nación», ante la cual los españoles se unían como un solo hombre para defenderse. Un buen ejemplo de ello fue el gran éxito de *Los últimos de Filipinas* (1945) de Antonio Román. La película se estrenó justo en los días en los que las potencias de la ONU decidieron retirar los embajadores de nuestro país. El aislamiento internacional al que se enfrentaba España encontró su metáfora cinematográfica en aquella historia sobre un puñado de soldados españoles que resistían sitiados ante el ataque de los tagalos. El público ciertamente se entusiasmó con la película que, según las críticas de la época, demostraba cómo «los españoles se sobreponían a las dificultades resistiendo hasta obtener el reconocimiento de sus enemigos por su abnegado valor».

Fue así como empezaron a desfilar por nuestras pantallas héroes, caballeros, descubridores y una inacabable dinastía de reyes y reinas. Las películas del ciclo histórico eran producciones pomposas y acartonadas cuya puesta en escena pretendía ser apabullante a partir de escenarios de cartón-piedra y vestuario de guardarropía. Títulos como *La Nao Capitana* (1946) de Florián Rey, *Reina Santa* (1947) de Rafael Gil, *La princesa de los Ursinos* (1947) y *La duquesa de Benamejí* (1949), ambas de Luis Lucia, o *Agustina de Aragón* (1950), *La leona de Castilla* (1951) y *Alba de América* (1951), todas ellas de Juan de Orduña. Aunque, sin duda, el título más representativo de este cine fue *Locura de amor* (1948), también de Orduña y una de las películas de mayor repercusión en los años de la posguerra.

«¡No le despertéis!, ¡El rey está dormido!», decía con voz desgarrada y los ojos desorbitados Aurora Bautista ante el cadáver de Fernando Rey, y el público se estremecía y lloraba compadecido ante la tormentosa historia del amor de Juana la Loca y Felipe el Hermoso. La película no sólo fue una apoteosis en las pantallas españolas sino que exportó su éxito a otros países de Hispanoamérica convirtiéndose en un gran triunfo internacional.

¿Por qué las escenas de *Locura de Amor* se rodaban en una sola toma?

Aurora Bautista (1925) fue una apuesta personal del director Juan de Orduña. La había visto actuar en el Teatro Español y había quedado impresionado por la prueba de cámara que le hizo después. Pero aquella joven de 23 años era una desconocida y los responsables de CIFESA no estaban dispuestos a arriesgar su gran superproducción. Orduña llegó entonces a un acuerdo con ellos. Le darían quince días de margen. Si pasado este tiempo no estaban satisfechos con el trabajo de la actriz, el director asumiría de su propio bolsillo los gastos ocasionados. Empezó el rodaje y, como los metros de celuloide eran realmente caros, durante aquellas dos semanas Orduña daba casi siempre por buena la primera toma.

El éxito de *Locura de Amor* (1948) convirtió a Aurora Bautista en una gran estrella. Firmó con CIFESA un contrato en exclusiva y en muy poco tiempo se impuso como en la gran heroína histórica del cine español gracias a sus papeles en *Pequeñeces* (1950), *Agustina de Aragón* (1950) o *Teresa de Jesús* (1962). Orduña ponía la cámara y Aurora Bautista, la intensidad y la voz. Una voz profunda, personal y cuidadosamente modulada que revestía de solemnidad todos aquellos personajes.

La actriz era hija de un sindicalista represaliado por el franquismo y, tal y como le ocurría también a su compañero de reparto Fernando Rey, vivía la contradicción de provenir de una tradición republicana y ser, a pesar de ello, el rostro emblemático del cine de exaltación nacional. Fernando Rey, como veremos, pudo superar aquella etapa. Aurora Bautista, en cambio, no logró encajar con la generación de directores que empezaba a rodar en los 60. Tuvo un contacto con ese nuevo cine cuando el debutante Miguel Picazo la eligió para encarnar a la solterona de *La tía Tula* (1961), basada en la novela de Miguel de Unamuno. Y aunque muchos críticos sostienen que es la mejor interpretación de su carrera, lo cierto es que no bastó para que se le abrieran nuevas puertas. La actriz se había casado, había vivido y trabajado en Méjico... Y, mientras estaba fuera, el cine en España había ido cambiando. No así el recuerdo que de ella guardaba el público. Habían pasado muchos años pero todo el mundo seguía viendo en Aurora Bautista a aquella desgarrada Juana la Loca.

¿Quién fue el director más entusiasta del cine histórico?

Juan de Orduña (1902–1974) empezó como actor de teatro siendo un adolescente y dio el salto al cine en 1924. Pronto se convirtió en uno de los galanes más populares del cine mudo español. En 1928, por ejemplo, fue votado por los lectores de una conocida revista como la estrella cinematográfica más relevante del cine español. Ya en 1927 se atrevió a simultanear el trabajo de actor y director en la película *Una aventura de cine*, pero la experiencia no debió gustarle demasiado ya que no volvería a ponerse tras las cámaras hasta después de la Guerra Civil.

A mí la Legión (1942) fue su primer éxito en la nueva faceta artística, que continuaría con dos películas muy populares: *Deliciosamente tontos* (1943) y *Ella, él y sus millones* (1944). Eran comedias de las llamadas de «teléfonos blancos» que protagonizaban personajes burgueses y de la alta sociedad y cuyos ambientes lujosos (en los que el níveo aparatito era símbolo de modernidad y alto nivel de vida) servían para hacer olvidar a la gente las duras restricciones y carencias de la posguerra.

Pronto Juan de Orduña se hizo con cierta fama de director rápido y eficaz, capaz incluso de rodar dos películas al mismo tiempo, casi con los mismos intérpretes y decorados, tal como hizo en 1944 con *Yo no me caso* y *La vida empieza a medianoche*. Sin embargo no fue hasta *Locura de amor* cuando el director, franquista hasta la médula y hombre muy religioso, encontró su verdadera vocación. A partir de ese momento se entregó con entusiasmo al género histórico, proclamándose a sí mismo el Cecil B. De Mille español. Pero a diferencia del director americano las películas de Orduña solían pecar de engoladas y excesivamente melodramáticas, llenas de un sentimentalismo muy teatral, como el del propio director, del que decían que lloraba dirigiendo algunas escenas.

Con *Alba de América* (1951) se atrevió a rodar la mayor superproducción de nuestro cine hasta la fecha. Para su rodaje se construyó incluso una carabela réplica exacta de las colombinas. Eso sí, debía servir tanto de Niña como de Pinta y Santa María, ya que el presupuesto era amplio pero no daba para tanto (al fin y al cabo estábamos en la posguerra) y por eso las tres carabelas nunca aparecen juntas en la película.

Además de *Locura de amor* el otro gran éxito comercial de su carrera fue *El último cuplé* (1957), una película en la que nadie, salvo él, creía al principio y que acabó convirtiéndose en uno de los títulos míticos de la historia del cine español, además de servir para consagrar definitivamente a Sara Montiel como gran estrella de nuestro celuloide. La película pulverizó récords de taquilla, para desgracia del propio Orduña, que en un principio había puesto él mismo el dinero para producirla, ya que ninguna empresa se atrevía a hacerlo. A mitad de rodaje se quedó sin presupuesto y CIFESA «amablemente» se ofreció para comprarle la propiedad del filme, con lo que los enormes beneficios fueron a parar a la productora de los Casanova. Como recordaba Vizcaíno Casas en su libro de anécdotas cinematográficas, a Orduña no le quedó ni siquiera el consuelo de tirarse de los pelos, ya que desde muy joven gastaba peluquín.

¿Qué otros géneros se estilaban en el cine de los 40?

La tendencia a mirar al pasado no sólo quedó patente con el cine histórico, sino también en una serie de adaptaciones literarias, en buena parte ambientadas en el siglo XIX, que gozaron de gran aceptación y recibieron el nombre de «cine de levita», pues ésa era la prenda que vestían muchos de sus protagonistas. Eran folletines melodramáticos en los que los principios morales y los valores tradicionales siempre acaban imponiéndose. Sus héroes mostraban en todo momento un estricto sentido de la religión y de la moral. *Goyescas* (1942) de Perojo y *El escándalo* (1943) de Sáenz de Heredia fueron las pioneras, a las que seguirían otros muchos títulos como *Eugenia de Montijo* (1944) de López-Rubio o *Lola Montes* (1944) de Antonio Román. El autor más veces adaptado de este «cine de levita» fue Pedro Antonio de Alarcón en películas como *El clavo* (1944), *La pródiga* (1946), *El capitán Veneno* (1950) o la ya citada *El escándalo*. También fueron muy visitados otros autores del realismo decimonónico como Armando Palacio Valdés, El padre Coloma o Manuel Tamayo y Baus.

Pero no sólo del pasado vivía el cine español. El franquismo también apoyaba un cine que, al tiempo que servía de vehículo de escapismo para olvidar las miserias de la posguerra, demostraba que bajo el nuevo régimen los españoles podían prosperar y vivir mejor. Así, abundaron las comedias protagonizadas por la alta burguesía que ofrecían historias intrascendentes, de un romanticismo absolutamente blanco del que se habían eliminado hasta los besos. CIFESA apostó fuerte por este cine y la prueba de ello es que casi la mitad de su producción durante la década de los 40 fueron comedias, muchas de ellas dirigidas por Ignacio F. Iquino, como *Los ladrones somos gente honrada* (1942), *Boda accidentada* (1943) o *Un enredo de familia* (1943).

El cine folclórico, cada vez más desfasado de la realidad, seguía con buena salud. Si en Estados Unidos tenían los musicales de Donen o Minelli, en España las películas folclóricas ocupaban esa parcela sustituyendo a los Gene Kelly, Judy Garland o Fred Astaire por Juanita Reina, Estrellita Castro o Lola Flores. También aguantaba la mítica Imperio Argentina, que en estos años rodó las últimas de sus grandes películas como *Bambú* (1945). Y por si no bastara con las folclóricas españolas, llegó la ayuda del exterior con las visitas de grandes estrellas de la canción mejicana como Jorge Negrete o Pedro Infante, que rodaron varias películas en nuestro país como *Jalisco canta en Sevilla* (1948) o *Teatro Apolo* (1950).

En la España Nacional Católica no podía faltar tampoco un cine que ensalzara las grandezas de la religión. Ya lo había proclamado el Papa Pío XII: «España es la nación elegida por Dios como principal instrumento de evangelización y baluarte inexpugnable de la fe católica.» En sintonía con ese espíritu evangelizador las pantallas se llenaron de películas de misioneros como *Misión Blanca* (1946) de Orduña, *La mies es mucha* (1948) de Sáenz de Heredia, *La manigua sin Dios* (1949) de Ruiz Castillo o la muy popular *Balarrasa* (1950) de Nieves Conde.

Este cine confesional tendría aún más aceptación en la década siguiente gracias a *Marcelino, pan y vino* (1954) de Ladislao Vajda o *La señora de Fátima* (1951) de Rafael Gil. Esta última supuso un gran taquillazo. Tal es así que todas las tardes el actor José Nieto miraba invariablemente el reloj a las ocho y diez y con solemnidad anunciaba a sus amigos de la tertulia del Bar Chicote: «Señores, en este momento me están ovacionando.» Y es que a esa hora exactamente se proyectaba la escena en la que la Virgen devolvía la vista al niño ciego que él llevaba en brazos en la película, escena que provocaba siempre lágrimas y grandes aplausos entre el público.

¿Quién fue el director más premiado del franquismo?

En el período que va entre 1939 y 1975 ningún otro realizador español recibió más premios del Sindicato Nacional del Espectáculo, los galardones oficiales de la época, que **Rafael Gil (1913-1986)**, uno de los directores más protegidos por el Régimen y el único capaz de igualar en prestigio a Sáenz de Heredia. A lo largo de su larga carrera, que abarca cinco décadas, Rafael Gil rodó más de 70 películas, en las que tocó casi todos los palos. Era un cineasta con un excelente sentido de la narración aunque a menudo sus películas pecaban de académicas. En cierta ocasión, mientras estaba en Méjico, unos periodistas le reprocharon al productor Cesáreo González lo teatrales que resultaban las películas que Gil rodaba para su compañía, Suevia Films, a lo que Cesáreo respondió: «Es que Rafael nació en el Teatro Real de Madrid y aún no se lo ha quitado.»

Era cierto, Rafael Gil había nacido en las dependencias de ese teatro, del que su padre era administrador. Desde muy joven se aficionó al cine y con tan sólo 18 años sus críticas cinematográficas ya se publicaban en los diarios más prestigiosos de España. Fundó el Grupo de Escritores Cinematográficos y durante la guerra vivió la curiosa paradoja de rodar documentales para los dos bandos. Primero dentro de la unidad de propaganda que controlaba «El Campesino» y luego, tras cambiarse de bando, para el ejército de Franco.

Rafael Gil sentía una gran admiración por Frank Capra y Frank Borzage, a los que consideraba sus maestros cinematográficos. Influido por ellos, la primera etapa de su filmografía se centra en comedias románticas que siempre tienen un cierto tono poético y de ternura, como *Huella de luz* (1942), *Viaje sin destino* (1943) o *El fantasma y doña Juanita* (1944).

Fue también un habitual del «cine de levita» y de las adaptaciones literarias. «Para mí —decía— la adaptación de una obra literaria tiene dos aspectos primordiales. De una parte el profundo respeto que inspira, y de otra la confianza en un autor y en una pieza.» Entre sus mejores obras de este ciclo están *El clavo* (1944), *Don Quijote de la Mancha* (1947), y *La Fe* (1947), en la que mostraba la tentación amorosa de un sacerdote. Fue considerada muy atrevida en su momento pero Rafael Gil no tenía nada de irreverente. Todo lo contrario. Era un hombre muy religioso y este cine confesional forma el tercer ciclo importante de su carrera. «He hecho películas católicas porque soy católico, porque nuestro país también lo es, porque artísticamente ofrecen un buen campo y porque los resultados han sido fructíferos», confesaba orgulloso el director, que siempre mencionaba las felicitaciones que recibía del Papa Pío XII por estas películas. Títulos como *La señora de*

Fátima (1951), *Sor Intrépida* (1951), *El beso de Judas* (1954) o *La guerra de Dios* (1953), película que inauguró el primer Festival de cine de San Sebastián.

Aunque en estos tres estilos, comedias románticas, cine literario y religioso, se encuadra lo más destacado de su filmografía, muchos consideran a *La calle sin sol* (1948) su auténtica obra maestra. Una película que conectaba directamente con el Neorrealismo, que en aquellos años explotaba en Italia. Era una historia policíaca con elementos de melodrama romántico tan bien ambientada que el público creía que se había rodado en el barrio chino de Barcelona, cuando en realidad casi todo eran decorados. La película posee una gran fuerza poética y contiene escenas inolvidables. Como aquella en la que los vecinos esperan juntos los pocos segundos del día en los que los rayos del sol iluminan su calle, aportando algo de luz a sus vidas tristes, que eran un reflejo muy real de las carencias y la desolación que vivía gran parte de la población española.

A partir de los años 60 el cine de Rafael Gil empezó a pasar de moda. No supo adaptarse a las nuevas corrientes y poco a poco su producción fue perdiendo calidad e interés. Las últimas películas que rodó en los años 70 y 80 fueron adaptaciones de clásicos y sobre todo de las novelas reaccionarias de Fernando Vizcaíno Casas, con *Al tercer año resucitó* (1980) como su mayor éxito.

¿Y quién fue el director más a contracorriente y singular de ésta época?

Decía Fernando Fernán-Gómez en un artículo que si alguien se pregunta quién era esa «crema de la intelectualidad» que menciona el popular chotis de Madrid de Agustín Lara, debería saber que no eran

Baroja ni Azorín ni los otros autores del 98; tampoco Alberti, Lorca o sus compañeros del 27, sino un grupo de amigos escritores, dramaturgos e humoristas, entre los que figuraban Jardiel Poncela, Miguel Mihura, Tono, José López-Rubio y un aristócrata amigo de la buena vida llamado **Edgar Neville (1899-1967)**.

A pesar del nombre, heredado de su padre británico, Neville era un madrileño castizo al que todos deseaban tener en sus tertulias. Un hombre culto e ingenioso, buen comedor, buen bebedor y amigo de las juergas. A todas estas cualidades de vividor sumaba además la carrera de diplomático y un título nobiliario, el de Conde de Berlanga de Duero, aunque lo que realmente le gustaba era la literatura. Siendo casi un adolescente escribió un vodevil para «La Chelito», famosa artista de variedades de la época. Después publicó varios cuentos y novelas y entró en los círculos intelectuales de la época, manteniendo buena amistad con Ortega, Lorca o Gómez de la Serna.

A finales de los años 20 fue enviado como cónsul a los Estados Unidos y allí, aprovechando unas vacaciones, viajó a Hollywood con varias cartas de presentación que le abrieron las puertas de la alta sociedad cinematográfica americana. En las fotos de la época se le puede ver charlando, compartiendo mesa o bañándose en la piscina con William Randolph Hearts, Mary Pickford, Douglas Fairbanks o Charlie Chaplin. A este último le unió una gran amistad y vestido de policía hizo de extra en su película *Luces de la ciudad*. «Mi padre decía de él que era el mejor conversador que había conocido en su vida y que tenía un ingenio muy elegante», contaba su hija Geraldine Chaplin. «Yo sólo vi a Neville en una ocasión pero cada vez que visitaba a mi padre le daba recuerdos de su amigo español, como si le viera muy a menudo, porque siempre se ponía muy contento. Es más, muerto Neville, tanto Carlos Saura como yo, mantuvimos la ficción de que seguía vivo y continuaba enviándole recuerdos para no apenarle.»

En 1930 la Metro le ofreció un trabajo como supervisor de dobles versiones en Hollywood y poco después regresó a España, donde debutaría como director con dos adaptaciones literarias: *El malvado Carabel* (1935) y *La señorita de Trevélez* (1936). En ellas ya daba pistas de lo que iba a ser su cine, mostrando una extraordinaria capacidad narrativa, fluida y directa, un gusto por la tradición castiza y un cuidado especial de los diálogos.

Con la Guerra Civil se produciría una de sus contradicciones más notorias. A pesar de ser agnóstico, republicano y liberal, abrazó la causa de Franco y rodó para los nacionales varios documentales de propaganda. En 1939 se fue a Italia para filmar una de las primeras películas de exaltación patriótica, *Frente de Madrid,* con una secuencia final de carácter conciliador que fue eliminada por la censura. Pero antes de comenzar el rodaje pidió como guionista a una joven licenciada en derecho con aficiones literarias a la que había conocido unos años atrás en un tren. La joven se llamaba Concepción Carro y para entonces ya se había convertido en su colaboradora y amante, a pesar de que Neville seguía casado. Cuando los productores italianos de *Frente de Madrid* la vieron aterrizar en Roma se quedaron pasmados ante su belleza y decidieron que, además de guionista, sería también la protagonista de la película. La joven cambió entonces su nombre por el de **Conchita Montes (1914-1994)** y a partir de ese momento se convirtió en la musa de Neville: protagonista de la mayoría de sus películas y compañera sentimental hasta el final de sus días.

¿Cómo era el cine de Neville?

En los años 40 el cine de Neville estalló en todo su esplendor. Hizo, por ejemplo, una famosa trilogía ambientada en el Madrid de entre siglos en la que mezclaba el relato de intriga criminal con el casticismo popular. *La torre de los siete jorobados* (1944) incluía además elementos fantásticos y un homenaje al expresionismo alemán. *El crimen de la calle Bordadores* (1946) tuvo enormes problemas con la censura, mientras que con *Domingo de Carnaval* (1945) se planteó llevar a la pantalla el mundo pictórico del pintor Solana. El protagonista de esta película era un joven Fernando Fernán-Gómez, que explicaba que Neville le propuso el papel a condición de cobrar la mitad del salario que iba a percibir por *Bambú*, otra película que el actor estaba rodando a la vez en el mismo estudio. A cambio sólo le reclamaría cuando él tuviera ratos libres. Como la película transcurría en Carnaval, cuando Fernán-Gómez estaba disponible rodaba con él, y si no lo estaba le ponía una máscara a un doble y asunto concluido.

En 1945 Edgar Neville dirigió la que posiblemente es su gran obra maestra: *La vida en un hilo*, una historia sobre el azar que cuenta cómo hubiera podido ser la vida de una mujer si en lugar de tomar un camino hubiera elegido otro. Además de una maravillosa comedia que nada tiene que envidiar a las mejores de Lubistch, la película es también un buen ejemplo de los temas que llenan el cine de Neville: la denuncia de la cursilería, el provincianismo o la vulgaridad burguesa. El humor y los diálogos ingeniosos son también marca de la casa. También el esperpento, como forma de crítica, sin olvidar su amor por su ciudad, Madrid, cuyas gentes y paisajes pocas veces han sido retratados en el cine con tanto cariño.

Un cine, en definitiva, a contracorriente. Por eso, además de por su negativa a participar en las películas heroicas y en los dramas históricos tan de moda en los 40, Neville tuvo muy poca aceptación entre el público de su tiempo. *La torre de los siete jorobados,* por ejemplo, sólo estuvo una semana en cartel y, de todas sus películas, tan sólo *La vida en un hilo, El baile* (1959) y *Mi calle* (1960) tuvieron suerte con la taquilla y la crítica. Pero a Neville no parecía importarle mucho. Siguió rodando filmes tan personales como el documental *Duende y misterio del flamenco* (1952) o *El último caballo* (1950), en la que avanzaba el neorrealismo a la española que luego explotaría Berlanga.

En los años 60 abandonó el cine y se dedicó a escribir poesía, teatro e infinidad de artículos periodísticos. También sumó a su creatividad una nueva faceta, la de pintor. Para entonces el director había engordado tanto que pesaba cerca de ciento treinta kilos. Además sufría una extraña dolencia encefálica que le hacía quedarse dormido allá donde se sentaba, lo que, a veces, le venía muy bien para desembarazarse de pelmazos. El humor le acompañó hasta el final de sus días. Él mismo, poco antes de morir en 1967, propuso su propio epitafio: «¡Lástima! Ahora que me estaba quedando en los huesos».

El tiempo ha jugado a favor del cine de Edgar Neville. Hoy en día se le reconoce como el director más interesante y creativo de la década de los 40 y su obra, probablemente, la mejor de su tiempo. Desde su desaparición, todos los 23 de abril, una esquela aparecía publicada en el periódico. En ella podía leerse: «Tus amigos te recuerdan». Pero en realidad era Conchita Montes quien mandaba publicarla. Así ocurrió hasta 1994, año en el que su actriz, musa y compañera abandonó también este mundo.

¿Qué otros directores relevantes tuvo el primer franquismo?

En un artículo de la revista *Primer Plano* de 1943 se decía: «El director es un forjador de vida universal, cosa que no alcanza la novela, ni el teatro ni la prensa. El cuarto poder es el cine. Como sea el cine, así serán las costumbres.» Pues bien, a los Sáenz de Heredia, Orduña, Gil y Neville habría que añadir otros cuantos «forjadores de vida y costumbres» nacidos al abrigo del primer franquismo y franquistas todos ellos.

De **Ignacio F. Iquino (1910-1994)** solían decir que tenía un gran sentido del ahorro durante los rodajes, aunque algunos lo consideraban pura y simple tacañería. Era el rey del bajo presupuesto con un cine siempre comercial y de pocas pretensiones. Aunque comenzó en la nómina de CIFESA pronto creó su propia productora, Emisora Films, con la que potenció la industria cinematográfica catalana. No había género ni tema que se le resistiera: zarzuelas, comedias, adaptaciones, dramas taurinos, cine religioso o histórico… En los 60, bajo el seudónimo de Nick Nostro, puso en marcha un buen número de *spaghetti-westerns* y en los 70 se pasó al cine erótico. Hizo películas de todas las clases pero el género policíaco tiene en él a su mejor representante en los años 40 con títulos como *Culpable* (1945), *Una sombra en la ventana* (1945) o *Brigada criminal* (1950).

Como Rafael Gil o Sáenz de Heredia, **Antonio Román (1911-1989)** era otro de los habituales en los premios del Sindicato Nacional del Espectáculo, pues sus películas conectaban bien con el llamado cine de «interés nacional». Durante la República había colaborado con García Lorca en el Teatro Universitario y rodado algunos cortos vanguardistas, al tiempo que ejercía de crítico titular de la revista

Radiocinema. Al llegar la guerra cambió de chaqueta y se integró perfectamente en la España franquista, rodando películas de apoyo al régimen como *Escuadrilla* (1941), *Boda en el infierno* (1942) o *Los últimos de Filipinas* (1945). En los años siguientes probaría fortuna en otros muchos géneros, siendo *Fuenteovejuna* (1947) y *Los clarines del miedo* (1958) lo mejor de su producción.

Luis Lucia (1914–1984) era amigo personal de la familia Casanova. Lo suyo era el derecho y comenzó en el cine como asesor jurídico de CIFESA, para pasar luego a labores de producción y finalmente a las de dirección. El cine de entretenimiento fue su especialidad y tenía facilidad para conectar con el público a través de géneros populares. Algunas de sus mejores aportaciones fueron dentro del cine musical. Por ejemplo, consagró a Antonio Molina en *Esa voz es una mina* (1955) y emparejó a Carmen Sevilla con Luis Mariano en *El sueño de Andalucía* (1950). También se especializó en películas con «niños prodigio» como Jaime Blanch, Marisol, Rocío Dúrcal o Ana Belén. Uno de los mayores éxitos comerciales de su carrera lo obtuvo con *Molokay* (1959), película sobre el padre Damián, fundador de los hospitales para leprosos.

En esta lista de directores no podían faltar otros nombres destacados como los de **Luis Marquina (1904–1980)**, que empezó como técnico de sonido para convertirse en especialista en musicales como *Torbellino* (1946) y comedias costumbristas como *Malvaloca* (1942), que supuso el lanzamiento definitivo de su protagonista, Amparito Rivelles. **Carlos Serrano de Osma (1916–1984)** fue probablemente el más vanguardista de toda esta colección de directores, con una concepción del tratamiento visual muy moderna. Su mejor película fue *Abel Sánchez* (1946), adaptación de una novela de Miguel de Unamuno. Por último,

Ladislao Vajda (1906-1965) era un húngaro nacionalizado español que había escapado de su país huyendo del nazismo. Aportó su elegancia centroeuropea al cine español en comedias como *Cinco lobitos* (1945) y dramas como *Barrio* (1942). Pero sería en la década de los 50 cuando su cine alcanzaría mayor prestigio gracias a *Marcelino, pan y vino* (1954), *Mi tío Jacinto* (1956) o *El cebo* (1958), una de las mejores películas de suspense de la época.

¿Quién era el actor que mejor vestía los uniformes?

La carrera hacia el estrellato de **Alfredo Mayo (1911-1985)** empezó en el mismo cielo. A bordo de un Heinkel HE-112, el avión que pilotaba durante la Guerra Civil. Por entonces tenía 25 años. Había empezado la carrera de medicina pero la abandonó en segundo curso cuando un amigo le convenció para dedicarse al teatro. Durante los años 30 hizo un par de papelitos sin importancia en el cine y cuando estalló la guerra se alistó como oficial de aviación en el bando franquista.

Al terminar la contienda Alfredo Mayo volvió a su profesión de actor pero sin quitarse el uniforme. Simplemente cambió el de piloto por el de oficial de las fuerzas africanistas en *Harka* (1941), una película de aventuras militares que tuvo un gran éxito. Pero el actor estaba destinado a misiones aún más importantes. El propio Franco le había elegido personalmente para interpretar a su alter-ego en *Raza*, el capitán José Churruca, un personaje que haría historia como símbolo de la España de los vencedores y de los ideales que éstos preconizaban.

Raza consagró a Alfredo Mayo como el galán por antonomasia del cine heroico y el actor sería la estrella en la mayoría de sus títulos: *Escuadrilla* (1941), *¡A mí la legión!* (1942), *El frente de los suspiros* (1942), *El santuario no se rinde* (1949)... En ellas fue perfilando un personaje que resulta impensable fuera de nuestro país. Un héroe católico y patriota, con un sentido del honor sin límite, tan valiente como arrogante, ajeno al propio sufrimiento y siempre dispuesto al sacrificio.

Aunque se trataba de un actor más bien limitado e inexpresivo, Alfredo Mayo se convirtió en la principal estrella del cine español de los años 40. La productora CIFESA, que le tenía en nómina, cifraba en 50.000 las cartas de admiradores que recibía cada mes. Era la estrella mejor pagada. Su caché superaba las doscientas mil pesetas, lo que le permitía tener automóvil y hacer vida de millonario. Incluso se regalaba caprichos como el de vestirse de torero y compartir cartel con los grandes matadores de la época en festivales benéficos.

Pero en CIFESA eran conscientes de que el cine patriótico-castrense pasaría de moda y pronto le hicieron abordar nuevos personajes. Héroes de leyenda como *El abanderado* (1943) o *Luis Candelas* (1947) y galán romántico en una serie de comedias muy populares como *Malvaloca* (1942) o *Deliciosamente tontos* (1943) en las que formó pareja con la actriz más querida del momento, Amparito Rivelles. El público enloqueció cuando sus dos estrellas favoritas trasladaron su romance de la pantalla a la vida real, aunque no duraría mucho. Poco después Alfredo Mayo se casó con Amparo Zabala, una dama ajena al mundo del espectáculo, mientras que Amparo Rivelles continuó soltera.

A partir de la década de los 50 la estrella de Alfredo Mayo empezó a decaer. Poco a poco fue pasando de protagonista a actor secundario en películas como *El alcalde de Zalamea* (1953) o *El último cuplé* (1957). Aun así seguía trabajando a un buen ritmo.

También se le pudo ver en pequeños papeles de varias producciones internacionales rodadas en nuestro país como *Las legiones de Cleopatra* (1959) o *55 días en Pekín* (1963), donde interpretaba al embajador español. Al llegar la década de los 60 el nombre de Alfredo Mayo era ya sólo una reliquia del pasado, pero en esto llegó un joven director llamado Carlos Saura y le propuso participar en una película de pocos personajes y estética de cine experimental. *La caza* (1965) retrataba simbólicamente las tensiones entre los españoles a lo largo de una jornada cinegética y tuvo una excelente acogida por parte de la crítica, además de ser premiada en varios festivales.

La película de Saura sirvió para reactivar la carrera de Alfredo Mayo. De repente, la estrella inexpresiva de las películas castrenses se había convertido, con el paso de los años, en un excelente actor de carácter, nacido de su propia experiencia. En su nuevo rol no le faltó el trabajo. A menudo en películas comerciales y subproductos del cine de destape, pero también en cintas de las consideradas «de autor» como *El bosque del lobo* (1970) de Pedro Olea, *Peppermint frappe* (1967), de nuevo con Saura, o *Los restos del naufragio* (1978) de Ricardo Franco.

En los últimos años de su carrera participó en varias series de televisión. En 1985, mientras trabajaba precisamente en uno de los primeros capítulos de la serie *Tristeza de amor,* Alfredo Mayo cayó fulminado víctima de infarto de miocardio. Tenía 74 años y su filmografía superaba para entonces los 150 títulos.

¿Quién sucedió a Imperio Argentina en el trono de las actrices españolas?

Dicen que en los años 40 casi todos los guiones españoles pasaban por las manos de **Amparo Rive-**

lles (1925). Sólo cuando ella los rechazaba, se los ofrecían a otras actrices. Su nombre era el mejor reclamo para llenar los cines y su rostro estaba en todos los afiches, portadas de revistas y carteles. Su noviazgo con Alfredo Mayo fue seguido por el público como si de un cuento de hadas se tratara y en las calles se hizo muy popular una pícara coplilla que decía: «Debajo de la capa de Alfredo Mayo, Amparito Rivelles monta a caballo.» Si él fue el mito masculino por excelencia de la posguerra nadie puede disputarle a ella el título de reina del cine de los 40.

Sus padres eran dos leyendas del teatro, Rafael Rivelles y María Fernanda Ladrón de Guevara. La niña se crió entre las bambalinas de los teatros de la capital, donde actuaba la compañía de su madre. Según ella misma contaba, se hizo actriz con 13 años sólo para que le dejaran salir por la noche y con 16 debutó en el cine con un pequeño papel en la película *Mari Juana* (1940). CIFESA la fichó en exclusiva con la idea de convertirla en estrella y empezó a promocionarla con el lema de: «Amparito Rivelles, la cara más bonita del cine español». Y era verdad. Alta, morena, con unos ojos enormes; su belleza distinguida le hacía verdaderamente única.

Amparito empezó destacando en comedias como *Alma de Dios* (1941) y en las películas que rodó junto a Alfredo Mayo. Pero pronto fue evidente que era «demasiada actriz» para historias ligeras y le buscaron un galán dramático a su altura, Rafael Durán, con el que rodaría varias películas como *Eloisa está debajo de un almendro* (1943), *El clavo* (1944) o *La fe* (1947). En esta última interpretaba a una mujer que se enamoraba perdidamente de un sacerdote. En una revista de la época Durán explicaba orgulloso que se había internado durante unos días en un seminario para preparar su personaje. Amparo, en cambio, comentaba: «Pues yo tendría que haberme instruido en una casa de putas...»

Su ácido sentido del humor descolocaba a todo el mundo. También su carácter independiente y su autosuficiencia, nada que ver con la imagen de la mujer española que se tenía por entonces. Siempre defendió a capa y espada su condición de soltera. Fue madre sin pasar por la vicaría y nunca reveló el nombre del progenitor, algo que provocó un auténtico escándalo en la época al que ella se enfrentó con entereza. A pesar de todo su tirón en las taquillas no se resintió. Probó el cine histórico en películas como *La duquesa de Benamejí* (1949), *Alba de América* (1951) o *La leona de Castilla* (1951), e incluso se puso a las órdenes de Orson Welles en *Mister Arkadin* (1955).

En 1957 se trasladó a Méjico contratada para hacer una gira teatral de seis semanas. Lo que en principio iba a ser una corta temporada acabó convirtiéndose en una estancia de más de dos décadas. En Méjico Amparo hizo cine, teatro y numerosos culebrones de televisión. En 1978 regresó a España. *La Coquito* (1978) de Pedro Masó marcó su retorno al cine nacional pero su verdadero reencuentro con el público llegó con la serie de televisión *Los gozos y las sombras* donde recibió las mejores críticas.

Desde entonces la actriz no ha dejado de trabajar, ya fuera en el teatro, la televisión o en películas como *Hay que deshacer la casa* (1986), por la que ganó un Goya, *Esquilache* (1988) e incluso dándole la réplica a la Pantoja en *El día que nací yo* (1991). Amparo Rivelles es un mito viviente tanto en España como en Latinoamérica y, a pesar de llevar más de seis décadas de carrera, todavía esta dispuesta a seguir respirando el polvo de los escenarios y el frío de los rodajes.

¿Qué otras estrellas españolas brillaron en la década de 1940?

Rafael Durán (1911-1994) fue posiblemente tras Alfredo Mayo el galán más admirado de la época. Sus personajes tenían menos heroísmo pero mayor carga cómica o dramática, ya que en los dos géneros se defendía bien. Desprendía, además, una gran elegancia que se apoyaba sobre todo en su excelente voz. Formó pareja con Josita Hernán en sus primeras películas y luego con Amparo Rivelles. Fue también uno de los pilares del cine de levita y del religioso. Entre sus mejores películas están *El clavo, La vida en un hilo* o *La fe*. Era, además, uno de los actores favoritos del General Franco, que solía invitarle a menudo a sus sesiones de cine en el Palacio de El Pardo.

Otro de los galanes preferidos, en este caso del público femenino, era **Armando Calvo (1919-1996)**, que solía dar vida a donjuanes de vida licenciosa. De hecho es, al margen del cine, uno de los actores que más veces ha interpretado el papel de Don Juan Tenorio en la historia del teatro. Sus dos mayores éxitos fueron *El escándalo* y *Los últimos de Filipinas*. Se fue a Méjico varios años para retornar como galán maduro en *El último cuplé*.

Antonio Casal (1910-1974) era en cambio lo que se denomina en el cine americano un *boy next door*: el vecino de enfrente, el compañero de oficina; un tipo tan cercano a la gente que casi le consideraba un amigo. Y es que su rostro tristón y su apariencia no demasiado atractiva hacían que fuera fácil para el público de la posguerra identificarse con él. Su personaje tipo era el del hombre sencillo de buen corazón, muy al estilo de los antihéroes que interpretaba James Stewart en las películas de Frank Capra.

José Nieto (1902-1982) había sido torero antes que actor. Debutó en las pantallas en la época del cine mudo y durante los años de las dobles versiones rodó varias películas en Hollywood. Tras la guerra se consagró en *Raza,* como el hermano de tendencias republicanas que se arrepiente de su «error» a última hora. En los años siguientes alternaría los papeles de galán protagonista con los de característico en muchos de los grandes éxitos de los 40 y comienzos de los 50 (*Los últimos de Filipinas, El tambor de Bruch, Marcelino, pan y vino…*). Después, se dedicaría sobre todo a interpretar pequeños papeles en casi todas las producciones internacionales rodadas en España, gracias a su dominio del inglés. Su filmografía comprende más de 170 películas.

También gozaron de gran popularidad **Raúl Cancio (1911-1961)**, que solía manejarse mejor en los personajes de perdedor que en los de protagonista victorioso, o **Luis Peña (1918-1977)**, cuyo fino bigotillo encajaba perfectamente en papeles de militar, villano y, sobre todo, de seductor. Su fuerte en los años 40 fueron las comedias de «teléfonos blancos», pero en las décadas siguientes puso sus dotes dramáticas al servicio de algunas películas clave de la historia del cine español como *Surcos* (1950), *Calle Mayor* (1956) *Amanecer en Puerta Oscura* (1957) o *La prima Angélica* (1974).

Josita Hernán (1914-1999) siempre será recordada por su simpatía y por su personaje de *La tonta del bote* (1940), que marcaría su carrera, aunque también destacó en numerosas comedias, formando pareja en algunas con Rafael Durán (*Muñequita, El 13.000, Pimentilla…*). La tonta del bote era en realidad muy lista y supo retirarse al final de la década antes de ver su declive. Tras dejar el cine ejerció como profesora de arte dramático en París y publicó varios libros, entre ellos una *Enciclopedia de la belleza.*

Luchy Soto (1919-1970) ya había destacado en el cine de la República y en los 40 se convirtió en una especialista en comedias como *Ella, él y sus millones* (1944) o *Viaje sin destino* (1942). También era conocida del cine de la década de los 30 **Maruchi Fresno (1916-2003)**, cuyo fuerte en este caso eran los dramas, como *La pródiga* (1946), *Mar abierto* (1946) o el personaje por el que más se la recuerda, el de Isabel de Portugal en *Reina Santa* (1947).

Por su parte, Ana Mariscal, a la que más adelante veremos en su faceta como directora, saltó a la fama gracias a su sobria interpretación en *Raza*. Después se convirtió en una habitual del cine barcelonés bajo la tutela de Ignacio F. Iquino, para el que trabajó en varias películas como *El obstáculo* (1945) o *Cabeza de hierro* (1944). Era una excelente actriz dramática y una mujer muy adelantada a su tiempo. En 1945 se atrevió a hacer en el teatro un Tenorio en el que, en las funciones de tarde, hacía de Don Juan y, en las de noche, de Doña Inés. Y en 1953 debutó como directora cinematográfica con *Segundo López, aventurero urbano,* lo que la convirtió en la segunda mujer realizadora de la historia del cine español tras Rosario Pi.

¿Y quién daba trabajo a todos estos actores?

A mediados de los años 40 la hegemonía de CIFESA se vio alterada por el despegue de otra productora, Suevia Films, que en pocos años se convertiría en la empresa líder del cine español, desplazando del primer puesto a la hasta entonces todopoderosa empresa de los Casanova.

Suevia Films había sido creada por un gallego de Vigo llamado **Cesáreo González (1903-1968)**. Siendo un niño se embarcó como polizón hacia Cuba y allí, gracias en parte a su habilidad con los naipes, se hizo rico y regresó a España convertido en un próspero industrial. En 1940 un amigo productor le pidió prestado algo de dinero para acabar su película *El famoso Carballeira*. Atraído más por el encanto de las actrices que por interés en el celuloide, Cesáreo aceptó la inversión y así entró en contacto con el cine. Al año siguiente fundó Suevia Films. Desde 1941 y hasta su muerte en 1968, Cesáreo González produjo más de 120 películas, abrió el mercado del cine español al exterior y acabó siendo conocido con el apodo de «don Necesario», debido a su enorme influencia dentro de la industria cinematográfica de nuestro país.

Cesáreo González era un hombre muy pintoresco. Sara Montiel, por ejemplo, siempre le consideró un patán megalómano, pero todos le reconocían un gran don de gentes y una enorme capacidad de trabajo. Tenía fama de jugador y de mujeriego, y sobre la puerta de su despacho había una bombilla roja que se iluminaba cada vez que una actriz hermosa le visitaba. Aquello significaba que nadie, bajo ningún pretexto, podía molestarle.

Era un hombre de escasa cultura que nunca perdió su cerrado acento gallego y hablaba con constantes incorrecciones gramaticales. De hecho, a pesar de dedicarse al cine, siempre decía «pinícula» y a él se le atribuye una famosa frase que pronunció en los últimos años de su vida: «Cuando ya había aprendido a decir película, resulta que ahora lo llaman «flim.» También era un falangista de la vieja guardia y el cine que producía era siempre complaciente con el régimen de Franco. ¿Que al ministro de Marina le llamaba la atención una novelita sobre jóvenes cadetes guardiamarinas? Llegaba Cesáreo y le hacía *Botón de ancla* (1948).

En su producción también destacaban el cine moral y religioso. El productor hablaba orgulloso del día en que consiguió que *Reina Santa* se proyectara en el festival de Venecia, desoyendo las protestas del Partido Comunista Italiano: «Fue uno de los días de mayor orgullo para mí al advertir que había roto una lanza por España. Porque yo cuando estoy en el extranjero no actúo como Cesáreo González, sino como España.»

Pero el cine de Suevia Films fue sobre todo cine comercial; cine que conectaba con el público y garantizaba el entretenimiento. De ahí que en su catálogo abundaran las comedias, los musicales y las cintas folclóricas. En este ámbito destaca sobre todo la larga serie de películas que rodó con Lola Flores. Cesáreo fue también el primero en descubrir el filón del cine con protagonista infantil. Primero con Joselito, y cuando el ruiseñor dejó de ser niño, con Marisol.

Otro de los rasgos distintivos del quehacer profesional de González fue su función de puente con el cine de América Latina, importando y exportando tanto películas como estrellas, en la cúspide de las cuales se situó María Félix. La gran diva del cine latino de la época rodó varios títulos para Cesáreo, que, se rumoreaba, estaba locamente enamorado de ella. Cuentan que un día la estrella mejicana se encaprichó de un collar que la señora de Franco había encargado en una joyería. El productor, no se sabe muy bien cómo, consiguió que doña Carmen Polo renunciara a él a favor de la Félix.

Muchas de las películas que produjo Suevia Films fueron títulos olvidados y olvidables, pero también hay unos cuantos clásicos del cine español. Sorprende encontrar, por ejemplo, las primeras películas de Juan Antonio Bardem. Bien es posible que el productor no entendiera muy bien el trasfondo ideológico de estos filmes. Cuando se estrenó *Muerte de un ciclista* (1955) un periodista le preguntó a las puertas del cine: «Don

Cesáreo, ¿de qué trata la película?» A lo que el gallego respondió: «Pues el mismo título lo dice. Es sobre la muerte de un tío que va en bicicleta».

Pero también es cierto que cuando *Calle Mayor* (1956) estuvo a punto de ser secuestrada por la censura, con Bardem incluso en la cárcel, el propio Cesáreo sacó la película del laboratorio y con ella cruzó la frontera francesa en coche para evitar que cayera en manos de la policía. Un suceso que, sin embargo, no empañó la reputación de hombre del régimen del productor, en cuyo despacho colgó hasta el día de su muerte una gran fotografía dedicada: «Al entusiasta productor Cesáreo González que tanto ha hecho por el cine español. Firmado: Francisco Franco.»

¿Cuál fue la estrella más improbable del cine español?

Era tan flaco y desgarbado que en alguna de sus primeras películas tuvieron que ponerle relleno bajo la ropa. Por si eso no bastara, ahí estaba su nariz de porra, que le alejaba definitivamente del prototipo de galán. A pesar de todo **Fernando Fernán Gómez (1921)** se convirtió muy pronto en uno de los actores más populares del cine español. Un éxito a contracorriente que, según explicaba el escritor Francisco Umbral en un artículo sobre el actor, se debió a la empatía que despertaba en los espectadores: «De todo aquel cine de los 40 y 50, lleno de princesas de los Ursinos, armiños, joticas y legionarios, sólo nos interesaba, sólo nos gustaba, sólo nos divertía Fernán Gómez, aquel gamberro largo, con mucha nuez, que bebía en botijo y no se comía una rosca. Él era la calle, él era la vida, él era nosotros.»

Actor, novelista, dramaturgo y articulista, Fernando Fernán Gómez siempre se ha definido a sí mismo con una palabra con menos pretensiones: «cómico». Como tal, como cómico, nació en Lima durante una gira teatral en la que participaba su madre, que era actriz. Y como cómico de nacimiento, debutó sobre las tablas una noche en la que en la compañía hacía falta un niño. En el Madrid de la posguerra fue ganando prestigio teatral y Jardiel Poncela escribió varios personajes pensando en él. Hizo algunos papelitos en el cine hasta que por fin, en *Botón de ancla* (1947), se vistió el uniforme para encarnar a uno de los tres cadetes de la escuela naval de Marín. Obtuvo así su primera licenciatura en popularidad: «La gente me reconocía por la calle. No se habían aprendido mi nombre pero me señalaban y decían: "¡Mira, mira: el que se muere en *Botón de ancla*!"». El público tardó todavía unos años en ponerle nombre. Fue gracias al seminarista de *Balarrasa* (1950): «Notaba el éxito incluso en la calle y supuso para mí, en lo particular, un cambio radical.»

¿Por qué Fernando Fernán Gómez no disfrutaba con el éxito?

Uno de los temas frecuentes en los libros y los artículos de Fernando Fernán Gómez es el éxito, el fracaso y la convivencia entre los dos. A lo largo de las dos décadas siguientes rodaría decenas de largometrajes pero el triunfo público no bastaba para borrar cierta incomodidad profesional: «Me convertí en un actor bien cotizado, al que se le utilizaba para ponerle en la cabecera de los repartos de películas casi siempre mediocres, porque con arreglo al sistema de protección vigente, era necesario justificar gastos. El desaliento que esa situación me producía fue una de las razones que me movieron a dirigir y financiar mis películas.»

Fernán Gómez desarrolló entonces una doble vida profesional. Triunfaba en el cine popular franquista pero, al mismo tiempo, trataba de poner en pie obras minoritarias y contestatarias, y dirigía películas transgresoras que no tenían demasiado éxito como *El extraño viaje* (1964), todo un prodigio de negrura. Frecuentaba tertulias y círculos intelectuales. No era militante al uso de la oposición, pero firmó una protesta contra las torturas a los mineros asturianos. No se adscribía a ningún grupo pero era un librepensador que se ganó la admiración y el respeto de todas las partes, una especie de anarquista ilustrado.

Al final del franquismo el cine evolucionó y, considerado el mejor actor español, Fernán Gómez logró conectar con las nuevas generaciones, con directores como Carlos Saura, Víctor Erice o Gutiérrez Aragón. Su especialidad, los personajes misántropos y algo excéntricos, como el padre apicultor de *El espíritu de la colmena* (1973) o el hermano que trataba de volar en ala delta en *Mamá cumple cien años* (1979). Unos trabajos que, esta vez sí, le procuraban mayor satisfacción: «La mayoría de los papeles que me ofrecen en esta etapa tienen, en el propósito al menos, mucha más calidad que todos los de los años anteriores.»

¿Cuándo entró Fernán Gómez en la Academia?

El 30 de enero de 2000 Fernando Fernán Gómez ocupó el sillón de la letra B mayúscula de la Real Academia de la Lengua. Era el primer cómico que se sentaba en esa institución. Durante los últimos años había desarrollado una intensa labor como escritor: artículos, obras de teatro como *Las bicicletas son para el verano*, guiones… El formato era lo de menos, lo que importaba era contar historias. Con sus recuerdos de cómico, por ejemplo, había escrito un serial radiofónico que convirtió luego en novela y dirigió más tarde como película. Era *El viaje a ninguna parte* (1986), uno de los homenajes más sentidos que se han hecho al oficio de actor. A partir de los años 90 empezaron a lloverle homenajes y reconocimientos, como el Premio Príncipe de Asturias, el Premio Donostia o el Oso de Oro honorífico del festival de Berlín. Tributos a toda una carrera que, sin embargo, pronto quedaban obsoletos puesto que Fernán Gómez seguía trabajando y regalando cada cierto tiempo personajes inolvidables. Interpretaciones tan hondas como su voz: El padre de *Belle Epoque* (1992), el anciano barbudo de *El abuelo* (1998) o el maestro republicano de *La lengua de las mariposas* (1998).

Los primeros vientos de cambio

¿En qué película vio el espectador por primera vez la miseria de la posguerra?

La noche del estreno en el Palacio de la Prensa de Madrid se alternaron los silbidos y pateos con los gritos de «¡Viva el cine valiente!» Fuera en uno u otro sentido, lo cierto es que el estreno de *Surcos* (1950) no dejó a nadie indiferente. Y no era para menos. Por primera vez en tiempo de Franco, la realidad había logrado colarse en pantalla con toda su crudeza. La historia de la familia de campesinos que emigraba a Madrid en busca de un futuro servía para retratar una España muy poco heroica: paro, delincuencia, familias hacinadas en corralas, estraperlo, prostitución y, sobre todo, muchas ilusiones rotas. Y todo rodado en localizaciones reales que, como Atocha, La Latina o Legazpi resultaban familiares y cercanas para el espectador.

Detrás de la cámara de *Surcos* estaba **José Antonio Nieves Conde (1911-2006)**. Afiliado a Falange desde 1933, el director vertía en la película el descontento que un sector de ese grupo sentía respecto a los resultados de la política social del régimen.«Algo de mi procedencia falangista hay en *Surcos*», diría Nieves Conde en un libro que le dedicó el festival de Valladolid en 1995. «Responde a un tipo de cine social ligado a mis añejas y desilusionadas preocupaciones políticas.»

En lo que a estilo se refiere, *Surcos* estaba evidentemente influida por el neorrealismo italiano, por mucho que alguno de los personajes se empeñara en ironizar al respecto:

—*Menudo tostón es la película esa. ¿Cómo dices que se llama?*

—*Neorrealista.*

—*No sé qué gusto encuentran en sacar a la luz la miseria, con lo bonita que es la vida de los millonarios.*

Vista ahora, *Surcos* conserva momentos de gran cine, como la escena en la que el cuerpo de uno de los protagonistas es arrojado a un tren. Sólo por eso merecería un lugar en la historia. Pero es que, además, su estreno supuso el primer gran escándalo del cine del franquismo.

¿Cómo fue posible que *Surcos* llegara a los cines?

El guión de *Surcos* había pasado el filtro de una censura que exigió algunos cambios pero que sorprendentemente dejó intacto su fuerte mensaje social. El escándalo estalló cuando el recién nombrado director general de cinematografía, José María García Escudero, en su pretensión de impulsar un tipo de cine más audaz, la catalogó como «obra de interés nacional», clasificación que al mismo tiempo negó a *Alba de América*, la superproducción histórica que aquel mismo año iba a estrenar la todopoderosa CIFESA. La puntilla la pusieron algunos sectores eclesiásticos a los que les traían sin cuidado los aspectos sociales de la historia pero que no estaban dispuestos a admitir que una de las parejas cohabitara sin estar casados; o la sensualidad de escenas como aquella en la que una chica se desnudaba fuera de campo pero lanzaba sus prendas a la vista de los ojos del espectador.

Surcos no se retiró de cartel, pero la campaña en su contra logró que se mantuviera tan sólo cuatro semanas. Todos los protagonistas de aquel escándalo tuvieron que asumir su particular penitencia. García Escudero duró en el cargo menos de un año y el empresario del Palacio de la Música se vio obligado a dejar de acudir al Casino para evitar los murmullos y el qué dirán. Nieves Conde, por su parte, jamás pudo volver a rodar con un mínimo de libertad: «Ingenuo de mí soñé que *Surcos* podía contribuir a las posibilidades de abrir nuevos caminos al cine español. Pero no fue así. El cine español siguió enclaustrado en lo folclórico y en la comedieta blanca.»

El director había obtenido antes un gran éxito con *Balarrasa* (1950), un perfecto ejemplo de cine oficial. En ella Fernando Fernán Gómez interpretaba nada menos que a un legionario juerguista que cambiaba el uniforme por la sotana tras sentir una repentina vocación sacerdotal. Pero los méritos pasados ya no contaban. A partir de *Surcos* la censura se dedicó a examinar con lupa los guiones de Nieves Conde. Su filmografía languideció. En su obra posterior destaca *El inquilino* (1958) en la que, a pesar de todo, se atrevió a tratar en tono crítico el problema de la vivienda. Después se vio obligado a aceptar trabajos de carácter puramente comercial. Una pena, puesto que en *Surcos* e incluso en *Balarrasa*, había dejado destellos de gran estilo como realizador.

¿Cuál era la «misión divina» que asumió el cine español?

Según el ministro de Información y Turismo Gabriel Arias Salgado, el cine español debía servir «para conseguir almas para el cielo».

Espoleado por tan elevada misión, abordó en 1952 la reforma de los mecanismos de censura y control evitando de paso que se reprodujeran episodios y películas tan poco edificantes como *Surcos*. El nuevo método no podía ser más eficiente al dejar en las mismas manos el control moral y el económico.

De acuerdo con la nueva legislación, los censores, además de prohibir comportamientos indecorosos o políticamente reprobables, se encargaban de decidir a quiénes iban destinadas las subvenciones públicas. En función de las calificaciones que ellos otorgaban (primera A, primera B, segunda A, etc.), las películas tenían derecho a una dotación económica que podía llegar hasta el 50 por ciento del coste total de la producción. Las consecuencias, una vez más, fueron lamentables para el futuro del cine español. Uno de los principales objetivos de los productores a partir de entonces sería contentar al ministro y a los censores a base de curas, militares y más folclóricas. Y sí, es posible que, gracias a ellos, el cielo estuviera superpoblado, pero lo cierto es que, aquí en la tierra, la nueva ley sirvió para adormecer la industria del cine español. Los presupuestos se hinchaban artificialmente de forma que a menudo, gracias a la subvención porcentual, muchas películas estaban ya amortizadas antes de su estreno. Todos —políticos, censores y productores— salían ganando... Todos menos el público que, condenado a seguir viendo «españoladas», se había convertido en el eslabón menos importante de la cadena de producción.

¿Con cuántas películas acabó la censura?

A veces afectaba a escenas o diálogos, en otros casos terminaba con películas enteras. ¿Con cuántas? Tratar de inventariar el número de películas posibles que se quedaron sin rodar es historia-ficción, pero lo cierto es que muchos cineastas de la época tenían la sensación de que sus proyectos y esfuerzos inacabados formaban parte de una especie de filmografía fantasma paralela a la real. «A mí me han eliminado cerca de la mitad de mi obra», dijo una vez con amargura Luis García Berlanga. «No directamente pero sí de modo indirecto; quiero decir que, en muchos períodos de tiempo de dos o tres años, los productores me ponían en cuarentena. Luego están las modificaciones u omisiones de mis guiones y películas terminadas.»

Luis García Berlanga (1921) había formado parte de la primera promoción del Instituto de Investigaciones y Experiencias Cinematográficas (IIEC), la escuela de cine fundada a finales de la década de 1940. Allí coincidieron unos cuantos estudiantes interesados en un cine diferente y renovador. Entre ellos destacaron enseguida Berlanga y Juan Antonio Bardem. «Pronto, en aquel pequeñísimo mundo, nos convertimos en la vanguardia», recuerda Berlanga en sus memorias.

En 1951 los dos dirigieron juntos su primer largometraje. *Esa pareja feliz* (1951) tenía que ver bastante con *Surcos*. No quizás en su tono, mucho más tragicómico y cargado de ironía, pero sí en el retrato amargo de la realidad: un Madrid de habitaciones realquiladas en el que, para dos recién casados, no era precisamente fácil vivir del amor.

Casi como una declaración de ruptura, la primera escena mostraba en tono burlón el rodaje de una película histórica a lo Juan de Orduña. Pero, una vez más, la trasgresión se quedó tan sólo en intento. *Esa pareja feliz* no se estrenó de inmediato. Sólo pudo llegar a los cines dos años más tarde, después del gran éxito de *¡Bienvenido Mister Marshall!*

Bardem y Berlanga se habían topado con la censura por primera vez. Un enfrentamiento que en el futuro les exigiría esfuerzos y que les convertiría en expertos en guerra de guerrillas. En una escena de *Esa pareja feliz*, por ejemplo, un tenor cantaba un pastiche de *Marina*, la zarzuela favorita de Franco. «El tenor era gordito y bajito como Franco y lo vestimos con uniforme de marino para que recordarse a los que llevaba Franco cuando iba en el Azor. La letra de la canción decía algo así como «Dicen que me voy, dicen que me voy pero me quedo».

¿Es verdad que *¡Bienvenido Mister Marshall!* estuvo a punto de provocar un conflicto diplomático?

En 1953 un nuevo embajador norteamericano llegó a Madrid. Al ver en la Gran Vía un enorme cartel que decía *¡Bienvenido Mister Marshall!* lo interpretó como una burla, sobre todo porque precisamente España no era beneficiaria de la política de ayudas a Europa aprobada por el gobierno estadounidense y al que se conocía con ese nombre: Plan Marshall. Menos mal que pronto le aclararon que el anuncio en cuestión no se refería ni a él ni a su país, sino que anunciaba una película española que estaba a punto de estrenarse.

¡Bienvenido Mister Marshall! (1953) había nacido como un encargo que un productor valenciano hizo a Bardem y Berlanga. El objetivo era promocionar a Lolita Sevilla, una joven tonadillera que empezaba a despuntar, de ahí que la película tuviera que incluir obligatoriamente varios números musicales. Berlanga y Bardem escribieron un drama y una comedia y a los productores, por supuesto, les gustó mucho más la comedia. El guión respetaba la vocación casticista del encargo pero la envolvía en una historia inesperada y original. Las autoridades americanas encarga-

das de repartir la ayuda económica en Europa iban a visitar en breve Villar del Río. Los vecinos de este pueblo castellano debían recibirles como se merecían. ¿Y cómo hacerlo? Pues siguiendo los consejos del personaje que interpretaba Manolo Morán: «Yo, que he estado en América y que conozco esas mentalidades nobles pero infantiles, os digo que España se conoce en América a través de Andalucía.»

Y dicho y hecho. Los vecinos de Villar del Río sustituían su boina calada por el sombrero cordobés y se afanaban en transformar su aldea en un pueblo andaluz de paredes encaladas. Todo por agradar a los insignes visitantes.

No importa cuántas veces se vea. *¡Bienvenido Mister Marshall!* provoca siempre en el espectador sonrisas y amargura a partes iguales, gracias a personajes tan entrañables como el del alcalde, la maestra... Paradójicamente, el rodaje fue una verdadera pesadilla.

¿Quién quería zurrar a Berlanga?

En sus memorias dice Luis García Berlanga: «Me vi acosado por todas partes. Pero no conocían mi tozudez de mula ni mi fe en aquella peliculita, en aquella extraña comedia folclórica y esperpéntica. Todos estaban convencidos de que no aguantaría hasta el final. Pero aguanté, haciendo el menor caso posible a los ataques contra mi persona.»

El proyecto había ya echado a andar con muchísimas dificultades. El rodaje se había ido retrasando debido a problemas de financiación. Berlanga y Bardem habían pasado a formar parte de la producción integrados en una empresa a la que llamaron Uninci. Más tarde, cansado por las demoras y, a causa de algunos desencuentros con Berlanga, Bardem optó por abandonar la película.

El rodaje empezó por fin el verano de 1952 en Guadalix de la Sierra, a 50 kilómetros al norte de Madrid. Algunos miembros del equipo, especialmente el operador de cámara, desconfiaban de los nuevos cineastas formados en la escuela y se dedicaron a poner todo tipo de zancadillas al director. En más de una discusión, Berlanga y el operador estuvieron a punto de llegar a las manos. «El poco entusiasmo de todos convertía el rodaje en una tortura digna de la Gestapo», recordaba Berlanga. «Los más entusiasmados eran los extras, que cobraban tres veces más de lo que habrían ganado en el campo.»

¡Bienvenido Mister Marshall! se presentó en el festival de Cannes de 1953 donde recibió un premio especial, a pesar de la encarnizada oposición del actor Edward G. Robinson, que era miembro del jurado, y que interpretó la película como una burla en toda regla a su país. En España se estrenó el 4 de abril de 1953 y fue un gran éxito. Con ella Berlanga ponía la primera piedra de una filmografía construida a base de humor y cuyos ingredientes eran el costumbrismo, el esperpento y el absurdo, pero mezclados en dosis que sólo él sabía combinar. Por eso, para llamarlo, hubo que inventarse un adjetivo: «berlanguiano».

¿Qué otras películas rodó Berlanga en la década de 1950?

¡Novio a la vista! (1954*)* se centraba en las vacaciones de dos adolescentes; el protagonista de *Calabuch* (1956) era un físico nuclear que se recluía en un pueblo costero valenciano. Poco más tarde, con *Los jueves milagro* (1957), Berlanga dio claras muestras de su especial habilidad para irritar a unos y a otros. En ella, los dueños de un balneario, tratando de reflotar el negocio, simulaban apariciones de San Dimas. La

censura no permitió que al final, tal y como pretendía el guión, al falso San Dimas le abrieran una ficha policial vestido de santo. Pero la película tampoco gustó a los sectores progresistas, que no tardaron en considerarla una cinta de militancia religiosa, especialmente después de que ganara un premio en el Festival de Cine Católico de Valladolid.

Ajeno a estamentos, partidos, y a cualquier grupo que infundiera la más mínima sensación de autoridad, Luis García Berlanga, anarquista de vocación, había emprendido un camino decidido a filmar a su aire. En 1961 encontraría un compañero de viaje con el que logró algunas de las mejores películas del cine español: Rafael Azcona

¿Cuál fue la principal diferencia entre Berlanga y Bardem?

Luis García Berlanga contaba que Juan Antonio Bardem solía explicarle las bases del comunismo y la dialéctica marxista dibujando esquemas en una pizarra. Las clases fueron por lo visto muchas, pero los resultados discretos: Bardem nunca logró que Berlanga militara en el PCE.

Bardem y Berlanga eran grandes amigos, se enfadaron y reconciliaron varias veces y, para toda una generación de cinéfilos, supusieron los polos de una dualidad en la que había que tomar partido, de la misma forma que había que decidirse entre los Rolling Stones y los Beatles o Buster Keaton y Charlot. Los dos amigos tenían formas muy diferentes de entender la vida y por extensión el cine. Más caótico e indisciplinado, Berlanga trató de hacer un cine nuevo, según él mismo decía, «infiltrándose en las estructuras de la industria ya existentes». Para Bardem, en cambio, las películas eran, además de un arte, un vehículo para difundir sus convicciones políticas: «Lo que trato de transmitir es la importancia de la solidaridad humana. No podemos considerar al prójimo como a una cosa, como a un objeto, sino como un ser vivo con todos sus problemas.»

A diferencia de las películas de Berlanga, revestidas de tono comercial y popular, las de Bardem contenían una crítica directa, desnuda y sin disfraz. Esto le valió el rápido aprecio y prestigio entre la crítica internacional, pero le costó al mismo tiempo el enfrentamiento constante con una censura a la que no supo torear y que cercenó su carrera: «Mi talento, sea el que sea, ha estado infrautilizado. Tenía cuerda para hacer muchas más cosas», decía el director en sus memorias.

¿Cómo nació la vocación de Juan Antonio Bardem?

Juan Antonio Bardem (1922-2002) era hijo de una familia de actores. «Yo veía películas que ellos, por esos horarios de teatro, no podían ver y luego se las contaba, incluso hacía un poco de mimo.»

Buen estudiante, se tituló como ingeniero agrónomo, guiado más por los deseos de estabilidad de sus padres que por su propia vocación: «Cuando ya estaba terminando la carrera veía con horror que los ingenieros agrónomos tenían que irse al campo y, si me marchaba de Madrid, la posibilidad de entrar en el cine se me terminaba.» A la postre se matriculó en la escuela de cine y, aunque formalmente no terminó los estudios de dirección porque le suspendieron el trabajo de graduación, se ganó allí el prestigio suficiente como para convertirse en la práctica en un profesional.

La carrera en solitario de Bardem tardó en arrancar más que la de su amigo Berlanga, pero su comienzo fue fulgurante. Rodó dos películas seguidas, *Cómicos* (1954) y *Felices pascuas* (1954), y un año más tarde se ganó la admiración de la cinefilia internacional con *Muerte de un ciclista* (1955). La película contaba la historia de un adulterio y era un ataque a la yugular de las costumbres burguesas y su hipocresía. «Me entretengo en mirAros», decía uno de los personajes. «Todas las cosas feas que escondéis yo las resucito y las pongo delante. Es una forma de purificación.»

Muerte de un ciclista contenía además un mensaje político nada disimulado en escenas como la de la revuelta estudiantil o en los diálogos desencantados que recitaba el protagonista Alberto Closas: «La guerra es algo muy cómodo, se le puede echar la culpa de todo: de los muertos, de las ruinas, de los tipos como yo, que se quedan vacíos por dentro y no vuelven a creer en nada.» Lo sorprendente fue que los censores no cortaran estas escenas. Se entretuvieron, en cambio, contando y decidiendo cuántos botones podía tener desabrochados la blusa de Lucía Bosé.

Muerte de un ciclista ganó el premio de la Crítica Internacional en el festival de Cannes y las puertas del cine europeo se abrieron de par en par para Bardem. Su siguiente película fue una coproducción con Francia que protagonizó la actriz americana Betsy Blair, que por entonces era esposa de Gene Kelly. Fiel a sus convicciones, eso sí, Bardem no renunció a seguir rodando un cine crítico con la realidad española. *Calle Mayor* (1957) estaba inspirada en *La señorita Trévelez* de Carlos Arniches, obra que ya había adaptado a la pantalla Edgar Neville en la década de 1930. Para pasar el rato, un grupo de amigotes del Casino decidía gastar una broma a una solterona y le hacían creer que uno de la pandilla se había enamorado de ella. La película pintaba un fresco amargo de la vida cotidiana en una ciudad española de provincias, con una estructura social opresora y machista en la que la gran víctima era la mujer. Un esquema y unas críticas que eran extrapolables al conjunto del país. Durante el rodaje en Palencia, Bardem fue detenido y trasladado a los calabozos de la Dirección General de Seguridad en Madrid. Hubo presiones para que lo sustituyeran al frente de la película, pero Betsy Blair y buena parte del equipo se negaron a proseguir el trabajo sin él.

Gracias a sus películas y a sus enfrentamientos con el régimen, Bardem se erigió definitivamente en un icono del cine de izquierdas. Le dedicaban ciclos en Alemania o en Italia, y las revistas especializadas le reservaban monográficos. Al mismo tiempo se convertía dentro de España en todo un símbolo de oposición. Según recordaba el director en sus memorias, el estreno en Madrid de *Calle Mayor* fue apoteósico, «seguramente porque se habían dado cita allí esa noche memorable todos los antifranquistas de Madrid».

¿Por qué declinó la carrera de Bardem?

Ante un fenómeno como el de Bardem, el régimen se debatía entre la imagen de apertura que podía granjearle su éxito internacional y la tendencia natural a la prohibición. Y en ese debate la censura no tardó en empezar a ganar la partida. El director comunista tenía cada vez más problemas para encontrar financiación. *La venganza* (1957) y *Sonatas* (1959) supusieron sendos fracasos. A pesar de todo —siempre coherente con sus ideas— Bardem se empeñó durante años en seguir rodando cintas personales e ideologizadas, como *A las cinco de la tarde* (1960) o *Nunca pasa nada* (1963), que pasó desapercibida para la crítica y para el público, pero que hoy en día muchos reivindican como uno de sus mejores trabajos.

A finales de los años 60 Bardem tuvo que ceder a la necesidad de ganarse la vida dirigiendo cine comercial. Producciones con Sara Montiel o con Marisol en las que no pudo colar el más mínimo toque personal. «Alguien dijo que es claudicación», se defendía Bardem refiriéndose a esa etapa. «¡No! Claudicación es cuando entre A y B elige usted la parte más cómoda, pero si no tiene otra salida, eso no es claudicación. ¡Es imposición!».

La suerte de Bardem apenas mejoró con la llegada de la democracia. Según decía, se dio entonces de bruces con un nuevo tipo de censura: «la censura económica». Pudo esquivarla parcialmente en *Siete días de enero* (1978), inspirada en la matanza de los abogados laboralistas de Atocha.

Bardem solía decir que en sus filmografías debían figurar no sólo las películas que rodó. También las que nunca hizo pero que le consumieron tanto o más esfuerzo. Cuando en 2002 recibió un Goya como homenaje a toda su carrera, recitó un agradecimiento que destilaba amargura por todas las oportunidades robadas: «¿Hay algún productor en la sala? Tengo un par de proyectos muy interesantes, no demasiado caros, soy eficiente, cumplo el plan de trabajo y no gasto más material de lo estipulado. Lo digo por si pueden emplearme ya ahora. No tengo mucho tiempo que perder.» Murió nueve meses después.

¿Cuál pudo haber sido el epitafio de Juan Antonio Bardem?

Juan Antonio Bardem ha pasado a la historia por sus películas pero también por una frase tan repetida que, según él mismo solía bromear, debería haber figurado en su epitafio: «El cine español es políticamente inefi-caz, socialmente falso, intelectualmente ínfimo, estéti-camente nulo, industrialmente raquítico.»

La frase fue el centro de la ponencia con la que, la mañana del 14 de mayo de 1955, Juan Antonio Bar-dem abrió las Conversaciones de Salamanca, un con-greso en el que 200 estudiantes, intelectuales y pro-fesionales descontentos se reunieron para debatir la situación del cine español y las medidas que habrían de tomarse para enderezar su rumbo.

La iniciativa de la reunión había partido de los editores de la revista *Objetivo* —entre ellos el propio Bardem— y los miembros del Cine Club Universi-tario de Salamanca, con el futuro director Basilio Martín Patino a la cabeza. Muy influidos por el neo-rrealismo italiano, unos y otros veían frustrados cómo —salvo contadas excepciones— el cine espa-ñol era ajeno a los nuevos movimientos que se vivían en Europa y a la propia realidad social del país. El lla-mamiento con el que dieron a conocer aquellas jor-nadas era toda una declaración de principios: «El problema del cine español es que no tiene proble-mas, que no es testigo de nuestro tiempo.»

¿Quiénes fueron a Salamanca?

A Salamanca acudieron estudiantes y directores de procedencias ideológicas diversas: comunistas como Bardem, católicos, falangistas, o miembros del régi-men como el ex director general de cinematografía José María García Escudero. La tarde de la inaugura-ción se proyectó *Muerte de un ciclista* y a partir de ahí, durante seis días, los asistentes hablaron y hablaron.

Las conversaciones concluyeron que era necesario realizar un cine «que refleje la situación del hombre español, sus conflictos y su realidad en épocas pasadas y sobre todo en nuestros días». El escrito final exigía, asimismo, el apoyo del Estado al cine de calidad artística, al tiempo que detallaba los cambios concretos que habrían de abordarse en todos los campos: censura, ordenación jurídica, incluso la práctica de la crítica.

Las Conversaciones de Salamanca sirvieron para articular una disidencia cinematográfica que hasta entonces estaba bastante dispersa. Sin embargo, sus consecuencias directas no se dejaron sentir a corto plazo. Por fin, siete años después, en 1962, José María García Escudero volvió a ocupar la Dirección General de Cinematografía y, entonces sí, decidió apoyar producciones que participaran del espíritu de Salamanca, dando pie a lo que se conocería como Nuevo Cine Español.

Más de medio siglo después el debate sigue abierto. ¿Fueron positivas las Conversaciones de Salamanca? Sus defensores sostienen que supusieron un revulsivo y una toma de conciencia en una realidad apática. Sus críticos, como Luis García Berlanga, han argumentado, en cambio, que sólo representaban a una minoría y que propiciaron la ruptura con una tradición industrial que no era necesariamente despreciable: «Decidimos que sólo podían hacer cine los universitarios. Parece que el artesano, el profesional del cine era un hombre que iba a hacer un cine contrario al que nosotros queríamos, pedíamos e incluso exigíamos.»

Después de todo, tal vez unos y otros tengan su parte de razón. Porque es posible que, sin el precedente de Salamanca, directores como Saura o Martín Patino nunca hubieran podido hacer sus películas, tal y como veremos más adelante. Pero también es cierto que la defensa programática del cine de bajo presupuesto y rodado en la calle favoreció el declive de los grandes estudios y el empobrecimiento del tejido industrial. Todo esto llevó a que, a pesar de haber sido uno de los asistentes, Luis García Berlanga clamara en más de una ocasión: «Las Conversaciones de Salamanca han sido el error histórico del cine español.»

¿Qué directores destacaron en los 50 además de Berlanga y Bardem?

Los censores velaban por los intereses ideológicos, los productores se interesaban únicamente en justificar presupuestos y, entre unos y otros, en el cine español de los 50 quedó muy poco espacio para el arte. Hubo al principio de la década algunos cineastas que trataron de rodar un cine realista. Intentos que, como le ocurrió a Nieves Conde, se frustraron casi por completo cuando entró en vigor la legislación de 1952. A partir de entonces, a lo más a lo que pudieron aspirar fue a salpicar sus películas con detalles de personalidad propia.

A **Antonio del Amo (1911-1991)** se le recuerda sobre todo por haber sido el descubridor de Joselito, al que dirigió en nueve películas. Pero, ensombrecidos por los trinos del niño cantor, hay en su carrera títulos interesantes como *Día tras día* (1951), que rodó en el rastro madrileño y en la que, influido por el neorrealismo, abordaba el tema de la delincuencia juvenil. Antes de la guerra había sido militante del Partido Comunista. Le condenaron a muerte y si, a pesar de eso consiguió retomar después su trabajo, se debió en buena parte al apoyo de Rafael Gil. Del Amo le había salvado la vida durante la guerra y Gil le correspondió encargándole guiones y contratándolo como ayudante de dirección. A principios de la década se esforzó en rodar un cine propio pero enseguida tuvo que plegarse a la realidad.

Alcanzó un lugar revelante en la industria con *El pequeño ruiseñor*. Después, cuando Joselito se hizo mayor, siguió dirigiendo películas comerciales, entre ellas *El hijo de Jesse James* (1965), un *spaghetti-western* que rodó bajó el seudónimo de Richard Jackson.

Manuel Mur Oti (1908-2003) fue capaz de dejar su sello en un puñado de buenos melodramas. Novelista, poeta... Inició su andadura escribiendo guiones precisamente para Antonio del Amo. Su filmografía se recuerda sobre todo por una escena: el *travelling* final de *Cielo negro* (1951), con la protagonista corriendo desde el viaducto de la calle Bailén hasta la iglesia de San Francisco el Grande de Madrid para pedir perdón por haber pensado en suicidarse. Un ejercicio de planificación que se estudia con frecuencia en las escuelas de cine. Para subrayar el dramatismo, Mur Oti decidió rodar la secuencia bajo la lluvia y, como temía que las gotas pasaran desapercibidas en la fotografía en blanco y negro, optó por darles una mayor consistencia mezclando el agua con leche. Un truco que algunos críticos interpretaron como una evocación de la pureza.

Francisco Rovira Beleta (1912-1999) cultivó el género negro en títulos como *Hay un camino a la derecha* (1953), *El expreso de Andalucía* (1956) o *Los atracadores* (1961) en la que, por primera vez en el cine español, se veía la ejecución de un hombre mediante garrote vil. Sus películas eran, al mismo tiempo, un retrato de Barcelona, una ciudad que empezaba a transformarse con la industrialización y la llegada de emigrantes. Ya en la década de 1960, Rovira Beleta rodó *Los Tarantos* (1962), una versión de Romeo y Julieta en la que un amor imposible enfrentaba a payos y gitanos. Una película de gran belleza plástica con la «bailaora» Carmen Amaya como protagonista y que obtuvo una nominación al Oscar. Algunos años más tarde Rovira volvió a ser candidato a esos premios por *El amor brujo* (1967): «Fui el primer español que tuvo dos filmes elegidos por la Academia de Hollywood y no conté con promoción ni ayudas de ningún tipo.»

¿Hubo alguna mujer directora?

Ana Mariscal (1923-1995) merecería un hueco en la historia aunque sólo fuera por el hecho de ser la única mujer que dirigió películas en aquella etapa. Con apenas dieciocho años había protagonizado *Raza* (1941), no sin que antes el guionista del filme, Francisco Franco, hubiera dado su visto bueno a la elección. Como intérprete intervino en 45 películas. Pero ella tenía además otras inquietudes. En 1952 fundó la productora Bosco Films y dirigió *Segundo López*, una cinta rodada con muy pocos medios que contaba las andanzas de un pueblerino en Madrid. El fracaso de la película hizo que tardara cinco años en volver a dirigir. En *Con la vida hicieron fuego* (1957) tocaba el tema de la guerra civil. Tampoco tuvo mucho éxito. Por eso, en los años 60, derivó hacia un cine más comercial. En su filmografía destaca sobre todo *El Camino* (1962), la primera adaptación al cine de una novela de Miguel Delibes.

¿Por qué se dejó barba Fernando Rey?

Porque con ella trataba de disimular unos mofletes que le tenían acomplejado: «En algunas películas yo perdía el gesto porque me los chupaba», confesó el actor en el programa «Queridos Cómicos» de Televisión Española: «Aprovechaba las pausas de no hablar para chupar desde dentro los mofletes.» La tendencia natural a la papada no impidió sin embargo que Fernando Rey lograra completar una carrera larga, rica y variada. Una trayectoria profesional que discurrió paralela a las diferentes etapas y avatares del cine español.

Fernando Rey (1917–1994) entró en el cine por pura casualidad. Era hijo de un coronel que se mantuvo leal a la República. Durante la guerra el propio Fernando luchó como artillero voluntario y escapó de un campo de concentración. Tras la derrota su padre fue encarcelado y, de vuelta a Madrid, él tuvo que olvidarse definitivamente de los estudios de arquitectura para empezar a trabajar en lo que fuera. Y lo que fuera vino a ser un trabajo de extra que, sin frase las primeras veces, con algún diálogo después, creció hasta convertirlo en actor.

Irónicamente, el hijo del militar republicano no tardó en encabezar los carteles del cine franquista dedicado a ensalzar la historia de la patria. Títulos como *Reina Santa* (1947), *La princesa de los Ursinos* (1947) y, sobre todo, *Locura de amor* (1948), en la que interpretaba a Felipe el Hermoso. Después del gran éxito de esa película Franco recibió en el palacio de El Pardo a todo el equipo. Cuando llegó el turno de saludar a Fernando Rey, el dictador le preguntó: «¿Qué tal su padre». «Sigue en la cárcel» acertó a responder desconcertado el actor. Entonces, Franco se limitó a comentar: «¡Qué pena, hombre qué pena!»

A mediados de los 50 Juan Antonio Bardem rescató a Fernando Rey de las pelucas y los trajes de época. En *Cómicos* (1954) le ofreció un personaje que vivía un momento muy parecido al suyo: un actor que dudaba de su propio talento y que se planteaba abandonar la profesión. Con el mismo director trabajó en *La venganza* (1957) y en *Sonatas* (1959). Eran películas diferentes, que le dieron confianza en sí mismo y que se acercaban a sus inquietudes. Junto a Bardem y muchos otros, Fernando Rey fue accionista de Uninci, la productora que aglutinaba la oposición política en el cine español.

¿Cómo se convirtió Fernando Rey en estrella internacional?

Gracias a las películas que rodó con Luis Buñuel. El director aragonés vio *Sonatas* y, al parecer, quedó impresionado por lo bien que aquel actor hacía de muerto en una de las escenas. Tanto era así que decidió darle el papel protagonista de *Viridiana* (1961): «Parecía una patochada, pero conociendo como después conocí a Buñuel, estoy seguro de que se impresionó muchísimo», recordaba al respecto el actor.

A partir de entonces Fernando Rey se convirtió en el icono de la última etapa de la carrera del director. En *Viridiana* (1961), *Tristana* (1970) o *El discreto encanto de la Burguesía* (1972), su porte elegante contribuía a hacer que parecieran dignos y respetables unos comportamientos que se movían entre lo absurdo y lo perverso. Rey lograba revestir de naturalidad cualquier rareza que le solicitara Buñuel: desde calzarse unos zapatos de tacón (*Viridiana*), a arrojar porque sí un cubo de agua sobre Carole Bouquet (*Ese oscuro objeto del deseo*). El actor hablaba inglés y las ofertas empezaron a llegarle de Francia, Italia... En su filmografía internacional hubo de todo: coproducciones de serie B, pero también títulos muy importantes como *Campanadas a medianoche* (1965), que le sirvió para hacerse amigo íntimo de Orson Welles, o *The French Connection* (1971), que le abrió las puertas de la industria americana.

Conforme cumplía años, sus interpretaciones eran cada vez mejores: *Padre Nuestro* (1985), *Diario de invierno* (1988)... Entre sus últimos papeles, el más recordado fue el de ingenioso hidalgo en *El Quijote* (1991) que Manuel Gutiérrez Aragón rodó para televisión. Respetado y admirado, sus compañeros le eligieron presidente de la Academia del Cine Español en 1992. Fernando Rey solía decir que nunca tuvo vocación de actor pero que, en cuanto empezó a actuar, «se enamoró de esta profesión».

¿Cómo se dice «Ay pena penita pena» en inglés?

Siguiendo el ejemplo de Hollywood, el pequeño *star system* del cine español optó por familiarizar al público con unas actrices que encarnaban siempre la misma personalidad en películas que quedaban por tanto definidas por el nombre del actor o actriz. El artífice del *glamour* castizo de los 50 fue el productor Cesáreo González, que tuvo el acierto de contratar a principios de la década a las tres jóvenes folclóricas que más talento apuntaban. **Carmen Sevilla (1930)** representaba el encanto simpático de la vecina de al lado; **Lola Flores (1923-1995)** simbolizaba la pasión y **Paquita Rico (1929)**, la belleza inquietante. Durante más de una década cantaron copla, bailaron flamenco y llenaron los cines. Y no sólo de España, puesto que el productor logró abrirles fronteras colocándolas en coproducciones internacionales. Carmen Sevilla se hizo popular en Francia, formando pareja con Luis Mariano en *Violetas imperiales* (1952) y Lola Flores se hartó de trabajar en Méjico en películas que mezclaban sin ningún rubor las batas de cola y los sombreros de charro. Su éxito fue tal que hasta la revista *Time* le dedicó un artículo en el que se referían a ella como «Lady of Spain» y en el que aseguraban que su mejor película era *Aye sorrow, little sorrow*. O sea: *Pena penita pena* (1953).

Por fin, en 1962, se produjo el milagro: las tres compartían cartel por primera vez en *El balcón de la luna*. Satisfacer el ego de las divas del casticismo no resultó fácil. Las tres exigieron el mismo número de planos, ni uno más ni uno menos, y las tres querían figurar la primera en los títulos de crédito, algo que pudo solventarse colocando sus nombres formando un aspa. *El balcón de la luna* debía suponer la apoteosis del folclorismo, entre otras cosas porque, por primera vez, las tres estrellas cantaban juntas un par de números musicales. Sin embargo, el estreno se saldó con un pinchazo de taquilla. Un fracaso que, según ha señalado un experto como Terenci Moix, significó el réquiem del género. Los gustos del público de los 60 empezaban a cambiar y, al parecer, las batas de cola ya no figuraban entre sus preferencias.

A partir de ese momento las folclóricas tuvieron que afrontar un período de reconversión. La carrera de Paquita Rico declinó. Carmen Sevilla fue, poco a poco, adaptándose a las «exigencias del guión», hasta llegar a títulos como *Terapia al desnudo* (1975) o *Striptease a la inglesa* (1975). Y, mientras tanto, Lola Flores iba convirtiéndose, ayudada por la televisión y las revistas del corazón, en un personaje en sí mismo. Sin necesidad ni de película ni de guión.

¿Cómo empezó el fenómeno de los «niños prodigio»?

En la década de 1950 el cantante italiano Renato Carosone lanzó una canción llamada «Ricordate Marcelino». El título era un homenaje al protagonista de *Marcelino pan y vino* (1955), lo que da idea del alcance internacional que tuvo el éxito de la película. Dirigida por Ladislao Vajda, el protagonista era un huérfano al que criaban los doce frailes de un convento. Un chavalillo angelical que hizo derramar litros de lágrimas en los patios de butacas y cuyo éxito dio pie a un nuevo género: el cine con niño.

Gracias a Marcelino, las pantallas se llenaron de críos preferiblemente huérfanos o, en su defecto, pobres, pero tan buenos y tiernos que, inevitablemente, despertaban en el público el deseo de adoptarlos. Los productores peinaban España en busca de diamantes en bruto, puesto que quien daba con uno de ellos podía pulirlo hasta convertirlo en un tesoro. Las películas terminaban, por supuesto, con un final feliz. La realidad, en cambio, fue en algunos casos mucho más tozuda con aquellos pequeños.

La primera gran estrella infantil fue, por supuesto, el protagonista de _Marcelino pan y vino_: **Pablito Calvo (1946–2000)**. Después del gran éxito de la cinta volvió a trabajar con Vajda en otro par de títulos y también en Italia, donde rodó _Totó y Pablito_ (1958) junto al famoso cómico Totó. Su carrera duró lo que su niñez. Estudió ingeniería y se dedicó a dirigir negocios inmobiliarios.

El mayor mérito del otro gran fenómeno de la década radicó en saber fusionar el género infantil con la tradición folclórica. En _El pequeño ruiseñor_ (1956), _Saeta del ruiseñor_ (1957) y otros títulos semejantes, **Joselito (1947)** trinaba argumentos en los que encarnaba casi siempre a un niño humilde que, a base de desafiar las octavas más altas, acababa triunfando en el mundo de la canción. Trabajó después en Méjico, pero su carrera no fue más allá del cambio de voz. Tuvo que dejar el cine, fue cazador en África y, al cabo de muchos años, volvió a ocupar titulares, pero ya no en las páginas de espectáculos sino en las de sucesos. Se le relacionó con asuntos de drogas y prostitución y pasó una temporada en la cárcel.

¿Quién fue la primera gran franquicia del cine español?

Palabras como «marketing» o «mercadotecnia» aún no se habían inventado. Menos aún «merchandaising». A pesar de todo, en los sesenta, los años del desarrollismo, **Marisol (1948)** se convirtió en la primera gran franquicia del cine español. Se vendían cientos de álbumes, discos, recortables y tebeos que contaban su historia, cuentos narrados por ella, sobres sorpresa y muñecas con su cara. Incluso una publicación titulada *La revista de los amigos de Marisol*. Descubierta por el productor Manolo Goyanes en un programa de televisión en el que participaba con un grupo de coros y danzas, aquella niña graciosa y pizpireta deslumbró a los espectadores cuando con once años estrenó su primera película: *Un rayo de luz* (1960).

A partir de ahí, en muy poco tiempo, se puso en marcha en torno a ella una maquinaria perfectamente engrasada por Goyanes, que no descuidaba ni el más mínimo detalle. Los cientos de cartas de los fans eran respondidas con la rúbrica de la pequeña estrella.

Marisol era la heredera directa de los «Joselitos» y «Pablitos Calvos» pero modernizó el género. Aquellos representaban la España pobre de los 50. Marisol, en cambio, era una protagonista a todo color. Una niña buena pero con cierto descaro. Cantaba copla, como sus predecesores, pero sus melodías empezaban a derivar hacia el pop con unos estribillos pegadizos que enriquecieron el repertorio del tarareo de todos los españoles. Una niña rubia de ojos azules y acento andaluz: la mezcla perfecta para un país que pretendía modernizarse sin renunciar al casticismo. *Tómbola* (1962), *Marisol Rumbo a Río* (1963)... el fenómeno cruzó el Atlántico y llegó a

Latinoamérica y también a Estados Unidos, donde participó en el *show* de Ed Sullivan en el mismo programa en el que intervinieron los hermanos Marx.

Marisol subsistió como niña hasta 1965. Después, a medida que fue creciendo, fue tomando las riendas de su vida. Bodas, separaciones y militancia en el PCE. Hasta que decidió retirarse de la luz pública, su biografía fue transmitida en directo por las revistas del corazón. En 1978 posó desnuda en la portada de *Interviú*. Fue una de las fotos simbólicas de la Transición. Como si España y Marisol se hubieran hecho mayores al mismo tiempo.

¿Cuál fue la película que más tiempo estuvo en cartel en los 50?

El último cuplé (1957), que se proyectó en el cine Rialto de Madrid durante todo un año ininterrumpido. El gran éxito de la película fue totalmente inesperado. De hecho el guión llevaba años rodando de despacho en despacho y estrellas como Paquita Rico y Carmen Sevilla habían rechazado el papel protagonista. Al final, el director, Juan de Orduña, se empeñó en que el personaje fuera para una actriz joven que vivía en Méjico, que había rodado incluso algunas películas en Hollywood pero que apenas era conocida en España: **Sara Montiel (1928)**. Su sensualidad artificiosa y pretendidamente sofisticada sedujo al público, en especial en aquella legendaria escena en la que, cigarrillo con larga boquilla en los labios, cantaba silabeando el «Fumando espero», cuya letra —nadie se explica cómo— pasó inadvertida a los censores: «Tendida en la *chaise longue*. Soñar y amar. Ver a mi amante, solícito y galante, sentir sus labios besar con esos sabios, y el devaneo sentir con más deseos cuando sus ojos veo, sedientos de pasión.»

El argumento de *El último cuplé* contaba el ascenso y la caída de una cupletista. Una historia que no era más que una excusa para ir hilando números musicales que recuperaban viejos éxitos del cuplé, un género ya casi olvidado en los 50. Pero ¿quién los habría de cantar? Según los productores, estaba claro desde el principio que iba a ser Sara Montiel. En sus memorias, sin embargo, la actriz da una versión bien distinta. Cuenta que ella se iba a limitar a hacer el *play back* de los temas interpretados por una cantante profesional. La cantante exigió cobrar el mismo día de la grabación, al parecer no había dinero y dio la espantada. Orduña llamó entonces a Sara Montiel que —siempre según su propia versión— se presentó en el estudio de grabación después de una noche de juerga con Lola Flores y de haber dormido tan sólo tres horas. Cuentan que Raquel Meller, la gran estrella del cuplé, dijo después de ver la película: «Además de imitarme y cantar mis canciones, Sara Montiel tiene voz de sereno».

Sara Montiel ni siquiera acudió al estreno de *El último cuplé*. Nada más terminar el rodaje volvió a Los Angeles, al lado de su marido, el director americano Anthony Mann. Cuando la película llevaba ya varias semanas de llenazo volvió a Madrid y comprobó que, sin que ella se hubiera dado cuenta, su vida había cambiado. Se había convertido en una gran estrella.

¿Por qué Sara Montiel se llamó Sara Montiel?

El nombre nació en 1944 cuando apenas había hecho sus primeros pinitos en el cine. Fue en parte idea del publicista Enrique Herreros, que tomó el apellido artístico de Campo de Montiel, una comarca cercana a Campo de Criptana, la localidad natal de la actriz. El nombre, en cambio, fue un homenaje de la propia interesada a una de sus bisabuelas maternas que se llamaba Sara María.

La vida de María Antonia Abad Fernández no habría desentonado en ninguno de los melodramas que en el futuro ella misma iba a protagonizar: una infancia humilde, un concurso de jóvenes talentos en Madrid y unas pruebas para CIFESA. En una hipotética película el éxito no habría tardado en llegar. En su vida real, sin embargo, el tercer acto triunfal fue bastante más costoso. Durante varios años interpretó papeles secundarios en títulos como *Don Quijote de la Mancha* (1948) o *Locura de amor* (1948). Por fin, en 1950, harta de esperar su gran oportunidad, aceptó un contrato en Méjico. En unos años de especial vitalidad del cine mejicano, Sara, o Sarita, como cariñosamente se le conocía allí, rodó quince películas en poco más de cinco años. De Méjico a Estados Unidos sólo había un paso y su belleza exótica no tardó en cruzar la frontera de Río Grande. Hizo tres películas en Hollywood. Y pudieron haber sido más si ella misma no hubiera rescindido el contrato que tenía firmado con la Warner: «Veían en mí una india de la hostia, pues muy bien, pero eso no tenía nada que ver conmigo, ni mi meta era hacer de india toda la vida, ni muchísimo menos.»

Al margen de los resultados, la experiencia en Hollywood serviría para que Sara Montiel condimentara sus entrevistas y su libro de memorias con sabrosos episodios: en el rodaje de *Veracruz* (1954) evitó que a Burt Lancaster le mordiera una serpiente, Gary Cooper coqueteaba con ella porque le recordaba a su ex novia Lupe Vélez... En Hollywood, además, Sara Montiel se casó con Anthony Mann, que la dirigió en *Dos pasiones y un amor* (1956). El era 22 años mayor que ella y el matrimonio no tardó en romperse por esa diferencia de edad.

Después del éxito de *El último cuplé*, instalada de nuevo en España, Sara Montiel siguió explotando la fórmula de la sensualidad sofisticada. Un registro que ella fue perfeccionando y que le llevaba a menudo a controlar personalmente los ángulos de filmación más apropiados o los filtros que los operadores debían utilizar. Es posible que títulos como *La violetera* (1958) o *Carmen la de Ronda* (1959) no supusieran grandes aportaciones artísticas, pero no es menos cierto que abrieron nuevos horizontes a la imaginación de toda una generación de espectadores con esa mezcla imposible de cercanía manchega y exotismo. Ante el atractivo de la actriz se rendía el público sin importar cuál fuera su procedencia o condición, desde un niño manchego llamado Pedro Almodóvar, que coleccionaba sus fotos y que años más tarde le rendiría homenaje en *La mala educación,* hasta Pablo VI, que recibió a Sara en audiencia papal, tal y como ella recordó en sus memorias: «Hablando un español bastante bueno, me dijo que había visto todas mis películas».

¿Cuánto tiempo tardaba Luis Buñuel en rodar una película?

Hasta 1946 la filmografía de Luis Buñuel se reducía a tan sólo tres títulos. Sin embargo, su ritmo de producción cambió radicalmente a partir de su llegada a Méjico. En 18 años realizó nada menos que 20 películas. Los presupuestos de esos rodajes fueron casi siempre bajos. El tiempo de producción oscilaba entre los 18 y los 34 días. El director montaba a la vez que rodaba y en dos ocasiones, incluso, fue capaz de filmar hasta tres largometrajes en un solo año.

Buñuel había recalado en Méjico por azar pero se integró plenamente en la industria de aquel país. Rodó proyectos de encargo y géneros populares como la comedia y el melodrama, pero fue capaz de deslizar en todos aquellos productos de origen industrial un estilo propio y muchas de sus obsesiones: «Yo procuraba que en cada película hubiera siempre un escape, que siempre hubiera un senderillo por donde me iba a hacer lo que yo quería.» Y desviándose por esos senderos logró, paso a paso, plano a plano, una filmografía coherente y profundamente personal: «Creo no haber rodado nunca una sola escena que fuese contraria a mis convicciones.»

En su autobiografía, Buñuel lamenta tan sólo un aspecto artístico de aquella etapa: «En Méjico me he visto obligado a adquirir una gran rapidez de ejecución... que a veces lamento más tarde.» Una vez, cuando iba a empezar a rodar una de las escenas de *Subida al cielo* (1951), le comunicaron que, por razones sindicales, las tres noches previstas de filmación debían reducirse a tan sólo dos horas. El director reorganizó todo el plan y rodó la secuencia en un solo plano.

¿Cuáles fueron las principales películas mejicanas de Buñuel?

Luis Buñuel debutó en Méjico como director con *Gran Casino* (1946), un vehículo para lucimiento de Jorge Negrete, pero que obtuvo el dudoso honor de ser la película menos taquillera de la carrera del famoso cantante y actor. Su primera obra maestra no llegó hasta cuatro años después. Fue *Los olvidados* (1950), en la que reflejaba el ambiente de miseria y marginación en el que vivían los jóvenes de una barriada de la ciudad de Méjico. Una realidad que el director conoció de primera mano puesto que durante varios meses recorrió aquellos barrios disfrazado de mendigo. La crudeza de *Los olvidados* levantó críticas furibundas en Méjico. En el Festival de Cannes de 1950 recibió, sin embargo, una gran acogida. A la entrada de la proyección, el poeta Octavio Paz distribuyó entre los espectadores copias de un artículo en el que expresaba su admiración por la película. Al cabo de unos días el jurado le otorgó el premio al mejor director, un galardón que sirvió para relanzar el prestigio de Buñuel.

Título a título, el público se fue familiarizando con los ingredientes que configuraban su mundo tan personal: el amor loco en *Abismos de pasión* (1953); los celos y el afán de posesión en *Él* (1952); la pulsión criminal en *Ensayo de un crimen* (1955). Cada película de Buñuel era diferente a la anterior pero al mismo tiempo todas se parecían. Abundaban en ellas los zapatos, los insectos, los pies y los enanos, pero más allá de guiños y anécdotas, lo que definía su estilo era su habilidad para plasmar en la pantalla lo que el espectador no se atrevía a pensar. Transgrediendo la moral sexual, religiosa o social, lograba que afloraran deseos e instintos ocultos, de ahí que su cine fuera al mismo tiempo incómodo y atractivo.

El progresivo prestigio de Buñuel hizo que productores internacionales se interesaran en su cine y rodó en inglés títulos como *Robison Crusoe* (1952) o *La joven* (1960). Entretanto no renunció a su origen surrealista, quizás porque el surrealismo era parte inherente de su personalidad. A lo largo de su carrera había salpicado bastantes escenas con detalles irracionales, pero ya en los 60, decidió volver a rodar una película surrealista en estado puro. En *El ángel exterminador* (1962) mostraba a unos burgueses que, después de terminar una cena de gala, y sin que nada ni nadie lo explicara, eran incapaces de salir de una habitación.

La película mejicana de la que más satisfecho estaba Buñuel era *Nazarín* (1958). Basada en la novela de

Benito Pérez Galdós, contaba la historia de un sacerdote que pretendía vivir en absoluta coherencia con su ideario cristiano. En el Festival de Cannes obtuvo el Gran Premio Internacional, y estuvo a punto de recibir también el Premio de la Oficina Católica. Cuando se enteró, Buñuel dijo con su habitual sorna aragonesa: «Si me lo hubieran dado me habría visto obligado a suicidarme. Gracias a Dios, todavía soy ateo.»

¿Quién era el sobrino adoptivo de Buñuel?

Antes de viajar a Méjico para rodar *Nazarín*, Paco Rabal indagó en torno a los gustos de Luis Buñuel, al que aún no conocía, y le llevó dos regalos: una pistola húngara del siglo XVII para su colección de armas y una frasca de Valdepeñas. En su primer encuentro apuraron casi todo el vino y entre los dos surgió una complicidad especial.

Llámame de tú —recordaba Rabal que le pidió el director.

Es que le tengo mucho respeto.

Muy español, me gusta mucho eso del respeto. Mira, de aquí en adelante me vas a llamar tío y de usted y yo a ti sobrino y de tú.

Desde entonces, mantuvieron siempre ese trato familiar.

A lo largo de 50 años **Paco Rabal (1926-2001)** rodó más de 200 películas. Hombre de trato fácil, gran conversador, buen compañero y campechano, no había nadie en el mundillo del cine español que no se refiriera a él con una sonrisa de cariño. Siempre estuvo vinculado al PCE, pero para él, por encima de las ideas, figuraba la lealtad. El 20 de noviembre de 1975, lo primero que hizo al enterarse de la muerte de Franco, fue acudir a casa del director Rafael Gil, que había sido uno de los pilares del cine franquista: «He decidido quedarme en su casa para vigilar que no pase nada.»

Rafael Gil, precisamente, le había dado su primera oportunidad. Rabal trabajaba como eléctrico en los estudios Chamartín y, casi de casualidad, el director le hizo debutar como extra en *La pródiga* (1946) porque le pareció que tenía «cara de cateto». Rabal ya no volvería a desenrollar cables. Después de varios años como figurante, inició una exitosa carrera como galán ayudado por una voz profunda y un físico viril.

El segundo capítulo de su carrera lo abrió *Nazarín*. La repercusión internacional de la película le permitió trabajar en proyectos arriesgados tanto desde el punto de vista cinematográfico como ideológico. En España rodó *Sonatas* (1959) a las órdenes de Bardem. Empezaron a llegarle ofertas de otros países de Europa y figuró en los repartos de directores del prestigio de Michelangelo Antonioni, Luchino Visconti o Jacques Rivette. El tío Luis le dio un personaje en la escandalosa *Viridiana* (1961) y hasta Hollywood se fijó en él. Pero, a diferencia de Fernando Rey, Paco Rabal nunca fue capaz de dominar el inglés. Mientras tanto, fuera de pantalla, se iba ganando una legendaria reputación de don Juan. Una fama que, a pesar de su larguísimo matrimonio con la actriz Asunción Balaguer, él nunca negó. Fueron unos años dorados en los que Rabal, sin embargo, tuvo que afrontar sus propios complejos: durante cierto tiempo usó en secreto peluquín.

¿Cuál fue el agradecimiento de Paco Rabal en Cannes?

El 23 de mayo de 1984 Paco Rabal y Alfredo Landa subieron al escenario del viejo palacio del Festival de Cannes y recogieron *ex aequo* el premio de interpretación por *Los Santos inocentes*. El Paco Rabal que interpretaba al Azarías de la película de Mario Camus no era ya ni mucho menos el galán de hace unos años. Era ahora un actor de rostro curtido, surcado de arrugas y de huellas de un accidente de automóvil que a punto había estado de costarle la vida un tiempo atrás. El período de la Transición había sido duro para alguien como él que difícilmente podía acomodarse a géneros como el del destape. Por eso aquel premio en Cannes simbolizaba su vuelta, pero reconvertido en actor de prestigio, capaz como nadie de dar profundidad a los personajes y hacerlos entrañables al espectador. Como agradecimiento se limitó a exclamar «Milana bonita», la frase que repetía el entrañable «inocente» Azarías. Pocos días más tarde viajó a un pueblo de Badajoz para compartir aquel éxito con el Barruntas, el hombre que había inspirado su interpretación.

Juncal (1988), *Una gloria nacional* (1993)… Fuera en cine o en series de televisión, Paco Rabal fue encadenando personajes diferentes pero al mismo tiempo parecidos, porque todos compartían y contagiaban una gran humanidad. El actor solía abordar con mimo su composición: desde el acento al aspecto físico. Antes de interpretar al torero Juncal, por ejemplo, se hizo habitual de una tertulia taurina de Sevilla.

Rabal decía que nunca se jubilaría mientras tuviera memoria y la memoria nunca le falló. En *Goya en Burdeos* (1999) revivió al pintor aragonés en la etapa de las pinturas negras, gracias a la fuerza de su rostro y la energía de su personalidad. Un aragonés sordo, como su tío Buñuel; un Goya que le valió su último premio Goya al mejor actor; un personaje que pareció una travesura del destino. El 29 de agosto de 2001 Paco Rabal murió repentinamente en un avión que sobrevolaba la ciudad de Burdeos.

¿Qué influencia tuvo el Ebro en la obra de Rafael Azcona?

Guiones como *Plácido*, *Belle Epoque* o *La lengua de las mariposas* lo dicen todo. Lo mismo hace décadas que ahora, si le preguntaran a cualquier persona relacionada con el cine español quién es el mejor guionista, la réplica sería siempre **Rafael Azcona (1926)**. Una respuesta que no sólo no despertaría dudas. Tampoco envidias. Tal es el prestigio y la simpatía que se ha ganado este escritor. «Yo comparo mi trabajo con el de una asistenta, que va a una casa, hace lo que la señora le manda y luego se va», ha dicho en más de una ocasión acerca de su oficio. Insiste en que el autor de la película es el director, pero, a pesar de haberse amoldado a cineastas de distintas generaciones y personalidad (Berlanga, Saura o Trueba), lo cierto es que todas las películas que han salido de la pluma de Azcona rezuman un estilo propio: argumentos de perdedores, tragedias que caen en el absurdo y que por eso provocan la risa: «Me muevo muy bien, y siempre me llaman para eso, en el género de la tragedia grotesca. Historias con antihéroes que se apuntan a vivir unas vidas para las que no están hechos».

Nacido en Logroño, Rafael Azcona se hizo guionista por azar: «Empecé a escribir porque no tenía habilidades físicas. No sabía bailar ni tampoco algo que era muy socorrido en mi pueblo, que era cruzarse el Ebro a nado. Uno que se lo cruzaba ya era un hombre, aunque cada año se ahogaban dos o tres. Así que me refugié en la lectura y luego en la escritura.»

Estudió para contable pero los números le provocaban jaqueca, así que hizo las maletas y decidió buscarse un futuro menos arriesgado a orillas del Manzanares. En Madrid subsistió escribiendo novelas rosas, recitando poemas en los cafés y como colaborador del semanario humorístico *La Codorniz*. Entonces una llamada telefónica le cambió la vida.

¿Cuál es el truco para escribir un buen guión?

Un italiano que aspiraba a convertirse en productor, un tal Marco Ferreri, había leído una de sus novelas, *Los muertos no se tocan*, y le pedía que la adaptara al cine. Azcona le contestó que no tenía ni idea de cómo se hacía eso. Ferreri le dio entonces un consejo que Azcona nunca olvidaría: «Los guiones se escribían en dos columnas, una con la acción, la otra con los diálogos. Me dijo que el ideal era que alguien que leyera sólo los diálogos no entendiera nada de lo que pasa en la película.»

Ferreri y Azcona se hicieron buenos amigos. Durante más de un año escribieron guiones de películas que nunca se llegaron a producir. Por fin, Ferreri, aconsejado por el propio Azcona, decidió aparcar sus ambiciones como productor para convertirse en director. Su primera película se tituló *El pisito* (1958). La experiencia fue lo suficientemente buena como para que les dejaran repetir. Volvieron a colaborar en *El cochecito* (1960).

Las dos eran comedias extraídas de la observación de la realidad, con personajes que, en aquel Madrid en blanco y negro, trataban de salir adelante como buenamente podían. Casándose con la vieja inquilina de un piso para heredar el contrato de alquiler tras su muerte, como el José Luis López Vázquez de *El pisito*. O fingiendo ser paralítico para darse el capricho de comprarse una silla de ruedas con motor, como Pepe Isbert en *El cochecito*. Situaciones y personajes costumbristas con un toque absurdo pero que, a pesar de todo, se hacían querer. «Yo distorsiono lo trivial», ha dicho el guionista en alguna ocasión.

Azcona tenía un oído especial para captar diálogos y actitudes a pie de calle. Los destilaba a través de un alambique de sorna y mala leche y, al final de este proceso, servía frases y situaciones incendiarias con la mayor naturalidad. «Esto del comercio, cuando se es honrado sin exagerar, deja lo suyo», decía en tono satisfecho el jefe de José Luis López Vázquez en *El pisito*.

Antes de conocer a Ferreri, Rafael Azcona sólo había ido tres o cuatro veces al cine. Pero en unos pocos años junto al italiano se había convertido, casi sin darse cuenta, en guionista de profesión. A partir de entonces, las teclas de su vieja máquina no dejaron de sonar porque «los guiones estaban muy mal pagados y había que escribir dos o tres al año». Trabajó en Francia y en Italia, y siguió colaborando con Marco Ferreri, por ejemplo, en *La gran comilona* (1973). En los 70 y los 80 sus trabajos conjuntos se espaciaron porque, según Azcona, el italiano había cambiado de registro: «Él se empezó a preocupar por el ser de la mujer y yo ahí no podía seguirlo».

¿Cómo trabajaban juntos Azcona y Berlanga?

Las enciclopedias y libros de historia dicen que Rafael Azcona y Luis García Berlanga escribieron juntos algunos de los mejores guiones del cine español. Pero, quizás, para ser más exactos, habría que decir que «hablaron» juntos esos guiones. Porque el método de trabajo de esta pareja era de lo más peculiar. Antes de plasmar una sola letra sobre un papel se reunían durante meses en algún café y allí se dedicaban a charlar, hacer bromas y escuchar a los que pasaban. Hasta que, según decía Berlanga, «decidimos que hacer una película sobre eso que acabamos de decir no estaría mal y entonces a lo mejor sale adelante y resulta un guión».

A partir de ahí Azcona ponía el rigor en la composición y Berlanga el desorden y la anarquía: «Lo que hace Azcona es desmoronar mi barroquismo y convencerme de que las historias deben ser químicamente puras, me convence de que lo más importante es lo que estás contando, que la historia debe ir siempre adelante y no se puede hacer ninguna secuencia donde el argumento no avance.»

La primera colaboración entre Berlanga y Azcona fue *Plácido* (1961). Una nochebuena, un buen hombre que quiere pagar la letra de su motocarro y, de fondo, la campaña de caridad «Ponga un pobre en su mesa» en virtud de la cual todos los ricos de la ciudad se sorteaban a los pobres y se los llevaban a cenar a su casa mientras pronunciaban diálogos de lo más «sabroso»: «¿A usted qué le ha tocado anciano del asilo o pobre de la calle?»

Con *Plácido* Azcona y Berlanga sentaban las bases de su estilo: historias que se cruzan, personajes que entran y que salen, diálogos que se superponen… En cuanto empezaba el rodaje, Azcona desaparecía pero guión y realización funcionaban en perfecta armonía. Berlanga siempre ha dicho que la técnica le trae sin cuidado pero lo cierto es que se convirtió en un maestro de los planos-secuencia. Tomas muy largas que lograban envolver con naturalidad ese aparente caos de situaciones y diálogos que sus guiones habían previsto.

¿Por qué se paralizó la carrera de Berlanga?

Después de *Plácido* llegó *El verdugo* (1963), sobre un pobre hombre que, para poder optar a un piso de protección oficial, se veía obligado a heredar de su suegro el trabajo de verdugo. Berlanga lograba el imposible: una película crítica con la pena de muerte pero en la que el espectador se encariñaba con el protagonista y con la evidente lógica de sus argumentos profesionales: «Me hacen reír los que dicen que el garrote es inhumano», reflexionaba con su voz ronca Pepe Isbert. «¿Qué es mejor, la guillotina? ¿Usted cree que hay derecho a enterrar a un hombre hecho pedazos? Hace falta respetar al ajusticiado, que bastante desgracia tiene.»

Tanto *Plácido* como *El verdugo* estaban abiertas a un abanico extenso de interpretaciones: crítica a la caridad, a la doble moral, a la pena de muerte, a una sociedad que arrastra al individuo a situaciones extremas de crueldad y traición a su propia moral. Pero el mensaje, o los posibles mensajes, nunca se percibían como algo pretendido sino que surgían con naturalidad de las propias historias. La censura miraba con lupa cada escena. *El verdugo* llegó al festival de Venecia con catorce minutos menos. Unos cortes que no fueron suficientes, al menos para el embajador español en Italia, Alfredo Sánchez Bella, que protestó airadamente contra el hecho de que el film se presentara en el certamen. Hubo manifestaciones a favor de la película en Venecia, y muchos cruces de cartas. Y, a pesar de que finalmente *El verdugo* no se cayó de la programación, el gran perjudicado de aquella polémica fue el propio Luis García Berlanga. Su carrera se paralizó y en lo que restó de franquismo no rodó más que tres largometrajes. De ellos tan sólo uno, *Vivan los novios* (1971), estaba producido en España. Filmó en Argentina *La boutique* (1967) y en Francia *Tamaño natural* (1974). La crisis de Berlanga coincidió, curiosamente, con el auge de los directores del Nuevo Cine Español. Jóvenes directores a quienes se «permitió» un cine crítico, entre otras cosas, con el objeto de proyectar imagen de apertura en el extranjero. Un delicado papel que antes había correspondido a Bardem y Berlanga.

¿Era natural la afonía de Pepe Isbert?

Sí, el actor arrastró durante muchos años un problema en las cuerdas vocales que se fue agravando por el poco cuidado que tenía por su salud: fumaba cuatro cajetillas al día y un puro de vez en cuando. Después del rodaje de *El verdugo* le operaron de un cáncer de garganta y se quedó prácticamente mudo cuando aún debía doblar algunas escenas de la película. Berlanga se planteó incluso que alguien le imitara pero, milagrosamente, recuperó la voz suficiente como para rematar su magistral interpretación.

El plano-secuencia era el sello de marca del cine de Berlanga pero esas escenas habrían quedado en un puro alarde técnico de no haber estado pobladas de actores que las llenaran de humanidad: «Los actores que más han enriquecido mis películas son aquellos que yo llamo genéricos, que también suelen llamarse de reparto. Mis primeros años de cine han sido una gozada porque ese tipo de actor que venía del teatro tenía una disciplina fabulosa.»

Los habitantes del universo Berlanga no irradiaban *glamour* sino cercanía. No eran galanes. Tenían cara de vecinos: Manolo Morán, Manuel Alexandre, Agustín González, Luis Ciges... Y al frente de todos ellos, el alcalde de Villar del Río, Pepe Isbert, que fue el rostro emblemático del primer cine de Berlanga y Azcona. «Pepe era un auténtico monstruo como actor» —decía Berlanga— «tenía una forma única de estar, de hablar, de mirar, de moverse. Nunca le tuve que explicar un personaje, lo cual era una gran ventaja para mí, porque yo nunca sé qué decir a los actores de sus personajes.»

Cuando Berlanga se cruzó en su camino, **Pepe Isbert (1886–1966)** tenía ya una larguísima carrera a sus espaldas. Había debutado en el teatro Apolo a los diecinueve años y, en pleno cine mudo, había sido el homicida de *Asesinato y entierro de don José Canalejas* (1912). Después vendrían miles de kilómetros de giras y más de cien películas, entre las que también destacaron las que hizo a las órdenes de Ladislao Vajda. «Sin técnica no hay actor» repetía Isbert. Pero al dominio de la técnica él añadía el don natural de la campechanía. Una simpatía que conseguía que hasta un verdugo fuera entrañable. Cada mañana en el rodaje de *¡Bienvenido Mister Marshall!,* los vecinos de Guadalix de la Sierra le rodeaban y él, amablemente, les contaba lo que iban a rodar. Era uno de los suyos, aunque, según recordaba Berlanga con cariño, sus compañeras de trabajo tenían que tomar ciertas precauciones con él: «Le gustaban mucho las mujeres. En el rodaje se las ingeniaba muy hábilmente para tocarles el culo a las chicas.»

Isbert se quedó sin voz los tres últimos años de su vida. Pero el público nunca ha olvidado esa afonía con la que pronunció alguno de los mejores diálogos del cine español («Como alcalde vuestro que soy, os debo una explicación…»). Una voz que, según Berlanga, «era el 60 por ciento de su gracia» y que, fuera de pantalla, también dejó caer algunas ácidas reflexiones sobre su trabajo: «El cine en general es una mezcla de arte e industria, pero el cine español es una mezcla de arte y de falta de dinero»; «En el cine español no se nos paga, se nos indemniza.»

¿En qué cambió el cine de Berlanga con el final de la censura?

A lo largo de su carrera, Berlanga había tenido que dedicar buena parte de sus esfuerzos a luchar contra la censura o a tratar de esquivarla. Las prohibiciones habían impedido, además, que su cine reflejara algunas de sus obsesiones más profundas, como el sexo o el fetichismo, que únicamente había podido tratar en *Tamaño natural* (1974) que, rodada en Francia y en francés, se centraba en la relación entre un hombre y un maniquí. La muerte de Franco, por fin, le permitió impregnar sus películas con todas las facetas de su personalidad. A partir de entonces incorporó el sexo, ciertos toques de escatología y también la crítica política.

En 1977 Berlanga cosechó el mayor éxito comercial de su carrera con *La escopeta nacional*. La idea surgió cuando el director se enteró de que, en una cacería, Manuel Fraga le había disparado por error una perdigonada en el culo a la hija de Franco. El argumento de la película se situaba en ese escenario, una cacería, organizada por un industrial catalán que pretendía que sus invitados (ministros, asesores, etc.) aprobaran una norma que obligara a la instalación en las casas de los porteros automáticos que él fabricaba. Berlanga y Azcona se reían a su estilo de los tecnócratas, del Opus Dei, de la aristocracia decadente, de la falange y de la corrupción política. Y el público agradecía poder empezarse a reír de lo que tan sólo un par de años antes era motivo de sufrimiento. El éxito fue tal, que las andanzas del marqués, su familia y demás personajes dieron pie a dos nuevos títulos: *Patrimonio Nacional* (1980) y *Nacional III* (1982).

La palabra «berlanguiano» se había incorporado al diccionario de los españoles. Definía situaciones absurdas de caos y descontrol que surgían en cualquier lado, preferiblemente en las circunstancias más serias y dramáticas. Si ir más lejos, en la mismísima Guerra Civil. En *La vaquilla* (1984) Berlanga recuperó una vieja idea: un grupo de soldados republicanos que trataban de robar la vaquilla de las fiestas de un pueblo en zona nacional. Y su comedia amarga molestó a sectores de uno y otro lado por su antiheroísmo y falta de solemnidad. Tres años más tarde, las andanzas de la familia de turroneros de *Moros y cristianos* (1987) supusieron el final de la colaboración entre Berlanga y Azcona. «Yo noté un día que Berlanga y yo empezábamos a ser amanerados, que siempre contábamos lo mismo» suele explicar Rafael Azcona. «Y un día le dije: "Creo que deberíamos hacer una cosa: tú buscar guionistas jóvenes y yo directores jóvenes"».

Berlanga rodó aún dos títulos más, *Todos a la cárcel* (1993) y *París Tombuctú* (1999). Las críticas no fueron muy buenas, porque, sin la contención de Azcona, el resultado era demasiado «berlanguiano». En el libro *Berlanga, contra el poder y la gloria,* de Antonio Gómez Rufo, dice el director: «Rafael Azcona es evidentemente el hombre más importante de mi vida.»

¿Por qué Tyrone Power murió en Madrid?

El 15 de noviembre de 1958 King Vidor dirigía en los estudios madrileños Sevilla Films una de las escenas de *Salomón y la reina de Saba*. Mientras ensayaba un duelo con George Sanders, el protagonista, Tyrone Power, empezó a sentirse mal. Lo trasladaron rápidamente a un hospital donde falleció poco después. Había sufrido un ataque al corazón.

Lo mismo que Tyrone Power, a finales de los 50 y a lo largo de los 60, fue habitual que estrellas de Hollywood vinieran a rodar a España. Nuestro país se convirtió en escenario de grandes producciones que requerían paisajes desconocidos y la movilización de cientos de extras. España ofrecía buen clima, sueldos baratos y la colaboración de las autoridades, que no sólo agilizaban permisos sino que, llegado el caso, accedían incluso a prestar soldados para alguna escena de batalla. Había además una razón económica. El capital extranjero estaba inmovilizado desde el comienzo del franquismo. No se permitía sacarlo al exterior y algunos inversores vieron en los rodajes en España la oportunidad de obtener rendimiento de un dinero que de otra forma habría quedado estancado. *Alejandro Magno, Espartaco, El regreso de los siete magníficos, Patton, Doctor Zhivago* u *Orgullo y Pasión* son algunos de los títulos que se filmaron aquí en aquellos años. Una de las escenas más espectaculares de esta última película, ambientada en la Guerra de la Independencia, era el asalto a la ciudad de Ávila. Entre los cinco mil extras que participaron en la secuencia figuraba el futuro Presidente del Gobierno Adolfo Suárez.

El impacto de esos rodajes sobre la economía local era muy fuerte, tal y como reflejaba en su libro *Aventuras y desventuras del cine español* Eduardo García Maroto, que participó como delegado español en algunas de aquellas producciones: «Para Segovia, esta película (*Orgullo y pasión*) fue muy oportuna ya que dejó bastante dinero. En la carta que me dirigió, el Presidente de la Diputación me daba las gracias porque el 80 por ciento de las prendas empeñadas por la gente humilde de la ciudad habían sido desempeñadas, gracias a los ingresos obtenidos por los figurantes.»

¿Quién trató de construir un nuevo Hollywood en Las Matas?

En 1959 un rumano trotamundos llamado **Samuel Bronston (1905-1994)**, que había sido productor en Italia y en América, recaló en Madrid para producir *Capitán Jones*, una película sobre un héroe de la época de la independencia norteamericana. El director era John Farrow, padre de la actriz

Mia Farrow, que le acompañó en el viaje y estudió a lo largo de aquel curso en un colegio de monjas de la capital. La experiencia fue tan buena que Bronston se decidió a repetirla y a hacerlo sin poner límites a su ambición. Construyó en Las Matas, a pocos kilómetros de Madrid, unos estudios que, según la escala habitual del cine español, resultaban mastodónticos y se dispuso a convertirlos en un pequeño Hollywood. Contaba en este empeño con el apoyo financiero del magnate francés Pierre Dupont, dueño de la patente del *nylon*, a quien convenció de que el proyecto serviría para descongelar las divisas que tenía inmovilizadas en España. Su capacidad de seducción y encanto personal le abrieron puertas en los niveles más altos del franquismo, que le daba todo tipo de facilidades. Él se encargó, a cambio, de producir documentales de propaganda para el régimen.

Bronston escogía argumentos de temática histórica de acuerdo con los gustos del momento. Ponía al frente a un director de prestigio en horas bajas —Nicholas Ray en *Rey de Reyes* (1961) y *55 días en Pekín* (1963); Anthony Mann en *La caída del Imperio Romano* (1964)— y disponía para él un plantel fabuloso de estrellas como John Wayne, Ava Gardner, Sofia Loren, Bette Davis o Charlton Heston. Un reparto internacional en el que tenía siempre el cuidado de entreverar alguna estrella local. Por eso Carmen Sevilla encarnó a María Magdalena en *Rey de Reyes*. Las películas de Bronston fueron de paso una gran escuela para muchos técnicos y también para directores artísticos como Gil Parrondo y Enrique Alarcón, que aprendieron los métodos de trabajo de Hollywood.

Bronston exigía que su nombre figurara antes que los de las estrellas y al mismo tamaño que el título de la película. Sus rodajes no reparaban en gastos. Como en España no encontraba todos los figurantes

148

orientales que necesitaba para *55 días en Pekín*, viajó por Europa para reclutarlos, y se dice que durante aquel verano no se pudo comer decentemente en ningún restaurante chino del continente porque todos los cocineros estaban en Madrid. Durante la filmación de *Rey de Reyes* una tormenta destruyó los decorados de Jerusalén. Sin inmutarse, Bronston ordenó: «Reconstruidlos».

El Cid (1961), con Charlton Heston y Sofia Loren, supuso la cúspide del Imperio Bronston. Con su siguiente película, *La caída del imperio romano* (1964), empezaron a llegar los primeros indicios de problemas económicos. Rodó después *El fabuloso mundo del circo* (1964) y el hecho de que la película empezara con un naufragio y terminara con un incendio resultó una premonición. Su socio, Dupont, se negó a enviarle más dinero. En pocos meses los estudios fueron subastados. El sueño de un Hollywood en mitad de la meseta había durado apenas cinco años. Samuel Bronston pasó la última etapa de su vida en Estados Unidos batallando contra las deudas y la enfermedad de Alzheimer. Murió el 12 de enero de 1994 y, siguiendo sus deseos, sus cenizas fueron enterradas en el cementerio de Las Rozas, muy cerca de la muralla china de «pega» que había construido para *55 días en Pekín*.

¿Por qué Orson Welles rodó en España *Campanadas a medianoche*?

En diversas entrevistas y coloquios, Orson Welles respondió a esta pregunta con una mezcla de cariño e ironía: «Recorrí toda Europa hasta encontrar un país tan ignorante de las condiciones generales de la distribución cinematográfica mundial antes de poder hacer *Campanadas a medianoche*. Sólo en España desconocían que ya todo el mundo quería películas en color».

A pesar de comentarios como éstos, lo cierto es que hacía muchos años que Orson Welles estaba muy vinculado a España. Había rodado en Segovia y Valladolid *Mister Arkadin* (1955) y había dirigido varias series documentales sobre nuestro país para televisiones británicas e italianas. En su primera visita a Sevilla, a los dieciocho años, se había aficionado a los toros y no era raro ver su voluminosa figura sosteniendo un puro en los tendidos de Las Ventas o de la plaza de Ronda. Gracias a esos contactos con los ambientes taurinos, se hizo también amigo íntimo del matador Antonio Ordoñez. Otro torero de la época, Andrés Vázquez, no dudaba en calificarlo como «el mejor aficionado que ha venido de fuera de España».

A mediados de los 60, este cineasta errante buscaba financiación para adaptar al cine un espectáculo teatral. El protagonista era Falstaff, un entrañable borracho bondadoso y filósofo que aparecía en varias obras de Shakespeare. En 1939 Orson Welles había compuesto un espectáculo con este personaje que él mismo interpretaba. Lo recuperó en 1960 en una nueva función que produjo en Irlanda y que ya tituló *Campanadas a medianoche*. El siguiente paso debía ser una película en blanco y negro. Pero, como ya era habitual en su carrera, Welles volvió a toparse con enormes dificultades a la hora de encontrar financiación. Por fin, en Madrid, conoció a Emiliano Piedra, un productor joven que, desafiando la lógica empresarial, se apasionó con el proyecto casi tanto como él.

Campanadas a medianoche (1965) costó un millón de dólares. La cifra resultaba ridícula para una película que tenía hechuras de gran producción internacional. Pero era una cantidad que colocó a Piedra al borde la bancarrota, sobre todo porque duplicó con

150

creces el presupuesto inicial. El rodaje tuvo lugar, con algunas interrupciones, en escenarios de Madrid, Ávila y Calatañazor entre el otoño de 1964 y la primavera de 1965. Cuando habían transcurrido las doce semanas previstas, Welles no había llegado ni siquiera a la mitad de la filmación. Cuenta el periodista Diego Galán en un libro sobre Emiliano Piedra que cuando éste se presentaba en casa del director para exigirle cuentas, Orson Welles se fingía enfermo. Y lo hacía de forma tan convincente que, al final, Piedra terminaba siempre consolándolo. Entonces Welles, milagrosamente recuperado, le contaba cómo iba a rodar las siguientes escenas.

Gracias a la capacidad de seducción de uno y la admiración que le profesaba el otro, la filmación siguió adelante a trancas y barrancas. La batalla, que iba a montarse con maquetas, se rodó con mil extras y 400 caballos en la Casa de Campo de Madrid y dio como resultado una de las escenas más espectaculares de la filmografía del director. En otros apartados, en cambio, hubo que apretarse el cinturón. Buena parte del vestuario se recicló de *El Cid* y había decorados que provenían de *La Caída del imperio romano*. John Gielgud interpretó el papel de Enrique IV en sólo diez días. Luego, en las tomas en las que se le veía de espaldas, fue sustituido por un figurante español.

Emiliano Piedra se encontraba al borde de la asfixia económica. Pero entonces, *in extremis*, firmó un acuerdo de distribución internacional que le facilitó los fondos necesarios para terminar la película. *Campanadas a medianoche* se presentó en el festival de Cannes donde consiguió el premio especial del vigésimo aniversario. La crítica la considera la última gran película del director y uno de los títulos más destacados de su azarosa filmografía. Pero *Campanadas a medianoche* es también la película española de Orson Welles.

¿Cuál fue la primera película del Oeste que se rodó en Almería?

Fue la coproducción hispano-norteamericana *Tierra brutal* (1961) y se rodó allí porque los productores pensaron que el árido paisaje almeriense era muy similar al del desierto de Sonora, Arizona. Al terminar el rodaje, el ayuntamiento de la capital organizó con el equipo de la película un desfile por las calles de la ciudad y una corrida de toros.

La producción de cine español había descendido en los años 50. Como vía para reactivar la industria, el gobierno optó por impulsar las coproducciones con otros países. La política dio buenos resultados, al menos según las cifras. En 1965 se rodaron en España 160 largometrajes. La calidad artística era otro cantar. La mayor parte de aquellos títulos eran coproducciones de bajísimo presupuesto que repetían esquemas y géneros de éxito ya probado.

El país con el que más se produjo fue Italia y el primer género al que se metió mano, el *peplum,* más conocido por el público español de la época como «las de romanos». En régimen de coproducción se rodaron *Los últimos días de Pompeya* (1969) o *Las legiones de Cleopatra* (1960). Pronto, sin embargo, «las de romanos» fueron sustituidas por «las de vaqueros». El *spaghetti-western* fue el género estrella, sobre todo después del gran éxito que obtuvo el italiano Sergio Leone con *Por un puñado de dólares* (1964), rodada con capital español, italiano y alemán. Tan sólo entre 1965 y 1966 se filmaron en España 67 películas del Oeste. Fue una industria intensiva para la que hubo que improvisar toda una infraestructura. En Tabernas (Almería), Hoyo de Manzanares (Madrid) y Esplugues de Llobregat (Barcelona) se construyeron poblados del Oeste permanentes que encadenaban rodaje tras rodaje en sus decorados. Se reclutaron jóvenes que provenían del mundo de la lucha libre o de los ambientes taurinos para utilizarlos como especialistas, y poco a poco se fue creando una escuela de profesionales a menudo de forma bastante artesanal. «Los cristales del *saloon* eran de caramelo para que pudieran romperse sin dañar al que salía disparado por la ventana», explica Salvador Juan, coautor del libro *Más allá de Esplugas City*. «La pastelería Fíguls de Esplugues se encargaba de preparar hasta 500 cristaleras, que se quebraban continuamente en la repetición de escenas. Al acabar, los alumnos de la escuela Isidre Martí se comían los restos como si fueran piruletas.»

Eran películas rodadas en inglés con repartos llegados de distintos lugares de Europa en los que era habitual encontrar actores españoles como Fernando Sancho o José Bódalo. La demanda era mayor que la capacidad de producción, de ahí que en ocasiones se aprovecharan los mismos intérpretes y decorados para rodar dos o tres películas al mismo tiempo. Su rastro es a veces difícil de seguir, puesto que los títulos variaban de uno a otro país. Tras las cámaras había directores italianos o españoles que firmaban con seudónimo para disimular y para dar al producto un aire más internacional. Porque, claro está, quedaba mejor para la exportación que el director de un *western* se llamara Joseph de Lanzy en vez de José María Elorrieta; o Harry Freeman en lugar de José María Zabalza. Hubo realizadores especializados, como Joaquin Luis Romero Marchent. Otros, en cambio, encontraron en el *spaghetti-western* alimento en los momentos de crisis. Fue el caso de históricos como Ignacio F. Iquino y Antonio del Amo, o directores que empezaban, como José Luis Borau, que antes de que se le presentara la oportunidad de emprender una carrera personal, dirigió *Brandy* (1963).

En los años 70 el *spaghetti-western* entró en decadencia. La repetición de fórmulas y argumentos hizo que el público perdiera interés por un género que ya en sus orígenes era un sucedáneo. Durante el rodaje de *Le llamaban Calamidad* (1973) quemaron deliberadamente el poblado de Esplugues, que iba a ser abandonado. El de Tabernas quedó como atracción turística. En 2002 Alex de la Iglesia rodó allí *800 balas*, un homenaje al género y, sobre todo, a sus especialistas.

¿Qué otros géneros se rodaron en coproducción?

Para el rodaje de *Las Vegas 500 millones,* el productor y director Antonio Isasi-Isasmendi tenía que hacer llegar a Almería ocho coches de sheriff que le habían traído desde Estados Unidos hasta Madrid. Pero no contaba con las matrículas provisionales pertinentes para poder circular por las carreteras españolas. Como no podía esperar, cogió los coches, accionó las sirenas y organizó una aparatosa caravana policial rumbo al sur: «Hasta la Guardia Civil nos abría paso después de saludar militarmente aquel avance tan espectacular que por eso mismo nadie podía imaginar clandestino.»

Antonio Isasi-Isasmendi (1927) rodó en los años 60 películas policíacas y de acción de muy buena factura que se estrenaban en los circuitos internacionales, incluido Estados Unidos. Columbia distribuyó *Estambul 65* (1965) y la Warner hizo lo propio con *Las Vegas 500 millones* (1968). Como director, Isasi aplicaba un gran ritmo, fruto de sus tiempos como montador. Como productor, una audacia y un riesgo que frecuentemente le llevaron al borde del abismo financiero. Había empezado en el mundo del cine desde abajo pero llegó a relacionarse con soltura en la industria internacional. «Cuando era presentado como un director de cine español las miradas se volvían entre sorprendidas y curiosas, como un insólito ejemplar de fauna exótica», solía decir.

Las películas de Isasi eran coproducciones con Alemania, Francia o Italia y los protagonistas, estrellas internacionales como Karl Malden o Jack Palance. «He luchado mucho con pocos medios con actores importantes muy exigentes», dijo una vez. Para ello contaba con un carácter a prueba de bomba. En una de las muchas discusiones que mantuvo con el actor alemán Horst Buchold en el rodaje de *Estambul 65*, Isasi llegó a amenazarle con una de las armas de la película y, según contaba, «con la boca de cañón a media cuarta».

¿Por qué volvió Buñuel a España?

«No hace falta decir la emoción que experimenté al encontrar de nuevo los lugares de mi infancia y juventud. Al igual que a mi regreso a París, diez años antes, me echaba a llorar a veces al pasar por tal o cuál calle.» Así relataba Luis Buñuel en sus memorias la vuelta a Madrid en 1960. Convertido en ciudadano mejicano, pudo comprobar en aquella primera visita que estaba ya a salvo de la represión política. Verificó también algo que ya había atisbado en los festivales de cine a los que acudía: que una parte del cine español empezaba a cambiar, que había un grupo de directores jóvenes (Bardem, Saura…) contrarios al régimen, que hacían un cine nuevo. Todos le admiraban y todos le insistían en que había llegado el momento de volver a rodar en su país.

La oportunidad profesional se la dio por fin alguien a quien también conoció en aquel viaje a Madrid por mediación de Paco Rabal. Carlos Alatriste era un hombre de negocios mejicano que acababa de introducirse en la industria cinematográfica. Rabal le presentó a Buñuel en Madrid. Los dos simpatizaron desde el primer momento y decidieron rodar juntos la siguiente película. Cuando, ya de vuelta en Méjico, Buñuel le presentó el guión de *Viridiana,* Alatriste le dijo: «Vamos a rodarla en España». El director, que todavía no las tenía todas consigo, dijo que sí pero con ciertos reparos: «No acepté sino a condición de trabajar con la sociedad de producción de Bardem, conocido por su espíritu de oposición al régimen franquista.»

¿Cómo fue el escándalo *Viridiana*?

La idea de *Viridiana* (1961) partía de una vieja fantasía de Buñuel en la que, gracias a un narcótico, abusaba de la reina de España. Como en todas sus películas, en ella abundan los elementos transgresores: relaciones incestuosas entre el tío Fernado Rey y su sobrina Silvia Pinal, crítica a la caridad cristiana y escenas iconoclastas como aquella en la que un grupo de mendigos parodia *La última cena* de Leonardo da Vinci. La película se rodó sin problemas en un palacete de El Pardo, no muy lejos de la residencia oficial de Franco. El escándalo estalló cuando se presentó en el Festival de Cannes de 1961.

Viridiana llegó al festival a última hora, tan sólo tres días después de que se hubiera terminado de sonorizar. Se proyectó la última jornada del certamen y el jurado, que ya tenía decidido el palmarés, optó por alterar su veredicto para otorgarle la Palma de Oro, premio que nunca ha conseguido el cine español ni antes ni después. Buñuel no había viajado a Francia y el galardón lo recogió con evidente satisfacción el Director General de Cinematografía, José Muñoz Fontán. Al día siguiente, un artículo del diario *Pueblo* decía: «En Cannes han premiado un gol redondo de la furia española.» Un paralelismo deportivo bastante surrealista pero que reflejaba la euforia con la que se recibió en principio la noticia.

El cambio en la percepción llegó tan sólo un día más tarde. *L'Osservatore Romano,* el diario oficial del Vaticano, publicó un violento editorial en el que acusaba a la película de blasfema y en el que se lamentaban de que la hubiera presentado «la católica España». Y si Roma lo decía, claro está, a la censura española le tocaba actuar en consecuencia. Cuentan que Franco vio *Viridiana* dos veces y que no encontró en ella nada escandaloso. Pero, por si a acaso, se tomaron medidas: el Director de Cinematografía fue destituido y ordenaron destruir todas las copias. En París, sin embargo, había un negativo y *Viridiana* pudo estrenarse en todo el mundo como producción mejicana. Durante años en España estuvo prohibida su sola mención y no llegó a los cines hasta 1977. Su rodaje y su estreno supusieron un escándalo. También una aventura que, entre otras cosas, llevó a la ruina a Uninci, la productora que había nacido cuando se rodó *Bienvenido Mister Marshall* y que, durante una década, había aglutinado a los disidentes del cine español.

¿Por qué Buñuel rodó en Francia sus últimas películas?

Una noche del mes de marzo de 1973, el director americano George Cukor organizó en Los Angeles una cena en honor de Luis Buñuel a la que acudieron, entre otros, John Ford, Billy Wilder y Alfred Hitchcock. El director inglés compartía con Buñuel un acentuado gusto por el fetichismo. A lo largo de la cena no hizo más que bromear sobre la pierna ortopédica de Catherine Deneuve en *Tristana*. Los 60 y los 70 fueron los años de la consagración internacional de Luis Buñuel. Años de reconocimiento, de homenajes y premios, como el Oscar que consiguió en 1973 representando a Francia con *El discreto encanto de la burguesía* (1972).

El director seguía residiendo en Méjico, donde aún rodaría *Simón del desierto* (1964), pero, cada vez con más frecuencia, se trasladaba a Europa para trabajar. Volvió a España y filmó *Tristana* (1969) en Toledo, si bien antes tuvo que asegurar al ministro de Información y Turismo, Manuel Fraga Iribarne, que no se saldría ni una sílaba del guión que había presentado a la comisión censora. Casi todos los títulos de esta última etapa, sin embargo, los filmó en Francia y en francés. Buñuel era objeto de deseo de cualquier productor pero él fue fiel a un equipo técnico y artístico que se repetía en casi todos los títulos.

El primer contacto de Luis Buñuel con el productor Serge Silberman se produjo en Madrid en 1963: «Quería verme y alquiló un apartamento en la Torre de Madrid y se informó de mi dirección», contaba en sus memorias. «Resultó que yo ocupaba el apartamento situado justamente enfrente del suyo. Llamó a mi puerta, nos bebimos juntos una botella entera de whisky y ese día nació una entente cordial que no se ha roto jamás.»

El otro colaborador indispensable del último Buñuel fue el guionista Jean Claude Carrière. Para adaptar *Diario de una camarera* (1963), la novela que iba a convertirse en su primer filme francés, buscaba un escritor joven familiarizado con la vida de provincias y Silberman le concertó una comida con

Carrière. «Su primera pregunta, mirándome con ojos de director fue: "¿Usted bebe vino?"», recordaba el guionista en una entrevista. «Era como preguntar: "¿Pertenecemos al mismo mundo?". Y cuando le respondí que no sólo bebía vino sino que venía de una familia de viticultores, se le iluminó la cara y mucho tiempo después me dijo: "Por lo menos supe enseguida que al menos tendríamos algo de que hablar si no nos iba bien en el trabajo"».

Por primera vez Buñuel gozó en esos años de entera libertad. No sólo porque su posición y prestigio le permitían rodar sin las limitaciones económicas ni las imposiciones industriales con las que había tenido que lidiar hasta entonces. También porque, según decía, había llegado, al fin, a un momento de absoluta independencia creativa y moral: «Sólo a los sesenta o sesenta y cinco años comprendí y acepté la inocencia de la imaginación. Necesité todo ese tiempo para admitir que lo que sucedía en mi cabeza no concernía a nadie más que a mí, que en manera alguna se trataba de lo que se llamaba malos pensamientos, en manera alguna de un pecado, y que había que dejar ir a la imaginación, aun cruenta y degenerada, adonde buenamente quisiera.»

La imaginación libre de Buñuel quiso ir a visitar lugares ya conocidos y hacerlo con la más absoluta naturalidad. Las costumbres, contradicciones y aburrimientos burgueses en *Belle de jour* (1966) y *El discreto encanto de la burguesía* (1972); el anticlericalismo y la religión en *La vía láctea* (1968), un peculiar repaso a las diferentes herejías; el surrealismo más puro en *El fantasma de la libertad* (1974), una sucesión de imágenes sin argumento que remitían a sus primeras películas... A veces la imaginación del director se volvía hacia sí mismo. De todos los personajes que retrató, aquel en el que más se reconocía era el Don Lope que en *Tristana* interpretaba Fernando Rey.

Un señorito venido a menos que, detrás de su fachada de dignidad convencional, esconde una truculenta y enrevesada personalidad: «Sí, yo soy don Lope», confesaba al escritor Max Aub en una entrevista. «Ha venido a ser mi historia. Muy liberal, muy anticlerical al principio y, a la vejez, sentado ante una mesa camilla tomando chocolate y hablando con los curas.»

A partir de *El discreto encanto de la burguesía* Buñuel anunció varias veces que la próxima sería su última película. Se declaraba cansado pero su cansancio no le impedía innovar. En la que a la postre fue de verdad la última, *Ese oscuro objeto del deseo* (1977), dos actrices, Carole Bouquet y Ángela Molina, interpretaban un único personaje. Un recurso artístico que ha dado pie a infinidad de interpretaciones, pero que fue en realidad una ocurrencia que tuvo el director sobre la marcha después de despedir en pleno rodaje a la protagonista, María Schneider. «Inmediatamente después de haberlo dicho me pareció una tontería, pero a Silberman le pareció magnífico.»

Luis Buñuel murió en Méjico el 29 de julio de 1983. Al final de su libro de memorias, *Mi último suspiro*, confesaba que había tan sólo un detalle que le molestaba de la muerte: «No saber lo que va a pasar. Abandonar el mundo en pleno movimiento, como en medio de un folletín (...) Me gustaría poder levantarme de entre los muertos cada diez años, llegarme a un quiosco y comprar varios periódicos. No pediría nada más. Con mis periódicos bajo el brazo, rozando las paredes, regresaría al cementerio y leería los desastres del mundo antes de volverme a dormir, satisfecho, en el refugio tranquilizador de la tumba.»

Tiempos de apertura

¿Cómo surgió el Nuevo Cine Español?

En 1962, José María García Escudero volvió a la Dirección General de Cinematografía. Hombre del régimen, pero cinéfilo firmemente convencido de que el cine era arte y no sólo entretenimiento, García Escudero se dispuso a impulsar un tipo de cine intelectual y alejado de los parámetros comerciales. El contexto político era esta vez mucho más favorable que cuando lo había intentado en su primer mandato más de una década atrás. El sexto gobierno franquista ponía en marcha la política del «desarrollismo». Los turistas empezaban a llegar y convenía aparentar que también en la cultura soplaban nuevos tiempos. Bajo mandato de García Escudero se renovaron las normas de apoyo al cine. Se pusieron en marcha subvenciones para películas de «interés especial», categoría a la que podían aspirar aquellos proyectos que tuvieran pretensiones artísticas. Se establecían también ventajas para las producciones dirigidas por alumnos de la Escuela Oficial de Cinematografía (EOC), nombre que recibía el Instituto de Investigaciones y Experiencias Cinematográficas (IIEC) desde su reforma en 1962. Además, las películas seleccionadas en festivales internacionales recibían automáticamente una gratificación. Los productores vieron un filón en aquellas películas de arte y ensayo y los directores jóvenes, una gran oportunidad, lo que en el fondo suponía una amarga paradoja. Porque todos ellos eran militantes de la oposición, pero el régimen los «utilizaba» al fin y al cabo para maquillar su imagen en el exterior.

Para definir aquel movimiento se acuñó el término Nuevo Cine Español. Artísticamente, no había un estilo común, pero sí una serie de inquietudes compartidas: crítica social, y crítica soterrada al régimen, que soltaba o tensaba la cuerda en función de sus apetencias o necesidades. En 1963 se había aprobado un nuevo código de censura y sus artículos eran lo suficientemente genéricos como para que la comisión gozara de un amplio margen de maniobra.

Ir al cine a ver alguna de aquellas películas suponía un acto de compromiso político. El público mayoritario, sin embargo, vivía ajeno a aquella renovación. Las películas de «interés general» interesaban poco y obtuvieron pobres resultados de taquilla. Las previsiones tampoco se cumplieron en lo que a festivales se refiere y, salvo casos como los de Carlos Saura con *La caza* o Manuel Summers con *El juego de la oca* (1965), la presencia española en certámenes internacionales no creció. Finalmente, en noviembre de 1967, José María García Escudero fue destituido del cargo. Sin tener que modificar la legislación ni el código de censura, su sustituto, Carlos Robles Piquer, frenó las ayudas a aquel cine minoritario pero renovador.

¿Cómo eran los estudiantes de cine de aquellos años?

La Escuela de Cine fue en aquellos años un hervidero. Jóvenes cinéfilos llegados de toda España se presentaban cada año a las durísimas pruebas de acceso. Los privilegiados que eran admitidos entraban no sólo en un lugar de aprendizaje sino en un universo en el que se hablaba y se veían películas llegando siempre al límite de lo permitido. Un mundo en el que el cine no era un entretenimiento sino una forma de vida. La ley de García Escudero abrió además a aquellos recién llegados las puertas de una carrera profesional. En los títulos de crédito de las primeras películas de aquella generación se intercambian nombres y oficios. Uno era guionista del filme que el otro realizaba y éste era, a su vez, el productor de un tercero que, por supuesto, también escribía guiones. Entre 1962 y 1968 debutaron en España nada menos que 48 directores. Algunos no fueron más allá de la primera o segunda película. Otros, en cambio, serían en el futuro nombres fundamentales del cine español.

¿Qué directores fueron los más destacados del Nuevo Cine Español?

Cinéfilo y agitador, **Basilio Martín Patino (1930)** había sino uno de los promotores de las Conversaciones de Salamanca. Su primer largometraje, *Nueve cartas a Berta* (1965), tenía un fuerte componente generacional puesto que reflejaba las pesadumbres e inquietudes que ahogaban a buena parte de aquellos jóvenes. El estudiante que interpretaba Emilio Gutiérrez Caba se asfixiaba en una capital de provincias, oprimido por la tradición, la religión y los convencionalismos. La película se estructuraba en nueve capítulos, uno por cada una de las cartas que escribía a una chica a la que había conocido en Inglaterra y cuyos textos se escuchaban, leídos por él mismo, en voz en *off*: «Qué sentido tiene el acostumbrarse a vivir así, rutinariamente, sin alicientes, como en el rincón de un planeta parado, conforme a unas reglas tan ajenas y viejas que no nos ayudan a vivir mejor.» Con las imágenes de sus calles, sus catedrales, y el río Tormes, *Nueve cartas a Berta* era, al mismo tiempo, un fiel retrato de la Salamanca de los años 60.

En la trayectoria posterior de Martín Patino habría a partir de entonces dos constantes. Como tema, el recuerdo de la guerra; como género, el documental. Títulos como *Canciones para después de una guerra* (1971), *Queridísimos verdugos* (1977) o *Caudillo* (1977), con los que fue completando una carrera ajena a las modas y a los circuitos comerciales.

Mario Camus (1935) conoció a Patino en el colegio mayor en el que los dos se alojaban en Madrid. Jugador de baloncesto y gran aficionado a la literatura, Camus había llegado a la capital para estudiar Derecho. Pero Patino le contagió de cinefilia y a los 21 años ingresó en la Escuela. Colaboró con Carlos Saura en el guión de *Los golfos* (1959) y fue de los primeros en debutar con dos largometrajes en el mismo año: *Los farsantes* y *Young Sánchez*, ambas de 1963. De los directores del grupo, Camus fue el que forjó una de las carreras más sólidas. Pronto se hizo con un prestigio de director profesional y eficiente. No hizo ascos al cine comercial y rodó *Esa mujer* (1969) con Sara Montiel y tres largometrajes al servicio de la voz de Raphael. Ahora bien, su especialidad fueron las adaptaciones de obras literarias: Aldecoa, Delibes, Barea, Cela o Lorca. Llevando estos escritores a la pantalla, logró títulos fundamentales de la historia del cine español como *La Colmena* (1982) y *Los santos inocentes* (1984).

José Luis Borau (1929) era algo mayor que sus compañeros y hay quien lo ha calificado como el cerebro gris de aquella generación. Su trabajo como productor fue determinante. Más tarde, como profesor de guión de la propia escuela, su influencia se dejó notar en nuevas hornadas de cineastas entre los que figuraban Manuel Gutiérrez Aragón, Iván Zulueta y Pilar Miró.

Como director, sin embargo, tuvo muchísimas dificultades en sus comienzos. Mientras casi todos sus amigos debutaban, él veía, no sin cierta frustración, que se le resistía la primera oportunidad. Aceptó debutar con *Brandy* (1964), un *spaghetti western,* y no pudo abordar un cine realmente personal hasta casi una década después, con títulos como *Hay que matar a J.B.* (1973) y, sobre todo, *Furtivos* (1975).

Furtivos era una historia dura y cruel ambientada en la España rural, en un bosque que era, según Borau, una alegoría: «Ese bosque es simbólico de nuestro país y de nuestra manera de vivir.» La película ganó la Concha de Oro del Festival de San Sebastián y en 1978 el diario The New York Post la incluyó en la lista de los diez mejores filmes estrenados ese año en Estados Unidos. No tardó en convertirse en una película mítica. Y no sólo por su evidente calidad. La resistencia de Borau a aceptar los cortes de los censores la convirtió también en un símbolo de la libertad de expresión.

¿Ninguno de los nuevos directores rodaba comedia?

El recuerdo de la guerra y la crítica social y política dejaban poco espacio para la risa pero, en medio de aquel cine comprometido, el andaluz **Manuel Summers (1935–1993)** supo condimentar sus historias con buenas dosis de humor y ternura. *Del rosa al amarillo* (1963) suponía un prodigio de sensibilidad. En ella contaba dos entrañables historias de amor, una entre niños, la otra, entre ancianos. En *El juego de la oca* (1965) se atrevía a tratar el tema del adulterio y, utilizando tono de reportaje, narraba en *Juguetes rotos* (1967) qué había sido de viejos ídolos populares, como toreros o boxeadores, que habían terminado sus días en el más completo olvido.

Summers fue al principio la gran estrella del Nuevo Cine Español. Sus películas cosechaban buenas críticas, eran seleccionadas en festivales y obtenían además buenos resultados de taquilla. El sueño de García Escudero hecho realidad. Un sueño que, sin embargo, duró poco. Para decepción de muchos aficionados, no tardó en abandonar cualquier pretensión artística para dedicarse a un cine poco exigente y muy comercial. La cámara indiscreta en *To er mundo é güeno* (1982) o la promoción de su hijo David y su grupo musical Hombres G en *Sufre mamón* (1987).

Lo mismo que Summers, **Franciso Regueiro (1934)** empezó como dibujante de viñetas satíricas. Pero en su cine cultivó el esperpento más que el humor. *El buen amor* (1963) era un dibujo de la juventud española a partir de una pareja que visitaba Toledo. Su carrera posterior fue difícil, con problemas con la censura y filmes que no llegaban a estrenarse. Tras la muerte de Franco encontró una pareja creativa en el guionista Angel Fernández Santos y logró junto a él sus obras más destcadas: *Padre nuestro* (1985) y *Diario de invierno* (1988).

¿Qué influencia tuvo la televisión en esos directores?

Más que influencia, la televisión, que acababa de nacer en España, fue un medio en el que muchos de esos profesionales pudieron desarrollar su carrera.

Camus dirigía episodios de *Curro Jiménez* y uno de los trabajos más recordados de Borau es *Celia* (1992), serie basada en las novelas infantiles de Elena Fortún. Otros directores se especializaron en la pequeña pantalla, sin renunciar a hacer de vez en cuando alguna película. **Antonio Mercero (1936)** ganó un premio Emmy con *La Cabina* (1971) y en pantalla grande se decantó por un cine familiar, sobre todo después del gran éxito de su adaptación de la novela de Miguel Delibes *La guerra de papá* (1977).

Miguel Picazo (1927) fue otro de los alumnos más activos de aquella generación. Su primer largometraje fue *La tía tula* (1964), una estupenda adaptación de la obra de Unamuno. Después de un inicio tan prometedor, sorprende que su filmografía cuente tan sólo con cuatro largometrajes. Pero es que Picazo entró pronto a trabajar en Televisión Española, donde realizó más de 70 programas dramáticos. Una labor a la sombra que, sin embargo, le valió en 1997 un Goya de Honor.

¿Quién fue el director más influido por Buñuel?

Las películas de Buñuel estaban prohibidas en España, pero, a pesar de eso, tuvieron influencia sobre algunos directores del nuevo cine, en especial sobre Carlos Saura: «Me gustaba mucho el cine de Bardem y Berlanga, pero no era lo que yo quería hacer, y entonces descubrí que el cine que quería hacer era el de Buñuel. Ese mundo de la memoria, del juego, de las dobles personalidades. Cuando iba, de muy joven, a la Cinemateca Francesa en París a ver películas de Buñuel, la gente me mandaba callar porque me reía a destiempo.» En 1960 Saura conoció a Buñuel en el Festival de Cannes y la admiración se convirtió en amistad.

De todos aquellos directores que debutaron en la década de 1960 **Carlos Saura (1932)** fue el único que alcanzó una gran repercusión internacional, gracias a un cine que mezclaba realidad y ficción, repleto de metáforas, a menudo críptico y difícil de entender, pero que admitía lecturas de todo tipo, más aún en una España en la que no había que ser muy retorcido para interpretar, por ejemplo, una jornada de caza como una alegoría del franquismo.

Precisamente *La Caza* (1965) sirvió para dar el definitivo empujón a la carrera de Saura. Antes había dirigido *Los golfos* (1959) y *Llanto por un bandido* (1963), pero sin demasiada repercusión. Por *La Caza*, en cambio, recibió el Oso de Plata al mejor director en el Festival de Berlín de 1966. La película supuso además el comienzo de su colaboración con Elías Querejeta, un jovencísimo productor donostiarra, el único que había confiado en el proyecto.

A lo largo de casi quince años, producido por Querejeta, Carlos Saura se dedicó a rodar aquel cine oblicuo. Títulos como *Pepermint Frappé* (1967), *Ana y los lobos* (1972) o *La prima Angélica (1973)*. «Mis películas casi nunca narran las cosas directamente», explicaba el director. «Y no siempre por la censura, sino porque es el recurso narrativo que puedo utilizar porque es más enriquecedor e incluso más interesante.» La familia, la Guerra Civil, el ejército o la infancia. Los temas se repetían. También la protagonista, Geraldine Chaplin, que era su musa y compañera sentimental, y cuyo acento envolvía aquellas imágenes en un cierto tono exótico y a veces onírico. Una voz sofisticada que Saura combinaba con actores tan castizos como Jose Luis López Vázquez o Rafaela Aparicio.

Cría cuervos (1975) ganó en 1976 el premio especial del jurado en el festival de Cannes, en una edición muy competida en la que la Palma de Oro fue para *Taxi driver*. Las películas de Saura crecían en prestigio internacional. Mientras, dentro de España, muchos las consideraban, o bien demasiado subversivas, o bien demasiado incomprensibles: «Si no fuera por Cannes, Berlín o Venecia, yo no habría podido hacer cine.»

¿Qué género inventó Carlos Saura?

En laos años 80 Saura abandonó el cine simbólico y cambió radicalmente de estilo. En *Deprisa deprisa* (1980) volvía a un cine cercano al documental para rodar la vida de un grupo de delincuentes juveniles madrileños que se interpretaban a sí mismos. Una cinta sincera y sentida que le valió el Oso de Oro a la mejor película en el Festival de Berlín de 1981. Después, en un nuevo cambio de registro, creó de la nada un género nuevo: el musical flamenco. Gran aficionado a la música y en especial al flamenco, Saura se asoció artísticamente con Antonio Gades, el hombre que estaba revolucionando el baile, y, juntos, pusieron en marcha *Bodas de sangre* (1980), *Carmen* (1983) y *El amor brujo* (1986), que son todavía las películas suyas que más se recuerdan en muchos lugares del mundo. Años más tarde el director volvería al flamenco con *Sevillanas* (1992), *Flamenco* (1995) *Salomé* (2002) e *Iberia* (2005). Liberado de los dictados del argumento, Saura encontraba en el género la más absoluta libertad: «El musical me permite algo que no me permite el cine de ficción: una capacidad de experimentación con la luz, la escenografía, con los movimientos de cámara, algo que es difícil de hacer en el cine de ficción habitual, con un argumento.»

Carlos Saura ha dirigido cerca de cuarenta largometrajes. Exceptuando sus años con Querejeta, es difícil establecer etapas en su carrera. Lo que hay son tendencias: temas y estilos a los que vuelve una y otra vez. La Guerra Civil, como en *Ay Carmela* (1990) o las raíces de la violencia, que trataba en *El séptimo día* (2004), su película sobre los crímenes de Puerto Hurraco. Con *Pajarico* (1997) regresaba a la infancia y, sin olvidar nunca la realidad —*Taxi* (1996) o *Dispara* (1993)— se centra, de cuando en cuando, en algún personaje histórico para rodar lo que, no sin cierto reparo, él mismo ha calificado en alguna ocasión como «ensayos biográficos»: San Juan de la Cruz en *La noche oscura* (1989); Lope de Aguirre en *El Dorado* (1988) o Francisco de Goya en *Goya en Burdeos* (1999).

A lo largo de más de cuatro décadas de carrera, Saura ha tenido éxitos y fracasos, críticas buenas y malas, pero nunca ha dejado de considerarse un privilegiado «Aquí estoy y sigo haciendo cine, lo cual ya es un milagro» suele decir. «Y además haciendo el cine que quiero. No sé si habrá muchos casos como el mío. Creo que soy el único.»

¿Había rivalidad entre los directores de Barcelona y Madrid?

En 1967, poco antes de que García Escudero abandonara la Dirección General de Cinematografía, Joaquín Jordà publicaba en la revista *Nuestro Cine* un manifiesto que sentaba las bases teóricas de un movimiento al que bautizaron como Escuela de Barcelona. El cuarto de los nueve puntos dictaba que las películas debían tener «carácter experimental y vanguardista». En el sexto apartado se pedía además que se trataran «personajes y situaciones ajenos a los del cine de Madrid».

La Escuela de Barcelona reunió a finales de los 60 a un grupo de jóvenes que provenían de campos y tradiciones variadas: pintura, arquitectura, fotografía o cine, pero unidos todos ellos por el deseo de rodar películas alejadas de la narrativa supuestamente convencional que seguían utilizando los directores del Nuevo Cine. En sus filmes primaba la imagen y la experimentación, los diálogos retorcidos y un tipo de humor cercano al surrealismo. Si en Madrid se bebía de la tradición neorrealista italiana, en Barcelona se dejaban influir por directores de la Nueva Ola francesa, como Jean Luc Godard, por ingleses, como Richard Lester, y por el lenguaje de la publicidad. Y en este sentido no era casualidad que sus protagonistas fueran modelos como Teresa Gimpera o Serena Vergano, que no tardaron en convertirse en musas de la modernidad catalana.

En 1967 el director Carlos Durán no tuvo inconveniente en afirmar que «en el cine de Madrid aparecen como personajes mujeres feas, que dan sensación de oler mal y que, después de la más mínima escena amorosa, quedan siempre embarazadas y viven grandes tragedias». Sus declaraciones levantaron la protesta de directores como Antxon Ezeiza y Francisco Regueiro ante lo cual se vio obligado después a matizar: «No existe antagonismo entre la Escuela de Barcelona y los cineastas de Madrid. Ellos intentan un cine de acuerdo con la realidad que les rodea. Aquí queremos quizás organizar esa realidad transformándola en lo que nos gustaría que fuese».

El filme más representativo de aquel movimiento fue *Dante no es únicamente severo* (1967), de Joaquín Jordà y Jacinto Esteva, que transcurría en un mundo artificial de modelos y de intelectuales. La película se proyectó en el festival de Pesaro. En la presentación los directores dijeron en francés: «Hoy no es posible hablar libremente de la realidad en España, así que tratamos de escribir su imaginario.» El eco de aquellas palabras llegó a España y Jordà fue multado con doscientas mil pesetas, pero no por el contenido de su declaración sino porque pensaban que, en vez de en francés, había hablado en catalán.

Nombres importantes de la Escuela de Barcelona fueron también el arquitecto Ricardo Bofill, Pere Portabella, Vicente Aranda, que rodó *Fata Morgana* (1966), o Gonzalo Suárez, que debutó en el largometraje con *Ditirambo* (1967). Las ideas eran muchas pero el tiempo que tuvieron para desarrollarlas fue escueto. Los catastróficos resultados de taquilla, unidos a los cambios en la Administración, acabaron con la Escuela de Barcelona al mismo tiempo que con el Nuevo Cine Español. Jacinto Esteva abandonó el cine. Pere Portabella consiguió seguir rodando trabajos experimentales y compaginarlos con una intensa actividad política, y Joaquín Jordá fue trazando, paso a paso, una carrera sin concesiones que le llevaría a convertirse con el tiempo en un documentalista de culto gracias a títulos como *Monos como Becky* (1999) o *Veinte años no es nada* (2005). Vicente Aranda —para quien Jordà siguió escribiendo guiones— se integró con éxito en la industria, y Gonzalo Suárez construyó una de las filmografías más singulares del cine español.

¿Qué director no se cansó nunca de experimentar?

En 2006, **Gonzalo Suárez (1934)** empuñó una cámara de vídeo y viajó a Asturias para recorrer los mismos paisajes en los que había rodado 37 años antes *Aoom*, uno de sus primeros largometrajes. El resultado se tituló *El genio tranquilo*, una cinta en la que mezclaba sueños, realidades y sensaciones. En su día *Aoom* no logró llegar a los cines. En esta segunda ocasión, Suárez ni siquiera lo intentó. Optó por comercializar *El genio tranquilo* en DVD como parte de un «cine-libro» que incluía también el viejo filme. Suárez tenía 72 años pero su inquietud por innovar permanecía intacta: «Quiero conseguir con el cine la misma relación que se establece entre el libro y el lector.»

Gonzalo Suárez ha sido de los poquísimos directores que han formado parte de la industria sin renunciar a la experimentación. En este camino ha labrado una filmografía en la que ha alternado éxitos como *Remando al viento* (1987), fracasos como *La reina anónima* (1992), parones de a veces cuatro o cinco años y mucha incomprensión de una parte de la crítica que acusa a sus películas de poco comprensibles y demasiado literarias, en alusión sobre todo a unos diálogos muy elaborados.

Boxeador, empleado de gasolinera, novelista… Antes de empuñar por primera vez una cámara en Barcelona, Suárez tenía ya detrás de sí una vida variopinta. Había estudiado en Madrid, había vivido en París y en Italia, y escribía crónicas deportivas bajo el seudónimo de Martín Girard. Su madre era compañera sentimental del entrenador de fútbol Helenio Herrera, de ahí que fuera también ojeador de nuevos talentos para el Inter de Milán.

Después de haber hecho varios cortos se propuso, a finales de los 60, rodar, «como réplica a la mediocridad del cine español», lo que él bautizó como «diez películas de hierro». Un ambicioso proyecto que vio paralizado cuando *Aoom*, su tercer largometraje, cosechó un sonoro abucheo en el festival de San Sebastián de 1969.

Suárez no abandonó del todo sus inquietudes artísticas pero en lo sucesivo se vio obligado a alternar sus trabajos personales —*Parranda* (1976), *Reina Zanahoria* (1977)— con un tipo de cine más comercial rodado siempre con profesionalidad: *Morbo* (1972) o *La*

Regenta (1974). Los 80 fueron menos productivos, pero al final de esos años logró por fin que una de las películas en las que se sentía implicado artísticamente tuviera éxito comercial. Rodada en inglés y con actores que en el futuro serían estrellas de Hollywood (Elizabeth Harley y Hugh Grant), *Remando al viento* (1987) se centraba en la creación del personaje del monstruo de Frankenstein por parte de la escritora Mary Shelley. La película sentó las bases de lo que sería el estilo Suárez a partir de entonces: argumentos que provenían de la tradición literaria, como Don Juan en *Don Juan en los infiernos* (1991) o Jekyll y Hyde en *Mi nombre es sombra* (1996); diálogos poco naturalistas, y una fotografía muy mimada, casi pictórica. La realidad y la ficción se mezclaban sin que hubiera una frontera entre las dos y por eso en *Remando al viento* Mary Shelley se veía acosada por el monstruo que había salido de su propia imaginación.

Mientras tanto Gonzalo Suárez seguía escribiendo relatos y novelas, porque la de escritor fue su primera vocación. Y a pesar de ser un director de barba blanca, no renunciaba a rodar las «películas de hierro» que aún le quedan por hacer: «Si me hiciera rico escribiendo libros —dijo una vez— lo gastaría todo en películas para arruinarme».

¿Cuál fue el género autóctono español?

Cuando en 1994 Luis García Berlanga ganó el Goya al mejor director por *Todos a la cárcel,* su agradecimiento se convirtió en una auténtica reivindicación: «A mí me gustaría dedicar este premio a una serie de amigos y compañeros: Pedro Lazaga, Mariano Ozores, José María Forqué… que durante los años 50 rompieron de una vez con aquel cine sombrío e histórico que representaba el cine del franquismo.

Fueron ellos los primeros en crear un género autócto-
no español, la comedia popular, que ha sido muy mal-
tratado por los críticos. Sin embargo, es nuestro mejor
género y el único género genuino español.»

El Nuevo Cine Español trataba de romper barre-
ras y rodar arte. Mientras tanto, las encargadas de llevar público a los cines eran las películas de entretenimiento. Si en la década de 1950 eran las folclóricas las
que arrasaban, los 60 fueron los años de las comedias.
Comedias populares cercanas al espectador y a sus
inquietudes, que mostraban una España desenfadada
y satisfecha de sus logros y que, aunque quedaran ya
lejos las películas de exaltación patriótica, servían de
paso para transmitir de forma amable los valores del
régimen. Porque qué mejor propaganda para la política de apoyo a la natalidad, por ejemplo, que los
quince hijos de *La gran familia* (1962).

Los actores se repetían e iban repitiendo tipos. No
había mejor oficinista que José Luis López Vázquez,
ni un caradura más castizo que Tony Leblanc. Las
chachas hablaban siempre con la voz chillona de
Gracita Morales y las andanzas de todos ellos se convertían en la crónica de la España del desarrollismo.
Un país que encaraba la modernidad con una mezcla de fascinación y miedo. Había que recibir a los
turistas que traían las divisas, por supuesto, pero que
nadie olvidara la tradición. Por si acaso, ahí estaba
Paco Martínez Soria, que en éxitos como *La ciudad
no es para mí* (1965) defendía los valores de la boina
contra los peligros de la minifalda. Un «pepito grillo»
en versión paleta.

¿Quién rodaba aquellas comedias?

Los espectadores iban a ver una de Martínez
Soria o de Tony Leblanc, pero detrás de aquellas

175

películas había un grupo de profesionales eficientes que, dentro de un sistema de producción industrial, rodaron algunos títulos a los que el tiempo ha salvado de la quema reservándoles su pequeño hueco en la historia.

Como muchos de sus contemporáneos **Jose María Forqué (1923-1995)** intentó en sus inicios rodar un cine personal. *Amanecer en Puerta Oscura* (1957), sobre un conflicto minero en la España del XIX, le valió un premio en el Festival de Berlín. Sin embargo, a pesar de su prestigio como director, tuvo que ir amoldándose a una realidad que ofrecía pocas oportunidades. «Somos relatores de cuentos», dijo una vez sobre su profesión. «Nuestra misión es contar fábulas, como en los zocos árabes, y contarlas de manera muy clara para que todo el mundo nos entienda.» Con esta intención rodó medio centenar de películas con las que se ganó fama de artesano de calidad. Alternó géneros, pero las más recordadas son comedias como *Las que tienen que servir* (1967) y, sobre todo, *Atraco a las tres* (1962), la inolvidable historia de un grupo de empleados de banca que planean atracar su propia sucursal. Una película que valdría por sí sola para dignificar todo el género.

El guión de *Atraco a las tres* lo escribió **Pedro Masó (1927)** y cuenta que lo hizo en la terraza de su casa a lo largo de nueve noches en las que sobrevivió gracias a litros y litros de café. Fuera como productor, guionista o director, Pedro Masó estuvo detrás de muchas de aquellas comedias y, más tarde, de algunas exitosas series de televisión como *Anillos de oro* (1983) y *Brigada central* (1989). «Soy un trabajador del cine, un hombre que ha escrito 146 guiones, que ha dirigido 14 películas y que ha producido 82.» Una carrera rica en números pero que muchos asocian sobre todo con una escena, la que protagonizaba el hijo pequeño de *La gran familia*: «Mucha gente me sigue diciendo: "yo lloré cuando Chencho se perdía en la Plaza Mayor"».

Pedro Lazaga (1918-1979) fue el plusmarquista de la especialidad. Era capaz de rodar cinco o seis películas al año. Gracias a toda una serie de títulos producidos por Masó, fue el artífice de que Paco Martínez Soria se convirtiera en el paleto oficial del cine español. Lazaga había empezado en los años 50 rodando cine social pero, a finales de la década, más de un millón y medio de espectadores fueron a ver *Los tramposos* (1959). Y aquel éxito supuso el comienzo de una nueva etapa, tanto para él como para el cine comercial español. Ambos se decantaron por la comedia. Una comedia popular a la que tradicionalmente críticos e historiadores han tratado con cierto desdén pero que, pasado el tiempo, voces como la de Berlanga han logrado reivindicar.

¿Quién es el único español que ha nacido en el Museo del Prado?

Su padre era conserje en el Museo del Prado y su madre rompió aguas un buen día que le fue a visitar. Un parto repentino que hizo que viera la luz, según algunas versiones en la Sala de Tapices de Goya, según otras, bajo los lienzos de Velázquez.

Tony Leblanc (1922) fue el gran *showman* español en una época en la que la expresión todavía no se había incorporado al castellano. «Soy el más polifacético a gran distancia de los demás. Toco el piano, la trompeta, soy empresario, escribo el guión, la música, la coreografía…» Las habilidades de Leblanc eran de lo más variopintas. En su juventud fue campeón de Castilla de boxeo en la categoría de peso *welter*, jugó como portero en un equipo de fútbol de tercera división, ha compuesto docenas de canciones, entre ellas la popular *Cántame un pasodoble español*, que ha sido grabada incluso por la Orquesta Filarmónica de Londres, y en 1942 se proclamó campeón de España de claqué, título que ostenta todavía porque desde entonces el campeonato no se ha vuelto a convocar.

Polifacético e hiperactivo, la comicidad de Leblanc reinó sobre los escenarios, en los platós de televisión y en las pantallas de cine. Los personajes de sus películas quedaron muy pronto impregnados de su propia personalidad. Eran pícaros bastante «chuletas» y caraduras, pero que resultaban entrañables al espectador. «Yo inventé el galán cómico, y convencí de que podía enamorar a una chica siendo un golfo.» Títulos como *El día de los enamorados* (1959), *Los tramposos* (1959), *Los pedigüeños* (1961) o *Historias de la televisión* (1965). En sólo un año Leblanc podía rodar hasta siete largometrajes en los que coincidía una y otra vez con actores como Manolo Gómez Mur, Concha Velasco… Un grupo que se fue consolidando como el reparto habitual de la comedia popular.

La televisión contribuyó definitivamente a que Leblanc se colara en casa de todos los españoles. Fue uno de los pioneros del medio con personajes como el niño Cristobalito Gazmoño o el boxeador sonado Kid Tarao, cuya frase «Estoy hecho un mulo» no tardó en convertirse en coletilla nacional.

El 6 de mayo de 1983, un conductor ebrio embistió el coche que conducía el actor. Los años posteriores los pasó entre operaciones y tratamientos de rehabilitación, apenas sin poder andar. Todo el mundo daba por hecho que *Tres suecas para tres Rodríguez* (1977) figuraría definitivamente como el último título de su larguísima filmografía pero, cuando llevaba ya dieciséis años retirado, un joven melenudo llamó a su puerta. «Me apetecía más trabajar con Tony Leblanc que con Robert de Niro», dice Santiago Segura. Tuvo que insistir pero al final el actor aceptó convertirse en el padre del detective casposo de *Torrente, el brazo tonto de la ley* (1998). Sentado en una silla de ruedas y dejándose maltratar por el protagonista, el papel le valió un Goya al mejor actor de reparto. Después se incorporó a *Cuéntame,* la popular serie de televisión. El público de hacía veinte años no lo había olvidado y el nuevo lo había vuelto a descubrir gracias a Santiago Segura, otra de las voces que ha tratado de reivindicar la comedia española y a sus protagonistas: «Tony Leblanc tiene la galanura de Cary Grant unida a una comicidad muy castiza.»

¿Cuál de aquellos actores consiguió alternar comedias y cine de autor?

En 1967, Carlos Saura ofreció a **José Luis López Vázquez (1922)** el papel protagonista de *Peppermint Frappé.* «Era mi primer papel dramático y yo le dije: "¿Estás seguro de que voy a ser capaz?"» Y sí. Saura estaba seguro. A partir de ahí, el actor bajito cuyo único registro parecía el humor se convirtió en uno de los pocos que saltaba con naturalidad de la comedia al drama, del cine de consumo a las películas de autor. Capaz, por ejemplo, de rodar el mismo año, 1970, *El jardín de las delicias* de Saura y *El astronauta* de Pedro Lazaga: «He trabajado mucho más duro en las películas informales que en las películas trascendentes. En las intrascendentes tenía que estar recreándome constantemente para que mi personaje tuviese peso.» Su filmografía reúne cerca de 250 títulos y abarca casi todas las corrientes del cine español. A veces terminaba un rodaje un viernes y empezaba otro el lunes, un ritmo frenético que explica que hubiera años en los que filmó hasta nueve largometrajes.

José Luis López Vázquez empezó actuando en compañías de teatro aficionado mientras se ganaba la vida como ambientador y diseñador de vestuario. Su primera oportunidad en el cine se la dieron de casualidad Berlanga y Bardem en *Esa pareja feliz* (1951). El actor que iba a hacer el papelito de dependiente de una tienda no se presentó y llamaron de urgencia a José Luis. Más adelante Berlanga quiso volver a contar con él en *¡Bienvenido Mister Marshall!* (1952) pero, al parecer, en la productora no tenían su número de teléfono y no lo localizaron. Eso sí, en el futuro (*Plácido, El Verdugo, La escopeta nacional...*) se convertiría en un imprescindible de los repartos del director valenciano.

Al repasar los papeles de López Vázquez da la impresión de que, en vez de un actor, son en realidad dos. Por un lado, el padrino bullicioso y gesticulante de *La gran familia* (1962). Por otro, el hombre introvertido de *La prima Angélica* (1974), que transmite su sufrimiento y su pasado sólo con la mirada. En *Mi querida señorita* (1971) abordó uno de sus personajes más complicados: una solterona que descubre que en realidad es un hombre. Diez días antes de empezar a rodar, López Vázquez llamó al director, Jaime de Armiñán, para decirle que no haría la película. Para sacarle de dudas y convencerle de que podía resultar creíble caracterizado de mujer, Armiñán le pidió que se vistiera como el personaje y que saliera con él a tomar un café. El camarero no reconoció a aquella señora y, ya convencido de sus posibilidades, López Vázquez compuso uno de los papeles más hondos de su carrera.

En 1972 López Vázquez fue a llamar por teléfono. *La Cabina*, que Antonio Mercero rodó para Televisión Española, era la historia de un personaje que quedaba encerrado en una cabina telefónica. Nadie explicaba el porqué. Las razones eran lo de menos, lo importante era la sensación de opresión, la angustia. Una ansiedad creciente que el actor expresaba sin una palabra, sólo con gestos, y que daba pie a todo tipo de interpretaciones. *La Cabina* ganó premios en todo el mundo, entre ellos el prestigioso Emmy, y López Vázquez se dio a conocer internacionalmente. El director americano George Cukor le ofreció un papelito como amante francés en *Viajes con mi tía* (1972), que rodó en España. Al terminar le dijo: «José Luis, es usted un actor estupendo. Tengo que pedirle perdón por el pequeño papel que le he ofrecido. Tiene usted que venir a visitarme para que hablemos de otras colaboraciones.» López Vázquez fue en efecto a visitarlo a Beverly Hills y Cukor se ofreció a introducirlo en el mundillo de Hollywood. Pero a esas alturas no estaba López Vázquez para meterse en berenjenales. No hablaba bien inglés y en España no le faltaba trabajo. Y nunca le faltó. A lo largo del tiempo fue superando los cambios y las sucesivas crisis del cine español. En su filmografía no hay años en blanco ni periodos de paro. López Vázquez sabía además que en Hollywood no habría sido el mismo. Que fuera en drama o fuera en comedia, su éxito radicaba en que el espectador medio se identificaba con él: «No sabría interpretar sin mi carisma de español, no me sentiría cómodo ni confortable.»

¿Quién es el único actor en el mundo que ha dado nombre a un género?

Los argumentos y costumbres de la comedia popular española fueron cambiando a la misma velocidad de vértigo a la que se transformaba la sociedad española. Cuando los paletos de Paco Martínez Soria empezaban a adaptarse a la ciudad, surgió otro elemento perturbador cuyas posibilidades cómicas no iban a tardar en explotarse: el turismo. A finales de los 60 y principios de los años 70, **Alfredo Landa (1933)** se dedicó con afán incontenible a perseguir suecas en calzoncillos en *No desearás a la vecina del quinto* (1970), *París bien vale una moza* (1971) o *Manolo la nuit* (1973). Y logró lo que ningún otro actor ha conseguido nunca: definir con su nombre un género (o quizás subgénero): «el landismo». Los críticos e historiadores han reservado a esos títulos sus calificativos más despectivos. Pero, dejando a un lado su calidad cinematográfica, hay que reconocer a ese cine un valor sociológico y testimonial. Porque Landa, al fin y al cabo, no hacía otra cosa que encarnar las fantasías del español de clase media. Un español que se desperezaba del oscurantismo de los 50, que dedicaba los domingos por la tarde a sacarle brillo al seiscientos y al que, eso sí, aún le daba corte hablar con las turistas del biquini. Pero para eso estaba el bueno de Alfredo: para convertir sus sueños en realidad.

Con la muerte de Franco murió la censura y murió «el landismo». A las suecas se les podía caer el biquini y, en vez de en calzoncillos, a los españoles les estaba permitido perseguirlas con el culo al aire. Alfredo Landa se negó a participar en el cine de destape y su hueco lo ocuparon otros actores como Andrés Pajares o Fernando Esteso en subproductos de todavía peor calidad. La carrera de Landa, hasta entonces frenética, sufrió un parón de dos años.

En 1981 José Luis Garci, en contra de la opinión de los productores, se empeñó en convertirlo en detective de cine negro. En *El Crack* (1981) el actor compuso un personaje contenido, sobrio, que basaba su fuerza en la mirada. Unos años más tarde, en

1984, aprobó la reválida internacional cuando recibió en Cannes, *ex aequo* con Paco Rabal, el premio al mejor actor por *Los santos inocentes*. Cuando en 2007 anunció su retirada, hacía ya mucho tiempo que ya nadie albergaba dudas: puede que él le diera nombre, pero Alfredo Landa era mucho más que tan sólo «landismo».

¿Quién era el mejor regateador del cine español?

Después del escándalo que había provocado la proyección de *El Verdugo* en Venecia, las autoridades habían prohibido que las películas españolas volvieran a aquel festival. **Elías Querejeta (1935)**, sin embargo, no se resignaba a que no se proyectase allí *Stress es tres, tres* (1967) de Carlos Saura, que había sido seleccionada para competir en la edición de 1968. Ni corto ni perezoso, se plantó en Cullera, donde descansaba unos días el director general de Cultura Popular y Espectáculos, Carlos Robles Piquer. Como no tenía cita, le esperó en el portal de su casa. Le abordó allí y fueron a comer a un chiringuito. Al cabo de tres horas le había convencido de que lo mejor para el cine español era volver a Venecia.

Astuto, maquiavélico o discutidor insaciable. A lo largo de su carrera Elías Querejeta se ha ganado muchísimos calificativos. Algunos buenos, otros malos. Pero lo que ni siquiera sus mayores enemigos podrían negar es la evidencia de que entre sus producciones figuran algunas de las mejores películas del cine español. Producciones mimadas y cuidadas. Una a una. Películas en las que, además, él ha sido parte creativa fundamental. Casi siempre, cuando se habla de cine de autor, suele pensarse en los directores, pero lo preciso en el caso de Elías Querejeta sería hablar de productor-autor: «Dada mi manera de trabajar, sí intervengo en el proceso de desarrollo del proyecto, en el rodaje de la película, en el montaje... Y de una manera muy directa y a veces muy profunda.»

Las dos pasiones de Elías Querejeta eran el cine y el fútbol. Con 16 años fundó ya varios cineclubes en San Sebastián y recorría Guipúzcoa organizando proyecciones en los pueblos. En cuanto al fútbol, tampoco le fue mal. Jugó durante varias temporadas como media punta de la Real Sociedad y marcó en el campo de Atocha un gol al Real Madrid. Junto a su amigo Antxon Ezeiza produjo un par de cortos documentales y para recaudar fondos convenció a todos los futbolistas del equipo de que contribuyeran con una pequeña inversión. A los 24 años colgó las botas y llegó a Madrid. Quería escribir guiones, pero después de recibir varias negativas, decidió que quería ser él quien tuviera capacidad de decisión. Su primera película importante fue *La Caza* (1965). A partir de entonces, sobre todo con Saura, pero también con otros directores como Víctor Erice, Querejeta inició una andadura con películas que admitían dobles interpretaciones. Conservó de su etapa como futbolista una habilidad especial para driblar a los censores y salir del regate con el balón controlado. En 1967 el gobierno le retiró el pasaporte, y en el festival de Cannes un grupo de cineastas amenazó con organizar una manifestación de protesta en pleno centro, en la famosa Croisette. Querejeta era el productor del cine crítico, intelectual y de izquierdas. No era miembro del Partido Comunista, pero, como guiño de subversión, su empresa se llamaba Elías Querejeta Producciones Cinematográficas o, lo que es lo mismo aplicando siglas: Elías Querejeta P.C.

¿Qué otros directores descubrió Querejeta?

Franco murió pero Querejeta conservó un talento natural para descubrir talento. En la década de 1970 fueron los Saura o los Chávarri. En los 80 dio la oportunidad a Montxo Armendáriz, a quien produjo películas como *Tasio* (1984), *27 horas* (1986) y *Las cartas de Alou* (1990). Su descubrimiento de los años 90 se llamaba Fernando León de Aranoa, con quien obtuvo éxitos como *Familia* (1996), *Barrio* (1998) y *Los lunes al sol* (2002).

Querejeta nunca concibió la producción cinematográfica como un negocio («El dinero es sólo una herramienta de trabajo») sino como un compromiso. Después de que ETA asesinara al diputado Fernando Buesa y a su escolta Jorge Díez, escribió y produjo *Asesinato en febrero* (2001), un estremecedor documental sobre las secuelas del terrorismo.

Cuando iba a entrenar desde Hernani a San Sebastián, Elías Querejeta solía coincidir en el tranvía con Eduardo Chillida, que empezaba a despuntar como escultor. Chillida, que había sido portero de la Real hasta que sufrió una lesión, le recomendaba que dejara el fútbol, que le iba quitar tiempo para el cine. Al final Querejeta le hizo caso. El cine español ganó un montón de películas. Y ¿qué perdió el fútbol? Decía Querejeta que, tal vez, le habría gustado ser entrenador.

¿Por qué Víctor Erice ha rodado tan pocas películas?

Se ha ganado la consideración de maestro, pero ha rodado tan sólo tres largometrajes. ¿Por qué tan pocos? Quizás por el gran respeto que siente por el séptimo arte: «Uno ha amado demasiado el cine como para contentarse con sucedáneos», ha dicho en alguna ocasión.

Víctor Erice (1940) optó desde un principio por un acercamiento puramente artístico al cine, alejado de los dictados de la industria. Sus roces y enfrentamientos con los productores han sido frecuentes y en torno a su figura se ha ido tejiendo, a lo largo de los años, cierta leyenda de director difícil, meticuloso y perfeccionista. Una leyenda que él sin embargo rechaza: «La han fabricado algunas gentes del cine de este país, y le han dado crédito los que por comodidad prefieren hablar de oídas», dijo una vez en *El País.* «No pretendo ponerme como ejemplo de nada pero lo cierto es que rodé *El espíritu de la colmena* en cuatro semanas y dos días; *El Sur,* en nueve; y *El sol del membrillo,* en ocho.»

Tenga quien tenga la razón, lo cierto es que nadie puede negar que con estos tres títulos el director ha creado una obra propia, con un estilo pausado y con una serie de temas y preocupaciones sobre los que vuelve una y otra vez: la infancia, el cine como descubrimiento, el paso del tiempo... Unas películas con guiones muy abiertos que, más que narrar historias, transmiten emoción y sensaciones y que algunos críticos han calificado como poemas cinematográficos.

Víctor Erice se enamoró del cine cuando era sólo un niño: «El cine me ayudó a esquivar una sociedad de vencedores, a ignorar sus grotescos valores.» Estudió Derecho y Ciencias Políticas y se matriculó después en la Escuela de Cine. Debutó profesionalmente con uno de los episodios de *Los desafíos* (1969), película colectiva que produjo Querejeta. La experiencia le dejó insatisfecho pero fue determinante para su futuro: «Si algo aprendí entonces fue a comprender aquello que no debía hacer. Pensé que si seguía en el cine sería para intentar hacer algo que fuera digno de la capacidad y la inteligencia de este invento.»

¿Cómo logró *El espíritu de la colmena* esquivar a los censores?

Fernando Fernán Gómez, que interpreta al padre apicultor, ha confesado que, mientras la rodaba, no entendía el argumento. Y no era el único. Ángel Fernández Santos, coguionista del filme, solía contar que, en general, nadie comprendía nada de aquel libreto. Un fenómeno que, según Querejeta, sirvió para que los censores no tocaran ni una coma: «Lo que yo creo que finalmente les decidió a dejar la película tal cual está es el convencimiento de que no la iba a ver nadie.»

En *El espíritu de la colmena* (1973) Erice revivía su fascinación infantil por el cine a través de los ojos de la niña Ana Torrent, que asistía a una proyección de *El doctor Frankenstein* en un pueblo de Castilla. Pura poesía alejada de la narrativa convencional. Querejeta ha contado que, después de su estreno en el festival de San Sebastián, muchos acudieron a darle el pésame. El jurado, sin embargo, supo apreciar su hondura y, al final de aquella edición, se convirtió inopinadamente en la primera película española que ganaba la Concha de Oro. Algunos sectores de la crítica y el público fueron añadiendo después lecturas políticas que contribuyeron a acrecentar su valoración. Una alegoría del aislamiento de aquellos que habían perdido la guerra.

El siguiente largometraje de Erice tardó diez años en llegar pero quienes se apresuraron a ver *El Sur* (1983) comprobaron que la espera había merecido la pena. Con el mismo tono poético, volvía a tratar el mundo de la infancia a través de las relaciones entre un padre y su hija. La película debía durar cerca de tres horas pero Elías Querejeta decidió interrumpir el rodaje cuando aún faltaba por filmar la segunda mitad. Por eso Erice siempre ha considerado *El Sur* como una obra inacabada. Desencantado con el cine, volvió a refugiarse en la publicidad otra década más. Hasta que en 1992 sorprendió con el más personal de sus proyectos: *El sol del membrillo*.

El pintor Antonio López pintando un membrillero de su jardín. El argumento ocupa una línea pero Erice supo extraer de una idea tan sencilla una sugestiva reflexión sobre el fluir del tiempo y la creación artística. Quizás estimulado por los premios que *El sol del membrillo* logró en Cannes y en el Festival de Chicago, aceptó poco tiempo después la propuesta de Andrés Vicente Gómez de adaptar la novela de Juan Marsé *El embrujo de Shangai*. Trabajó tres años en el guión, pero sus crecientes diferencias con el productor hicieron que el rodaje se cancelara pocas semanas antes de la fecha prevista para su inicio. Fernando Trueba se hizo cargo del proyecto pero Erice se «vengó» publicando un libro en el que recogía su guión.

En 2002 dirigió el cortometraje *Alumbramiento*, uno de los episodios de la película *Ten minutes older* en la que participaron catorce grandes cineastas de todo el mundo. En 2006 firmó un mediometraje titulado *La morte rouge*, en el que narra su primera experiencia iniciática con el cine. El director sigue en activo: «Me siento un cineasta incluso cuando no ruedo», dijo una vez. Pero, visto lo visto, la pregunta sigue en el aire ¿Veremos en el futuro un nuevo largometraje de Víctor Erice? Quién sabe. Su fidelidad consigo mismo nos ha regalado tres obras maestras, pero tal vez nos haya robado al tiempo un puñado de grandes películas.

¿Quién inventó «La tercera vía»?

A mediados de la década de 1960, el guionista y productor **José Luis Dibildos (1929-2002)** visitó en París al director francés Christian Jacque, con quien colaboraba en la coproducción *El tulipán negro*: «Me presentó a su criada española, la *«bonne»*, como las llamaban allí. Al charlar con ella entré en contacto por primera vez con la realidad de aquellas chicas que trabajaban en París como empleadas del hogar. Desde entonces sentí curiosidad por el asunto y me pareció que tenía muchas posibilidades».

Españolas en París (1970) fue un gran éxito y dio pie a un nuevo estilo que no tardaría en etiquetarse como «tercera vía». Películas que combinaban la cercanía de la comedia popular con conflictos más profundos que parecían propios de los realizadores del Nuevo Cine. «Confiábamos en hacer un producto exportable, que escapara de los límites del intelectualismo, sólo accesible a una minoría», decía José Luis Dibildos. «Considerábamos que el público es mayor de edad, sin olvidar la vocación del cine como espectáculo popular. Se trataba de patentar una fórmula que aunara la calidad con el rigor y el tono popular con la perspectiva crítica.»

La fórmula de la tercera vía no tardó en dar sus frutos. Títulos como *Vida conyugal sana* (1973) o *Los nuevos españoles* (1974). Dibildos ponía el sello de marca como productor, Roberto Bodegas dirigía las películas y en los guiones colaboraban escritores jóvenes como José Luis Garci, capaces de captar los gustos e inquietudes de un nuevo tipo de espectador. Un público de clase media, con un nivel de vida que le acercaba a Europa y que ya no se veía reconocido en la comedia popular. Los argumentos se atrevían con temas como el sexo, pero equilibrándolos a menudo con toques moralizantes. La receta se completaba con una nueva nómina de actores con los que esa generación de espectadores se pudiera identificar: Ana Belén, Antonio Ferrandis y, sobre todo, **José Sacristán (1937)**.

«Pepe Sacristán era un actor secundario antes de protagonizar mis películas», recordaba José Luis Dibildos. «Lo elegí porque me parecía que daba el tipo de españolito medio de los años 70. No era galán, sino que reflejaba más bien un aspecto inseguro y vulnerable, muy apropiado para la situación que vivimos todos durante los últimos años de franquismo.»

En *Vida conyugal sana*, Sacristán encarnó a Vázquez, un pobre hombre de negocios obsesionado por la publicidad. A partir de entonces el actor se convirtió en el reflejo de las inseguridades y debilidades de un español urbano, algo progre pero burgués. Papel que prolongó después de la muerte de Franco, cuando, gracias a las películas de Garci, se convirtió en el rostro cinematográfico de la Transición.

¿Tenía algo que ver Sacristán con sus personajes?

Hijo de republicanos, José Sacristán siempre se ha definido como hombre de izquierdas pero, como muchos actores de su generación, tuvo que ganarse la vida gracias a las españoladas del régimen. Debutó en el cine con *La familia y uno más* (1965) y fue durante años compañero habitual de actores tan representativos como Paco Martínez Soria y Alfredo Landa. Por fin los personajes de la «tercera vía» y los que rodó más tarde a las órdenes de Garci le acercaron más a sus inquietudes reales. «Si yo he hecho mi carrera cinematográfica con la gente de derechas es porque los de izquierdas no me llamaban», dice

Sacristán. «Ya me hubiera gustado hacer *Nueve cartas a Berta* y otras.»

Las películas de la Transición sirvieron también para rescatar al actor del registro cómico al que parecían abocarle sin remedio su nariz prominente y su poca pinta de galán. En *Un hombre llamado Flor de Otoño* (1978), de Pedro Olea, interpretaba a un abogado que desplegaba por las noches una doble vida como travestido. Y gracias a papeles tan complicados como éste, el cómico fue demostrando que era también un buen actor. Alternó siempre el trabajo ante las cámaras con el teatro. En las décadas de los 80 y los 90 el ritmo trepidante de rodajes empezó a hacerse más calmado, pero Sacristán logró en estos años interpretaciones tan maduras y sentidas como la del actor que recorría pueblos y caminos polvorientos en *El viaje a ninguna parte* (1986), o la del «rojo» desencantado de *Un lugar en el mundo* (1992), a las órdenes del argentino Adolfo Aristaráin.

¿Qué otros directores «circulaban» por la tercera vía?

La nueva corriente duró apenas cuatro años pero tuvo un ritmo de producción frenético. Dibildos incorporó a **Antonio Drove (1942–2005)**, que dirigió *Tocata y fuga de Lolita* (1974), comedia al estilo hollywoodiense, y *Mi mujer es muy decente dentro de lo que cabe* (1974). Fuera de la factoría Dibildos, Pedro Masó dirigía *Experiencia prematrimonial* (1972) y Manuel Summers se atrevía con los cambios de una adolescente en *Ya soy mujer* (1975).

Por aquellos mismos años se rodaba otra película que, por su temática escabrosa, podía parecer emparentada con todos aquellos títulos, pero que no tardó en revelarse como una cinta con entidad propia. En

Mi querida señorita (1971) **Jaime de Armiñán (1927)** se centraba en una solterona de provincias que descubre que es en realidad un hombre. Puede que el morbo de ver al popularísimo José Luis López Vázquez caracterizado como mujer ayudara a que la película fuera la más taquillera del año. Pero el espectador no tardaba en encontrarse frente a una historia seria y sentida sobre la inadaptación y la soledad. Armiñán y José Luis Borau, que fue el guionista y el productor, escribieron seis versiones de la historia antes de que la censura diera su aprobación. En los márgenes de lo admisible consiguieron una cinta que, en mitad de todo aquel cine oportunista, se elevaba muy por encima de lo coyuntural, tal y como demostró el hecho de que Hollywood la nominara al Oscar. Una rareza incatalogable, como incatalogable fue la carrera de su director.

Escritor y articulista además de director, Jaime de Armiñán procedía del teatro y fue en los años 60 uno de los pioneros de la televisión. Después de *Mi querida señorita* dirigió películas como *El amor del capitán Brando* (1974) o *Stico* (1984). Sus mayores éxitos los consiguió, sin embargo, de nuevo en la pequeña pantalla gracias a dos series, *Juncal* (1988) y *Una gloria nacional* (1993), protagonizadas ambas por un inolvidable Paco Rabal.

¿A qué directores españoles admira Quentin Tarantino?

A principios de 1998, la revista americana *Fangoria* ofreció un homenaje a Paul Naschy en Nueva York y cientos de aficionados americanos al cine fantástico se acercaron a él a pedirle autógrafos. Entre los asistentes se encontraba George A. Romero, director de *La noche de los muertos vivientes*. Algo similar le había ocurrido un par de años antes en la misma ciudad a Jesús Franco. Había recibido un premio especial a toda su carrera y el encargado de entregarlo había sido nada menos que Roger Corman, el legendario rey de la serie B americana.

Los 90 fueron para estos dos directores años de reconocimientos y tributos. Su obra se había conservado y extendido en colecciones de vídeo y DVD y, casi sin que ellos mismos lo hubieran advertido, se habían convertido en cineastas de culto. Algo que quedó oficializado cuando todo un gurú del género como Quentin Tarantino manifestó su admiración por ellos en varias entrevistas.

Jacinto Molina, alias **Paul Naschy (1934)**, se hizo popular gracias a sus caracterizaciones como hombre lobo. Había sido campeón de halterofilia, estudiante de arquitectura y, ya en el mundillo del cine, desde figurante ocasional hasta ayudante de decoración. Obsesionado con el hombre lobo desde que era un niño, escribió a mediados de los 60 un guión que interesó a unos productores alemanes. El mítico Lon Chaney hijo había sido la primera opción para el papel protagonista, pero rechazó la oferta. Desesperados porque no encontraban un actor adecuado para ponerse las garras, decidieron hacer unas pruebas de maquillaje al propio Molina. Lo recubrieron de pelo y, de aquellos ensayos, Jacinto Molina salió convertido en actor y, además, rebautizado: «Los productores alemanes me llamaron por teléfono y me dieron media hora para elegir un nombre. Encima de la mesa había un periódico que hablaba de Pablo VI y pensé en Paul. El Naschy fue germanizar el nombre de un húngaro campeón del mundo de halterofilia que era amigo mío».

A partir de *La marca del hombre lobo* (1968) Paul Naschy se dedicó a reinventar los personajes de la mitología fantástica: licántropos, dráculas o destripadores, en títulos como *La noche de Walpurgis* (1971) y *El jorobado de la Morgue* (1973). Los presupuestos se recaudaban en régimen de coproducción internacional y eran tan ajustados que obligaban al espectador a un ejercicio generoso de complicidad. Los paisajes bastante reconocibles de la sierra madrileña, por ejemplo, se hacían pasar por el Este de Europa o —por qué no— el valle de Arán se transformaba en Transilvania. A veces Naschy era sólo protagonista. En ocasiones dirigía también la película y casi siempre escribía el guión. Unas historias en las que uno de los ingredientes imprescindibles era un ligero condimento de sexo.

¿Cuántos seudónimos utilizó Jesús Franco?

Antes de que Naschy hubiera dado su primer aullido, **Jesús Franco (1930)** llevaba ya varios años dando tumbos por el mundo cámara al hombro: Italia, Estados Unidos, Alemania, Francia... Firmaba sus trabajos como David Khunne, John O'Hara, Clifford Brown o Pablo Villa. A lo largo de su carrera y de sus 180 películas echó mano de más de sesenta nombres diferentes. Seudónimos que utilizaba con objeto de no saturar el mercado con su firma y también para no despertar sonrisas burlonas: «Que yo me llamara Jesús Franco producía risas porque yo era una mezcla de Jesús y el Caudillo.»

Franco terminaba un rodaje un sábado y empezaba otro un lunes. Se ganó fama de director efectivo, siempre ajustado a calendario y presupuesto, algo que lograba con técnicas tales como aprovechar planos de un rodaje para la película que iba a filmar después. En su cine hay monstruos y también películas clasificadas X. Un compendio que hizo que el crítico Jose Luis Guarner calificara su obra como de «caspa y ensayo». Todoterreno incansable, fue actor en *El extraño viaje* (1964) de Fernando Fernán Gómez y ayudante de dirección de Orson Welles en *Campanadas a medianoche* (1965). Y paso a paso, película a película, fue completando una biografía inclasificable que él mismo resumió en su divertido libro *Memorias del tío Jess.*

¿Qué director provocaba insomnio y daba calabazas al público?

Su nombre se asocia siempre a la historia de la televisión gracias a programas como *Un, dos, tres responda otra vez,* pero **Narciso Ibáñez Serrador (1935)** ha sido también el director de dos de los títulos más interesantes de la escueta historia del cine fantástico español. Cuando a finales de los 60 abordó su primer largometraje, Ibáñez Serrador tenía ya experiencia en el género gracias a su popular serie televisiva *Historias para no dormir. La Residencia* (1969) se rodó en régimen de coproducción y en inglés, pero en este caso con medios más que suficientes. La película está ambientaba en un internado para señoritas difíciles. Un caserón cuyas paredes encierran, además de terror, erotismo soterrado, sadismo y atracción lésbica en la relaciones entre las internas. Elementos que, al no ser evidentes sino sugeridos, lograron esquivar las tijeras de los censores pero que contribuyeron sin duda a que *La Residencia* fuera la película más taquillera del año.

A pesar del éxito, Ibáñez Serrador se tomó con calma su vuelta al cine. El carácter inquietante y transgresor de *Quién puede matar a un niño* (1976) surgía de la naturaleza del monstruo o, mejor dicho, de los monstruos: un grupo de niños que asesinaban a todos los habitantes de una pequeña isla del Mediterráneo. Una película en la que algunos críticos han visto influencias de *Los pájaros* de Alfred Hitchcock, algo que siempre ha sonrojado a Ibáñez Serrador: «¡Qué más hubiera querido yo que ser un tercer ayudante del maestro!»

Treinta años después volvía con un telefilme, *La Culpa* (2006), que formaba parte de la serie «Películas para no dormir» y que se concibió como un homenaje de aquel mítico programa con el que «Chicho» introdujo el género fantástico en la televisión española.

El cine en democracia

¿Cuándo terminó oficialmente la censura?

Una vez iniciada la transición política también comenzó en nuestro país una transición cinematográfica. Poco a poco comenzaron a llegar a las pantallas películas que habían estado prohibidas durante años como *El acorazado Potemkin* de Sergei M. Eisenstein, *Viridiana* de Luis Buñuel o *El Último tango en París* de Bernardo Bertolucci, y otras que, por primera vez, mostraban una visión diferente de la reciente historia española, entre ellas *Las largas vacaciones del 36* (1976) de Jaime Camino o *La ciudad quemada* (1976) de Antoni Ribas.

También empezaron a desmontarse paulatinamente las férreas estructuras que condicionaban la producción, el rodaje y el estreno de los distintos filmes. Así, en noviembre de 1977, se suprimía por decreto la Junta de Calificación y Apreciación de Películas, es decir, el órgano que se encargaba de la censura. Un año antes, en septiembre de 1976, se estrenó *Canciones para después de una guerra* de Basilio Martín Patino que, para algunos historiadores cinematográficos, simboliza el fin de la censura en el cine español. A partir de entonces, aunque las hubo, las prohibiciones para que una película se estrenase fueron cada vez menores, entre otras razones porque impedir un estreno o colocarle trabas ponía en entredicho la apertura política y las nuevas formas democráticas que el Gobierno prometía.

¿Por qué se prohibió
Canciones para después de una guerra?

Canciones para después de una guerra es un bellísimo e imprescindible documental sobre la posguerra española. El espectador, mientras escucha melodías tan populares como el *Cara al sol, La morena de mi copla* o *Tatuaje,* ve una sucesión de imágenes, fotos y recortes de periódicos de aquellos años. La habilidad de Basilio Martín Patino consistió en casar acertadamente música e imágenes para que la película tuviera un contenido crítico. Así, por ejemplo, mientras suena *Mi vaca lechera*, observamos el hambre y el racionamiento de alimentos que sufría la población en la década de los 40. Cuando se oye *Mi casita de papel* se suceden los anuncios de prensa que prometen una vida mejor y fragmentos de documentales que reflejan la pobreza y la sordidez que existía entonces a diario. La película, después de pasar el obligado trámite de la censura y habiendo sufrido algunos cortes y modificaciones, estaba terminada y lista para estrenarse en 1971. Fue clasificada como apta para todos los públicos, se le concedió la calificación de «Interés especial» y se pensó incluso que podía participar en el Festival de San Sebastián. Pero poco después se desató el escándalo. Un artículo publicado en el diario *El Alcázar* la criticaba duramente. Otros comentarios que aparecieron en *Ya* o *Arriba*, en cambio, la defendían.

La película se proyectó en privado para algunos altos cargos del Gobierno y finalmente fue prohibida. Cuando en octubre de 1971 la cinta fue invitada a representar a España en la International Film Exposition de Hollywood, la Dirección General de Cinematografía contestó que esa película «no existía ni había existido nunca». Parece que fue el entonces Presidente del Gobierno, el almirante Luis Carrero Blanco, quien ordenó personalmente su prohibición. Curiosamente, cuando se estrenó en 1976, algunas publicaciones de izquierdas dijeron que *Canciones para después de una guerra* era conformista, burguesa y hasta reaccionaria.

¿Cómo se vivieron a las puertas de los cines las tensiones políticas de la Transición?

En aquellos años el estreno de una película era la excusa perfecta para que, a las puertas de los cines, grupos de extrema derecha escenificaran sus protestas contra los cambios políticos que se iban sucediendo en nuestro país. Ya antes de morir Franco, cuando Carlos Saura estrenó en 1973 *La prima Angélica*, hubo graves incidentes en los locales donde se exhibía ya que en el filme se satirizaba en algunas escenas a la Falange. También se promovieron concentraciones violentas durante el estreno de la ya mencionada *Canciones para después de una guerra* y, en varias ocasiones, se tuvo que desalojar, por amenazas de bomba, la sala donde se proyectaba *Camada negra* (1977), un filme de Manuel Gutiérrez Aragón que contaba las actividades de grupos *ultras*. Algo parecido ocurrió cuando en 1978 llegó a las pantallas *Siete días de enero* de Juan Antonio Bardem. La película recreaba el asesinato de cinco abogados laboralistas en sus oficinas de la calle Atocha de Madrid, cometido por una banda de pistoleros fascistas en enero de 1977, durante una de las semanas más convulsas de toda la transición política. Pues bien, cuando la película se estrenó, circularon veladas amenazas sobre el peligro que corría el público si entraba a verla.

En otras ocasiones los atentados y las manifestaciones de protesta ante los cines tenían motivos religiosos. Un artefacto estalló a las puertas de la sala donde se proyectaba *La portentosa vida del Padre Vicente* (1977), una visión irónica que Carles Mirá rodó sobre la vida de San Vicente Ferrer, patrón de Valencia. En junio de 1985, se manifestaron en Barcelona unas tres mil personas contra el estreno en España de *Yo te saludo, María* de Jean Luc Godard, mientras que en Madrid, en la entrada de los cines Alphaville donde se iba a exhibir el filme, se concentraron un gran número de personas que pretendían impedir su proyección. La policía tardó tres horas en disolver la manifestación. La película pudo finalmente verse pero durante los dos meses que estuvo en cartel, frente a las taquillas, todas las tardes, se juntaban varias personas que rezaban el rosario como desagravio.

¿Cuál fue el primer desnudo integral que se vio en el cine español?

Lo protagonizó la actriz María José Cantudo en *La trastienda*, una película de Jorge Grau estrenada en 1975. Un año después, en 1976, una actriz italiana cortaba la respiración y elevaba los ánimos de los espectadores masculinos dándose una sensual ducha que se prolongaba en pantalla durante varios minutos. Era Maria Rosa Omaggio y la película, *La lozana andaluza*. Y es que, aunque en los últimos años del franquismo se habían podido ver algunas películas con un pequeño contenido erótico, una vez muerto el dictador, se produjo, nunca mejor dicho, un auténtico «despelote» en el cine español.

Los desnudos fueron admitidos, tal y como apuntaban las normas de calificación cinematográfica, «si así lo requería la unidad total del filme», lo que dio pie a que, cuando se preguntaba a una actriz si tenía o no que quitarse la ropa en su siguiente largometraje, ésta contestara invariablemente: «me desnudaré si así lo exige el guión». Nació así un peculiar subgénero cinematográfico, típicamente español, al que se conoció con el nombre de «cine de destape». Victoria Vera, Agata Lys, Nadiuska, Bárbara Rey o la ya mencionada María José Cantudo, fueron las estrellas de este cine que copó las carteleras de las ciudades españolas con títulos, todos ellos perfectamente olvidables, como *Polvo eres* (1974), *Eróticos juegos de la burguesía* (1977), *Piernas Cruzadas* (1982) o *Inseminación artificial* (1983). En todas ellas los desnudos se sucedían casi sin venir a cuento. Mariano Ozores, uno de los directores más prolíficos del cine español y autor de muchas de estas películas, recuerda que muchas veces entregaba los guiones a los productores y éstos le decían: «Esto está muy bien pero tienes que poner un par de tías en pelotas.» En una ocasión incluso, cuando terminó de montar *Los liantes* (1981) y ya estaba lista para el estreno, le pidieron que rodara algunas escenas adicionales, eso sí, con sus correspondientes desnudos para completar el filme.

¿De dónde era Nadiuska?

Hija de padre ruso y madre polaca, **Nadiuska (1952)** nació en Alemania. A España llegó en 1971 con un impronunciable nombre en su pasaporte: Roswicha Bertasha Smid Honczar. Era un bellezón de ojos verdes y rasgados y una boca tremendamente sensual. Comenzó trabajando como modelo pero muy poco tiempo después, en el año 1972, rodó su primera película, *Timanfaya*, a las órdenes de José Antonio de la Loma. Desde entonces no paró. Lo de

menos era que debido a su fuerte acento ruso-pola-
co-germano la tuvieran que doblar siempre. Lo importante era que saliera y, si era sin ropa, mejor que
mejor. Hubo años en que llegó a intervenir en siete
u ocho películas, convirtiéndose en todo un mito
erótico para los españoles, una de las mujeres más
deseadas de los 70.

En 1973 tuvo problemas legales para quedarse en
España pero, gracias a un matrimonio arreglado,
obtuvo la nacionalidad española y pudo seguir trabajando. Nadiuska llegó a intervenir brevemente en
un superproducción americana, *Conan, el bárbaro*
(1982); participó también en una famosa serie de
televisión, *Tristeza de amor*, y, poco a poco, fue cayendo en el más absoluto de los olvidos. En 1999 se
publicó que vivía en la miseria, buscando comida en
los cubos de basura y que, incluso, había tenido que
ser ingresada en un hospital psiquiátrico.

Las otras actrices del destape tuvieron mejor suerte. María José Cantudo se dedicó a la revista musical,
mientras que Ágata Lys ha seguido trabajado en el
cine haciendo pequeños papeles. La vimos, por ejemplo, en *Los Santos inocentes* (1984) de Mario Camus; a
las órdenes de Carlos Saura en *Taxi* (1996) o de Fernando León de Aranoa en *Familia* (1996). Allí coincidió, por cierto, con otra de las reinas del «cine del
destape»: la ex Miss Universo Amparo Muñoz.

¿Quién fue la actriz más solicitada durante la época de la Transición?

Si hay una actriz a la que durante esos años se
«rifaban» los directores esta fue, sin duda, **Ángela
Molina (1955)**. De 1975 a 1985 intervino en una
veintena de películas a las órdenes de realizadores tan
prestigiosos como Manuel Gutiérrez Aragón, Luis

Buñuel o Jaime Chávarri, entre otros. Y es que Ángela Molina, como se solía decir en aquel tiempo, tenía la mejor mirada del cine español.

Hija del cantante Antonio Molina, creció entre bambalinas y, quizá por eso, siempre tuvo claro que quería ser artista. De niña, cuando su padre terminaba una actuación, ella le acercaba una toalla para que se secara el sudor. A veces incluso salía al escenario para recibir junto a él la ovación del público. Estudió baile español y danza clásica y seguramente se hubiera convertido en una excelente bailarina si el cine no se hubiera cruzado en su camino. Cuando tenía 18 años le ofrecieron un contrato para hacer *Romeo y Julieta* en el Teatro Real pero, a la vez, le propusieron participar en una película titulada *No matarás* (1975). Ángela tuvo que elegir y apostó por las pantallas.

Su verdadera puesta de largo la consiguió de la mano de Luis Buñuel, que la convirtió en 1977 en Conchita, «el oscuro objeto del deseo» de Fernando Rey. En esa película Ángela compartía personaje con la actriz francesa Carole Bouquet, pero la fusión de esos dos físicos y personalidades tan distintas resultó perfecta. La francesa aportaba frialdad y distanciamiento; la española, seducción y pasión.

Ese oscuro objeto del deseo le abrió las puertas del cine internacional y, a partir de entonces, trabajó tanto en España como en el extranjero, sobre todo en Italia y en Francia. En 1986 ganó el David de Donatello a la mejor actriz, el equivalente a nuestro Goya, por *Un complicato intrigo di donne, vicoli e deletti* convirtiéndose en la primera actriz extranjera que lo conseguía. En España, en cambio, no ha tenido la misma suerte: ha sido candidata cuatro veces pero nunca ha ganado el busto del pintor aragonés.

A lo largo de su carrera, Ángela Molina ha cumplido una norma a rajatabla: «Si no veo un papel que me interese, prefiero quedarme en casa con mis hijos». Y no es un farol. A Pedro Almodóvar, por ejemplo, le dijo varias veces «no», hasta que aceptó hacer *Carne Trémula* (1997). De toda su filmografía, su película preferida es *Las Cosas del Querer* (1989) de Jaime Chávarri. Allí interpretaba a una cantante de coplas en la posguerra española. Una historia que le recordaba a su padre y que le dio la oportunidad de cantar y de bailar, sus otras dos grandes pasiones. Con casi un centenar de películas a sus espaldas Ángela Molina sigue en la brecha. Y, además, su apellido Molina no se ha quedado sólo en ella. Sus hermanas Paula y Mónica, su hermano Micky y su hija Olivia también son actores. Y por si no bastara, su hijo Mateo ha estudiado cine. Ángela puede estar tranquila: el viejo tronco artístico que plantó el patriarca Antonio Molina sigue dando frutos.

¿Con qué director formó Ángela Molina durante años un prolífico tándem cinematográfico?

Ángela Molina no ha sido nunca una actriz dócil. En una ocasión, se cuenta, abofeteó a un director; en otra tiró de una patada una cámara en pleno rodaje y, a punto de comenzar a rodar *Las Edades de Lulú* (1990) a las órdenes de Bigas Luna, renunció al papel porque no estaba de acuerdo con las escenas de sexo que había en la versión final del guión y que, según ella, eran demasiado explícitas. Pero ha habido un director con el que, sin embargo, se ha llevado especialmente bien durante toda su carrera y éste no ha sido otro que **Manuel Gutiérrez Aragón (1942)** con el que ha rodado algunas de sus mejores películas: *Camada negra* (1977), *El Corazón del bosque* (1979), *Demonios en el jardín* (1982) y *La mitad del cielo* (1986). «Con él —explica la actriz— me complemento a la perfección porque respeta mi libertad y mi forma de trabajar.» El director, por su parte, afirma que «cuando rodábamos, Ángela y yo apenas cruzábamos palabra. Tengo con ella una relación silenciosa, una unión misteriosa..., aunque perfectamente confesable».

Gutiérrez Aragón, cántabro de nacimiento, se hizo director en Madrid mientras compaginaba sus estudios de Filosofía con los de Realización Cinematográfica en la antigua Escuela Oficial de Cine. De niño estuvo enfermo durante varios años, postrado en cama, y siempre cuenta que su afán por narrar historias se lo debe en parte a dos niñeras que le llenaron la cabeza de relatos. Los de una, que había servido en Madrid y Barcelona, eran más urbanos, mientras que los de la otra transcurrían entre bosques y páramos. También le contaban con todo lujo de detalles las películas que habían visto en el cine las tardes de los domingos. *Habla mudita* (1973), su primer largometraje, trataba de la incomprensión y de la incomunicación y muchos quisieron ver en ella una críptica y velada referencia al franquismo aún en el poder. Luego escribió los guiones de títulos tan emblemáticos como *Furtivos* (1975) de José Luís Borau o *Las largas vacaciones del 36* (1976) de Jaime Camino y, convertido ya en un director imprescindible durante la Transición, llegaron, además de los ya mencionados, títulos como *Sonámbulos* (1978), *Maravillas* (1980) o *La noche más hermosa* (1984), películas que eran el testimonio de una época pero también todo un derroche de fantasía, de poesía visual y de recuerdos de su propia infancia como ocurre, sobre todo, en *Demonios en el jardín*. «Es algo que he procurado que esté presente en toda mi filmografía porque tanto lo verdadero como lo mágico son las dos caras de la misma realidad», explica. Según los críticos, muchas de las películas de Gutiérrez Aragón tienen la estructura de un relato infantil, una especie de andamiaje que el director utiliza como soporte para crear una narración mucho más compleja y es ahí donde reside su originalidad. En 1989 recibió el encargo de convertir en serie de televisión la primera parte de *Don Quijote de La Mancha*, un ambicioso proyecto que tardó dos años en terminar y que protagonizaron Fernando Rey, dando vida al famoso caballero andante, y Alfredo Landa como su fiel escudero Sancho Panza. Más de una década después, en 2002, volvería a retomar las aventuras del «ingenioso hidalgo» rodando la segunda entrega, esta vez con Juan Luis Galiardo como Alonso Quijano y Carlos Iglesias como Sancho. No fue ninguna casualidad que fuera él quien llevara al cine las correrías de Don Quijote porque, como escribió el crítico Carlos F. Heredero, Gutiérrez Aragón es, sin duda, el cineasta español con la estirpe más cervantina de los últimos tiempos. En los últimos años su cine ha tratado el tema de la emigración cubana en España en *Cosas que dejé en La Habana* (1998), ha regresado al Valle del Pas de su Cantabria natal en *La vida que te espera* (2004) y ha abordado el drama de los amenazados por el terrorismo en el País Vasco en *Todos estamos invitados* (2007). Y aunque sus películas ya no causen la misma expectación que en las décadas de 1970 y 1980, siempre se espera que en ellas brote ese momento de magia, esas fábulas que, en muchas ocasiones, hunden sus raíces en su propio pasado, y que además de hacernos soñar nos hacen poner los pies sobre la tierra.

¿Cuál fue el mayor éxito de taquilla de la Transición?

El 18 de abril de 1977 se estrenó una película que hablaba de los sueños y frustraciones, tanto personales como políticas, de toda una generación de españoles. Fue vista por más de dos millones de espectadores que, en muchas sesiones, interrumpían la proyección para aplaudir diálogos como éste: «Nos han robado tantas cosas... Las veces que tú y yo debimos hacer el amor y no lo hicimos, los libros que debimos leer, las cosas que debimos pensar... es como si nos hubiera quedado algo colgado, como aquellas asignaturas que quedaban pendientes de un año para otro.»

Asignatura pendiente estaba protagonizada por José Sacristán y Fiorella Faltoyano y contaba la historia de una pareja que se reencuentra después de bastantes años en los que se habían perdido de vista. Su recuperada historia de amor coincide con los últimos meses de la vida de Franco y el comienzo del cambio político. Fue la primera película que dirigió, el hasta entonces guionista, **José Luis Garci**.

Garci nació en Madrid en 1944, en plena posguerra. Muy pronto descubrió que en las pantallas en blanco de los cines había otros mundos y otras vidas que terminaron fundiéndose con la suya sin afectarle lo más mínimo. Él mismo admite que «cuando el cine se mezcla con tu vida y tu vida con el cine, llega una edad en la que esa línea borrosa te importa muy poco». Garci se alimentó de cientos y cientos de películas en las sesiones dobles de los años 50 y 60. Allí estaba más caliente que en su propia casa y lo que veía era mucho más bonito que lo que diariamente palpaba a pie de calle. Cuando terminó el bachillerato se puso a trabajar en un banco y no empezó la carrera de Derecho porque, como él recuerda, «cuando a las siete de la tarde salía de la oficina, en lugar de hincar los codos prefería ir a ver a Kim Novak».

No llegó nunca a estudiar en la Escuela Oficial de Cinematografía pero tampoco se quedó en mero espectador. Primero fue crítico. Rememora entre risas que copiaba a François Truffaut y a Jean Luc Godard y hablaba de la importancia del montaje en paralelo de Eisenstein sin tener ni idea de lo que era aquello, y que escribía sobre la calidad cromática en la segunda parte de *Iván el terrible* siendo, como es, daltónico. De crítico pasó a ser guionista y se convirtió en uno de los autores de la llamada «tercera vía» en películas como *Vida conyugal sana* (1974) o *Los nuevos españoles* (1974). También escribió para la televisión los argumentos de éxitos como *La cabina* (1972) o *La Gioconda está triste* (1977). Pero Garci no se conformaba sólo con ser guionista. Pensó que alguien que había visto más de cinco mil películas estaba lo suficientemente preparado para convertirse en director. *Asignatura pendiente* (1977), *Solos en la madrugada* (1978) o *Las verdes praderas* (1979) se convirtieron en una crónica instantánea de aquel tiempo, reflejando tanto acontecimientos políticos, la legalización del Partido Comunista de España, como sociales, la locura por comprar una segunda vivienda en la sierra madrileña.

El 11 de abril de 1983, con *Volver a empezar* (1982), consiguió cumplir uno de sus grandes sueños: ganar el Oscar a la mejor película en lengua no inglesa, convirtiéndose en el primer director de nuestro país que, al frente de una película española, lo conseguía (en 1973 Luis Buñuel lo había ganado por la producción francesa *El discreto encanto de la burguesía*). El día de la ceremonia, por cierto, se dio cuenta de que no tenía pajarita y tuvo que pedir una prestada al camarero del hotel.

A pesar de sus triunfos y de sus éxitos, José Luis Garci siempre ha sido un director discutido. Discutido por la crítica que, en muy pocas ocasiones, ha valorado sus películas. Discutido también dentro del propio mundillo del cine con el que, a pesar de contar con gran número de incondicionales y amigos, ha mantenido roces y polémicas. En 1999, por ejemplo, tras una agria disputa, se dio de baja en la Academia del Cine Español antes de la ceremonia de los Goya en la que *El Abuelo* (1998) competía con *La niña de tus ojos* (1998) de Fernando Trueba.

En los últimos años el cine de José Luis Garci ha analizado, desde distintos puntos de vista, los vaivenes del amor. Así en *El Abuelo* se cuenta cómo el amor puede triunfar sobre el honor; *You're the one* (2000) analiza el desamor e *Historia de un beso* (2002) habla de un amor maduro, ideal e imposible. En el otoño de 2007 estrenó *Luz de domingo*, basada en un relato de Ramón Pérez de Ayala que aborda el caciquismo en la España de comienzos del siglo XX. Pero, cambien o no cambien los temas que trata, lo que no se ha alterado en Garci es su fascinación por el cine, una pasión que sigue demostrando en sus programas de radio y de televisión, o simplemente cuando habla calurosamente de un filme. Y ya es tarde para cambiar porque, como él mismo reconoce, a estas alturas de la proyección, lo único que le extraña es que a su alrededor no perciba una suave banda sonora que le acompañe.

¿Cómo fueron las relaciones entre el cine y la televisión en aquellos años?

A partir de 1979 comenzó una fructífera colaboración entre la televisión y la industria cinematográfica. Televisión Española, la única que existía en aquellos años, aportó una importante cantidad, más de 1.300 millones de pesetas, cerca de ocho millones de euros, en la financiación y la producción de películas y series de televisión. Gracias a esos acuerdos nacieron grandes series como *Los gozos y las sombras*, que dirigió Rafael Moreno Alba, basada en la obra de Gonzalo Torrente Ballester y que protagonizaron Eusebio Poncela, Charo López y Carlos Larrañaga; *Ramón y Cajal*, de José María Forqué con Adolfo Marsillach y Verónica Forqué; *La plaça del diamant*, con Silvia Munt dando vida al personaje creado por la escritora Mercè Rodoreda y trabajando a las órdenes de Françesc Betriú; *La Colmena*, la gran obra de Camilo José Cela, realizada por Mario Camus y en la que intervinieron casi todos los grandes actores españoles del momento; o *Valentina y Crónica del Alba,* adaptaciones de las novelas de Ramón J. Sender, en las que llegó a intervenir incluso Anthony Quinn. Todas estas series fueron un gran éxito de público y, algunas de ellas, antes de su pase por la pequeña pantalla, se estrenaron, en una versión reducida, en los cines comerciales.

¿Qué fue «la movida»?

A finales de la década de los 70 y durante buena parte de la de los 80 la ciudad de Madrid vivió una gran explosión de creatividad artística. Cantantes y grupos como Los Secretos, Nacha Pop, Alaska y los Pegamoides o Radio Futura no dejaban de tocar en salas como la mítica Rockola, Carolina o El Sol. Pintores, diseñadores o fotógrafos como Cesepe, El Hortelano o Ouka Lele dibujaron, retrataron y dieron color a sus alocadas noches, mientras que escritores como Eduardo Haro Ibars o Francisco Umbral se convirtieron en el poeta y en el cronista, respectivamente, de ese tiempo.

Más que un movimiento artístico uniforme, «la movida» fue un estado de ánimo; el resultado de la excitación general de toda una generación que por primera vez se sentía libre y protagonista de su presente y de su futuro. El término «movida» dio la vuelta al mundo y muchos periodistas de distintos países viajaban a Madrid para escribir y hacer reportajes de semejante fenómeno. Algunos de ellos con un considerable despiste. Como un japonés que, en una ocasión, le pidió a Pedro Almodóvar el teléfono de la movida para hacerle una entrevista pensando que se trataba de una persona.

¿Y hubo «movida» en el cine?

Naturalmente el cine no podía vivir ajeno a la gran sacudida social y artística que se palpaba aquellos días a pie de calle y se subió también a la cresta de esa gran ola de modernidad. De entre todos aquellos locos por el cine que pululaban dentro de la movida madrileña comenzaba a destacar un joven manchego que trabajaba como auxiliar administrativo en la Compañía Telefónica. Escribía provocadores guiones de cómics y colaboraba sin parar publicando relatos en revistas *underground* como *Víbora* o *Star*. Para otra de ellas, *La Luna*, había creado un personaje femenino llamado Patty Diphusa, toda una *sex symbol* y estrella internacional del porno, cuyas peripecias nocturnas se convirtieron en una especie de crónica de aquellos «movidos» años. Pero lo que de verdad hacía que su nombre corriera como la pólvora por el mundillo de la noche madrileña era la proyección de sus cortometrajes rodados en Super-8. Como no tenía dinero para sonorizarlos, él mismo, en vivo y en directo, se encargaba de narrarlos e interpretarlos ante el delirio y las risotadas del público que asistía a esas insólitas sesiones. Era **Pedro Almodóvar**.

Pedro Almodóvar nació en Calzada de Calatrava en 1949. A los ocho años emigró con su familia a Extremadura y mientras estudiaba el bachillerato se aficionó al cine de forma tan apasionada como compulsiva. Con dieciséis se instaló definitivamente en Madrid, en donde comenzó a desarrollar todo el original universo que llevaba en su interior. Al tiempo que rodaba, proyectaba e interpretaba sus célebres cortos, Almodóvar entró a formar parte del grupo teatral Los Galiardos, en donde conoció a una joven que también coqueteaba con la idea de abandonar definitivamente su vida de ama de casa y convertirse en actriz. Era Carmen Maura. Años después, evocando con la periodista Nuria Vidal aquel primer encuentro, Carmen Maura destacaba el gran impacto que le produjo Almodóvar: «Era un mundo muy raro el que le rodeaba, un mundo que me fascinó cuando empecé a conocerle bien. Era una gente que podía hacer lo que le daba la gana, nadie juzgaba nada, las cosas no se consideraban tonterías, todo el mundo hacía cosas extrañas que a nadie extrañaban. Eso me encantaba. Yo estaba unida a ese mundo a través de Pedro, que me parecía como un hermano pequeño listísimo que nos había salido en la familia y que había venido del pueblo.» Fue precisamente Carmen Maura quien le animó para que dejara definitivamente los cortos y se lanzara a dirigir su primer largometraje: *Pepi, Luci, Bom y otras chicas del montón* (1980).

¿Cuánto tiempo tardó en rodarse *Pepi, Luci, Bom y otras chicas del montón*?

Cerca de año y medio, porque sólo se daba el golpe de claqueta y se decía «acción» cuando los actores y el director tenían tiempo libre, por las noches y durante los fines de semana; o cuando podían reunir el dinero y material necesario para el rodaje. En una entrevista publicada en el diario *El País* en 1986

Almodóvar rememoraba lo largo, complejo y difícil que resultó poner la palabra fin a su primera película. Por ejemplo, al principio del filme, Pepi abre una puerta, se sienta en el salón y comienza a hablar con un policía. «La apertura de la puerta —recuerda Almodóvar— se rodó en junio de 1979; cuando toman asiento, en diciembre del mismo año; y la charla con el policía, en junio de 1980, o sea, un año después de que la dichosa puerta se abriera.» A pesar de todos esos inconvenientes, la película se estrenó en octubre de 1980. Pero los espectadores no se fijaron en los errores de *racord*. O no les importaban. Se dejaban llevar por unos diálogos y unas escenas provocativas, a veces incluso soeces, pero también alegres y que nunca antes se habían visto en el cine español. *Pepi, Luci Bom y otras chicas del montón* se proyectó de forma ininterrumpida durante cerca de tres años en sesiones de madrugada en el cine Alphaville de Madrid. Además de un nuevo director, había nacido un estilo, una nueva manera de hacer cine, de ver el mundo y la sociedad española a través de una cámara. Un estilo que a partir de entonces se iba a definir utilizando su apellido: «almodovariano».

¿Y cómo era el universo «almodovariano»?

Si algo definía el estilo Almodóvar era la mezcla de influencias asumidas sin ningún complejo. Las batas y los peinados de las mujeres de pueblo que había conocido tan de cerca en su infancia se combinaban con las crestas *punk*. La iconografía tradicional religiosa, puramente española, con el pop de tradición británica y los influjos de Andy Warhol. Todo valía. Porque, después de que todos aquellos ingredientes pasaran por la batidora de creatividad del director, el resultado era un *collage* en el que las piezas de origen seguían siendo reconocibles pero que resultaba al mismo tiempo fresco y original. El público no tardó en identificar los sellos de marca de Almodóvar: canciones desgarradas que subrayaban los sentimientos de los personajes, sexo sin inhibiciones, personajes excéntricos, decorados de colores vivos, o divertidas parodias de anuncios de televisión.

Laberinto de Pasiones (1982), su siguiente largometraje, certificó a Almodóvar como cineasta de culto. En ella, partiendo del Madrid «moderno» de aquellos años, dibujaba toda una serie de personajes y situaciones extravagantes pero sin que parecieran ni pretendidas ni forzadas: «Las armas que utilizo básicamente son los diálogos y el tipo de interpretación», confesaba Almodóvar en un libro-entrevista con Frédéric Strauss. «Trato la historia como si fuera una historia costumbrista, ésa es la llave». *Laberinto de pasiones* se mantuvo también varios años en la sesión de madrugada de los cines Alphaville de Madrid y el público acompañaba la proyección entonando *Voy a ser mamá* o *Gran ganga*, las canciones que el mismo Almodóvar interpretaba en la película formando dúo musical con Fabio McNamara.

Entre tinieblas (1983) siguió la misma senda, con la provocación añadida de que las protagonistas fueran un grupo de monjas adictas a todo tipo de vicios. «Es cuando empiezo a tomar conciencia de lo que es el lenguaje cinematográfico. Era la primera vez que contaba con los medios suficientes para hacer la película», decía Almodóvar. El público y los críticos ajenos a los círculos de modernidad tardaron, sin embargo, en percatarse de que el chico irreverente no era tan sólo un fenómeno fugaz sino un artista de largo recorrido. No tuvieron dudas a partir de *¿Qué he hecho yo para merecer esto!* (1984), en la que se acercaba de forma profunda y sincera a la vida cotidianamente trágica de un ama de casa de barrio y en la que, a todas las anteriores, añadía la influencia del neorrealismo italiano.

Acompañado por su actriz fetiche Carmen Maura, Almodóvar iba cambiando las sesiones golfas por los festivales internacionales y, sin perder ni la frescura ni el descaro de los primeros años, sus películas eran ya producciones de estilo cuidado. En *La ley del deseo* (1986) consiguió un melodrama intenso sobre la creación y la homosexualidad. Más tarde, siguiendo el modelo de la comedia americana, rodó *Mujeres al borde de un ataque de nervios* (1987). Fue el primer gran éxito comercial de su carrera. El título que extendió su fama de gran director de mujeres. El «culpable» de que, a partir de entonces, todas las actrices del mundo soltaran inevitablemente en sus entrevistas la famosa frase: «Me gustaría trabajar con Almodóvar».

¿Cómo se conocieron Almodóvar y Antonio Banderas?

En enero de 1981 un joven malagueño de diecinueve años llamado José Antonio Domínguez Bandera pateaba las calles de Madrid en busca de una oportunidad como actor. Había llegado un año antes a la capital con quince mil pesetas en los bolsillos y malvivía yendo de pensión en pensión mientras se presentaba a todas las pruebas teatrales que podía. Una noche en el Café Gijón, Pedro Almodóvar, que acababa de rodar *Pepi, Luci, Bom...*, se acercó a él y le dijo: «Tienes una cara muy romántica ¿Has hecho películas?». Poco después ese joven conseguía un pequeño papel en la obra *La hija del aire* y Almodóvar, que buscaba actores para un nuevo largometraje, acudió a verle. La película se iba a titular *Laberinto de pasiones* y el papel que el director manchego le ofrecía no podía ser más surrealista: un joven «tiraní», un tipo fundamentalista y homosexual que se hacía amigo del hijo del emperador de «Tirán», exiliado en Madrid. Aquel chico nunca se había puesto delante de una cámara de cine pero aceptó la propuesta. Almodóvar, además de ser el responsable de su bautizo cinematográfico, lo fue también de su nombre artístico. No le gustaba ni el «José Domínguez» ni el «Antonio Abascal», que eran los que barajaba el propio interesado, así que le insinuó que añadiera una «s» a su segundo apellido. Nacía definitivamente para el cine **Antonio Banderas (1960)**.

Hoy Antonio Banderas es toda una estrella internacional. Vive en Hollywood, rueda superproducciones, dirige películas y triunfa en los escenarios de Broadway. Su rostro aparece en infinidad de revistas y anuncios y es un personaje reconocido en todas las esquinas del mundo. Pero el camino que tuvo que recorrer hasta conseguir su actual estatus no fue ni mucho menos fácil. En sus comienzos hizo de todo: acomodador, eléctrico, incluso formó parte, en alguna ocasión, de los coros que acompañaban a Joaquín Sabina en los conciertos. En los 80, además de a las órdenes de Almodóvar, rodó películas con Carlos Saura: *Los Zancos* (1984); Montxo Armendáriz: *Veintisiete horas* (1986) o Fernando Colomo: *Bajarse al moro* (1988). Pero fueron las películas que hizo con el director manchego, *La Ley del deseo* (1986), *Mujeres al borde de un ataque de nervios* (1989) y *Átame* (1990) las que le lanzaron internacionalmente.

¿Cómo empezó la aventura americana de Antonio Banderas?

Cuando le ofrecieron su primer papel en Hollywood, *Los reyes del Mambo* (1991), no sabía hablar inglés y aprendió todos sus diálogos de oído. Pero esto, lejos de desanimarle, le supuso un reto más. Su destino allí era, como él mismo reconocía, hacer de latino, «de todo lo que tenga acento y huela a pelo negro». Pero poco a poco fue haciéndose un hueco en el exigente mercado norteamericano. La cantante Madonna contaba en un documental que le deseaba abiertamente y en una ceremonia de los Oscar fue presentado como el hombre vivo más sexy del mundo. Banderas era consciente de que, al principio, sólo podía hacer breves papeles con muy pocos diálogos y con escasa presencia, pero aun así logró aparecer al lado de grandes estrellas como Tom Hanks en *Philadelphia* (1993) y mano a mano con Brad Pitt y Tom Cruise en *Entrevista con un vampiro* (1994). En su aventura americana ha rodado todo tipo de títulos comerciales, películas de acción como *Asesinos* (1995) junto a Silvestre Stallone; *thrillers* eróticos como *Nunca hables con extraños* (1995); comedias románticas como *Miami* (1995) o musicales como *Evita* (1996).

Algunas de esas películas son insulsas y hasta olvidables pero, a cambio, ha conseguido convertirse en uno de los rostros latinos imprescindibles tanto en la costa Oeste, en Hollywood, como en el Este, en los escenarios de Broadway, donde triunfó con el musical *Nine*. Durante la filmación de *Two much* (1995), de Fernando Trueba, conoció y se enamoró de la actriz norteamericana Melanie Griffith con la que meses después se casaría. En 1996 nació en Málaga su primera hija, Stella del Carmen, y, aunque tiene su residencia fijada en Los Ángeles, no se olvida de España en donde suele pasar sus vacaciones de verano.

Y si su vida sentimental se estabilizaba con su matrimonio y con el nacimiento de su hija, su carrera profesional no podía ir mejor. En 1998, con *La Máscara del zorro*, se consagró definitivamente como

217

indiscutible estrella mundial. Pero a Banderas eso no le bastaba, deseaba dar un paso más en su carrera y convertirse en director. Debutó con *Locos en Alabama* (1999), una historia rodada en inglés, ambientada en el sur de los Estados Unidos y en la que hablaba del racismo y de los sueños de libertad. Era el aprendizaje perfecto para lanzarse a proyectos más personales como *El camino de los ingleses* (2006), rodada en España y con actores españoles, basada en la novela del mismo título del también malagueño Antonio Soler, y que cuenta las peripecias de unos jóvenes durante un verano a finales de los 70 en esa ciudad andaluza. Una historia con la que Banderas, lógicamente, se siente muy identificado.

Su agenda está repleta de proyectos. Un dietario muy selectivo, porque Banderas ya puede entresacar del «sueño americano» lo que de verdad le interesa. Tiene la suficiente independencia y libertad para elegir con mimo sus trabajos, ya sea poner la voz a un personaje animado como el Gato con botas de *Shrek*, hacer un nuevo musical en Nueva York o volver a trabajar con el director que le dio la alternativa en el cine: Pedro Almodóvar.

Y además de Banderas...
¿Quién fue el otro galán del cine español durante la década de los 80?

En esa década los papeles masculinos de «guaperas» se los repartían invariablemente el ya mencionado Antonio Banderas y un vasco de Ermua, nacido en el pueblo leonés de Riaño, llamado **Imanol Arias (1956)**. Imanol era un poco mayor que Antonio y había llegado unos años antes que el malagueño a Madrid. Desde que cumplió los 14 sabía que quería ser actor. «Estudiaba para sacarme el título de maestro eléctrico en la Universidad Laboral de Eibar pero a la vez estaba en un grupo de teatro. En agosto de 1975 decidí irme a Madrid a estudiar en la Escuela de Arte dramático», recordaba. En la capital maldurmió en pensiones, pisos compartidos y en algún que otro banco del metro mientras hacía de figurante en el Teatro de la Zarzuela. Fue un director cubano, Humberto Solás, quien le dio la primera oportunidad de ser protagonista en una película. El filme se titulaba *Cecilia* (1982) y, debido a una serie de problemas presupuestarios, Imanol tuvo que permanecer en la isla caribeña cerca de dos años. «Para mí fue como hacer un máster, como ir a la Universidad y licenciarme en cine. Yo no sabía lo que era una marca, ni mirar a la cámara, ni nada», rememoraba. Cuando volvió a España en 1982 se convirtió ya en una estrella del cine nacional y rodó sin apenas interrupción *Laberinto de pasiones* (1982) con Almodóvar, *La colmena* (1982) de Mario Camus, *Demonios en el jardín* (1982), a las órdenes de Manuel Gutiérrez Aragón, y *Bearn o la sala de las muñecas* (1983) de Jaime Chávarri. Además, su popularidad se disparó cuando protagonizó en televisión la serie *Anillos de oro*: «Un buen día te conviertes, casi de la noche a la mañana, en un ser conocido, con todo lo que eso lleva consigo, con sus ventajas y su precio, y aprendes a estar en ese oficio. Pero la carrera tiene que continuar, hay que seguir luchando por ella, demostrando lo que eres.»

En la segunda mitad de la década de los 80 siguió cosechando éxitos como *La muerte de Mikel* (1984), *Divinas palabras* (1987) y, sobre todo, *El Lute: camina o revienta* (1987) y la segunda parte, *El Lute II, mañana seré libre* (1988), dirigidas ambas por Vicente Aranda, un papel que le ha marcado especialmente. «En una ocasión fui a una cárcel en Huelva donde se proyectó la película y los presos me recibieron como al El Lute, no como Imanol Arias. Me preguntaron por los sistemas de fuga», recordaba entre risas. En los 90, sin embargo, con la irrupción de nuevos rostros masculinos, comenzó poco a poco a dejar de ser el actor imprescindible de la década anterior. Almodóvar volvió a contar con él en *La Flor de mi secreto* (1995) aunque, como él mismo reconocía, con el director manchego nunca ha tenido una química especial: «Pedro decía que yo era muy aburrido, que rodar conmigo era un coñazo.» Fue de nuevo la televisión, gracias a la serie *Cuéntame*, un recorrido nostálgico por la reciente historia de España, la que le devolvió al primer plano de la popularidad. La diferencia estriba ahora en que el éxito ya no es ese monstruo que en parte le devoró cuando era joven, sino únicamente el resultado de un trabajo bien hecho.

¿Quiénes eran «las chicas Almodóvar»?

Así se conocía a las actrices que intervenían habitualmente en las películas de Pedro Almodóvar y que le seguían en fiestas, saraos y festivales de España y de medio mundo. La más veterana, **Chus Lampreave (1930)**, hizo sus primeros largos, *El pisito* (1959) y *El cochecito* (1960), de la mano del director italiano Marco Ferreri. Se convirtió después en una imprescindible actriz de reparto para Luis García Berlanga en películas como *El Verdugo* (1963) o la trilogía de «Nacional», pero fue gracias a Almodóvar cuando alcanzó la popularidad. El director inventó para ella unos personajes divertidos, pintorescos e inolvidables como Sor Rata de Callejón en *Entre tinieblas* (1983), la portera «testiga de Jehová» en *Mujeres al borde de un ataque de nervios* (1988) o el de *Volver* (2006), su último trabajo hasta el momento.

Julieta Serrano (1933) tenía un amplio currículo, tanto en teatro, cine y televisión, antes de formar parte de la *trouppe* «almodovariana». Intervino en varias películas de la primera etapa del director, *Pepi, Luci, Bom y otras chicas del montón*, *Matador* (1986), *Entre tinieblas* y *Átame* (1990), dejando para el recuerdo de los espectadores su alocado personaje de ex esposa despechada en *Mujeres al borde de un ataque de nervios*.

El rostro afilado y picasiano de **Rossy de Palma (1964)** era ya bastante conocido en los ambientes musicales de «la movida» madrileña gracias a sus actuaciones con el grupo Peor Imposible. Durante un tiempo jugueteó con el nombre artístico de Rossy Von Donna pero finalmente pesó más su lugar de nacimiento, Palma de Mallorca, para componer su definitivo nombre artístico. Fichó por Almodóvar en *La ley del deseo*, donde hacía de reportera de televisión; se tomó un vaso de gazpacho repleto de pastillas para dormir en *Mujeres al borde de un ataque de nervios* y luego tuvo pequeñas apariciones en *Átame*, *Kika* (1993) y *La Flor de mi secreto* (1995).

María Barranco (1961) saltó a la popularidad haciendo de Candela, la novia de un terrorista chiíta en *Mujeres...* y a continuación filmó un pequeño papel de farmacéutica en *Átame*. Por su parte, **Marisa Paredes (1946)** trabajó por primera vez para Almodóvar en *Entre tinieblas* haciendo de Sor Estiércol. Luego, pasados siete años, cuando el realizador necesitó a alguien que interpretara con la suficiente solvencia a una gran diva de la canción y a una escritora de novelas románticas en plena crisis sentimental, volvió a contar con ella en *Tacones lejanos* y *La flor de mi secreto* respectivamente. Y hay más: Verónica Forqué, Loles León, Bibiana Fernández... pero los puestos estelares de este peculiar clan lo ocupan, por derecho propio, Cecilia Roth y, sobre todo, **Carmen Maura (1945)**.

¿Cuándo decidió Carmen Maura convertirse en actriz profesional?

Tenía 24 años. Era la mujer de un abogado, criaba una hija, esperaba otro retoño y regentaba una galería de arte. Actuar era lo que más le gustaba en el mundo, pero siempre lo había hecho como actriz aficionada, bien de niña en el colegio o ya de joven en el teatro universitario interpretando siempre pequeños papeles como *amateur*. Nació en Madrid en septiembre de 1945 y era, como se decía en la época, una niña de «familia bien». Su padre era médico oftalmólogo y, rastreando su árbol genealógico, se podía encontrar al mismísimo don Antonio Maura, primer ministro del rey Alfonso XIII. El mundo de la farándula no pasaba de ser para ella una simple diversión hasta que un día el crítico del diario *Pueblo* le animó a dar el salto al mundo profesional. Carmen Maura, en el taxi que la llevaba de vuelta a casa, fue rumiando la idea. Cuando llegó a su domicilio ya tenía la decisión tomada: sería actriz. Se lo dijo a su marido y comenzó una terrible discusión. Fue, a la vez, el principio del fin de su matrimonio y el inicio de una de las carreras artísticas más fecundas de la cinematografía española.

Por ser actriz, Carmen Maura tuvo que pagar el duro peaje de perder la custodia de sus hijos y ser acusada de abandono del hogar conyugal. En sus inicios malvivió haciendo un poco de todo: traducciones de francés, doblajes, pequeñas actuaciones en algún café-teatro, números de cabaret... Pero su suerte fue cambiando. Comenzó a intervenir habitualmente en programas dramáticos para la televisión y allí, en los pasillos de la tele, conoció a una joven realizadora, Pilar Miró, que la presentó a algunos compañeros de la Escuela Oficial de Cine. Uno de ellos se llamaba Fernando Colomo y con él rodaría su primera película como protagonista: *Tigres de Papel* (1977). Pero, además, por aquella época, y como ya hemos contado un poco más arriba, Carmen Maura se iba a encontrar con otro joven que sería fundamental en su vida y en su carrera. Actuaba como meritorio en el teatro y se llamaba Pedro Almodóvar.

¿Por qué se enfadaron Carmen Maura y Pedro Almodóvar?

Almodóvar y Maura se conocieron en 1978 cuando coincidieron en la compañía teatral Los Galiardos. Entre los dos nació enseguida una gran amistad y una especial complicidad, una sintonía que se reflejaba nítidamente en las pantallas. A *Pepi, Luci, Bom y otras chicas del montón* le siguieron *Entre Tinieblas* y *¿Qué he hecho yo para merecer esto!* El éxito y la fama de Almodóvar y Maura corrieron en paralelo. Carmen se convirtió en una de las «musas» del cine de la Transición y, en los años 1981 y 1982, en uno de los rostros más conocidos de España gracias a su trabajo en el programa de televisión «Esta noche», en donde hizo célebre una frase que era toda una premonición: «Nena, tú vales mucho». Y así fue. Carmen Maura no paraba de trabajar. Se puso los hábitos de monja en *Extramuros* (1985) de Miguel Picazo; hizo comedias como *Sé infiel y no mires con quien* (1985) de Fernando Trueba o dramas como *Tata mía* (1986) de José Luis Borau, pero siempre que la llamaba Almodóvar ella acudía.

Su compenetración artística llegó a tal extremo que, con sólo una mirada, sabía lo que quería el director. «Un día» —recordaba Carmen Maura— «mientras rodábamos *La ley del deseo,* Almodóvar se acercó y me dijo: "Carmen, esto está siendo tan fuerte que debemos dejar de trabajar un tiempo juntos". Yo le respondí que sí, que estaba de acuerdo, pero no lo hicimos y poco después rodamos *Mujeres al borde de un ataque de nervios*». Y ahí comenzó a deteriorarse su amistad.

El rodaje de *Mujeres...*. fue muy distinto a los anteriores: «No nos entendimos desde el principio. Por primera vez no le gustaba al director y, después de habernos entendido tan bien, resultaba muy doloroso.» Como el personaje que interpretaba en la película, la actriz llegaba a rodar al plató angustiada, con un nudo en la garganta y con lágrimas en los ojos. Paradójicamente, el gran éxito internacional de la película coincidía con su ruptura profesional y el 30 de marzo de 1989, en Hollywood, durante la ceremonia de los Oscar, llegó la gota que colmó el vaso. Esa noche *Mujeres al borde de un ataque de nervios* era la gran favorita para llevarse el premio a la mejor película en lengua no inglesa. Finalmente no lo ganó y el Oscar lo obtuvo el filme danés *Pelle el conquistador* de Bille August. Al día siguiente Carmen Maura declaró en el programa de Televisión Española «De película» que el director no le había reservado un lugar a su lado en el patio de butacas y que, de no ser por la distribuidora americana, habría tenido que ver la ceremonia en el gallinero. La ruptura fue total y, durante un tiempo, dejaron de hablarse. Dos años después Carmen Maura presentaba junto a Andrés Pajares la ceremonia de los Goya y Almodóvar debía entregar uno de los galardones. El director, que había estado recientemente en Berlín presentando *Átame*, le entregó, delante de todo el público y frente a las cámaras de televisión, un trocito del recién derribado muro. «Si un muro tan espantoso, tan irracional y tan sólido como aquél ha caído, el que nos separa a ti y a mi también puede caer de un momento a otro» le dijo. Sin embargo, las relaciones entre los dos siguieron siendo frías y distantes. Con el tiempo se fueron recomponiendo en lo personal y todos esperaban que, tarde o temprano, volvieran a trabajar juntos.

Y al fin sucedió. Dieciocho años después de su «divorcio», *Volver* (2006) les unía nuevamente. Cuando le preguntaron a Carmen Maura, una vez terminado el rodaje, cómo había sido ese reencuentro dijo que básicamente se había encontrado con el mismo director de siempre pero que la persona, en cambio, era un poco diferente: «Tiene el mismo sentido del humor de antes pero su vida es ahora muy distinta y también es muy diferente todo lo que le rodea.» «Cuando empezamos a rodar» —apuntaba por su parte Almodóvar— «ni siquiera tenía la sensación de volver a trabajar con Carmen. Como si esos dieciocho años nunca hubieran pasado.»

¿Qué hizo Carmen Maura cuando dejó de ser una «chica Almodóvar»?

Fuera de la galaxia almodovariana resultó que también había vida y Carmen Maura demostró que no era una actriz que se limitase a interpretar únicamente aquellos papeles que Pedro le ofrecía. A las órdenes de Carlos Saura y junto a Andrés Pajares y Gabino Diego, dio vida en *Ay Carmela* (1990) a una entrañable artista que, durante la Guerra Civil, entretenía a las tropas de los dos bandos cantando y bailando. Maura demostró que era verdad lo que dice de sí misma, que es de plastilina, que se deja moldear totalmente por los directores para que entresaquen de ella todo lo que pretenden. Lo único que les exige a cambio es que se lo expliquen bien y con tranquilidad.

Durante la década de los 90, en esa nueva etapa, iba a mostrar un amplio abanico de personajes. Interpretó, por ejemplo, a una antigua terrorista que intentaba huir de su pasado en *Sombras en una batalla* (1993) de Mario Camus, y comenzó a trabajar en el extranjero, sobre todo en Francia, en donde ha residido largas temporadas. También recibió cantos de sirena del cine americano pero, hasta el momento, no se ha decidido a cruzar el Atlántico rumbo a Hollywood. En el año 2000 ganó la Concha de Plata a la mejor actriz del Festival de San Sebastián por *La Comunidad* de Alex de la Iglesia. Un premio que corona un palmarés individual inigualable. Tres «goyas», dos veces mejor actriz europea, el premio colectivo que consiguió en Cannes en 2006 junto a todo el reparto femenino de *Volver*...Y los que quedan por venir, porque Carmen Maura no dejará nunca de ser actriz. Es lo que le mantiene viva y le da fuerzas para seguir adelante y sortear los muchos sinsabores personales que ha sufrido a lo largo de su vida. Eso sí, como ella recalca, será «una actriz viejecita, caprichosa y que trabaje poquísimo».

¿Y qué hizo Almodóvar cuando dejó de ser «chico Maura»?

Era ya un director asentado, pero la década de 1990 fue una etapa de cambios para Almodóvar. Director de compañía fija, tuvo que replantearse su trabajo después de los «abandonos» de Carmen Maura, primero, y de Antonio Banderas, después, cuando éste decidió marcharse a «hacer las américas». La nueva «chica Almodóvar» fue Victoria Abril, que debutó en la filmografía del director en *Átame* (1989), y que pronto se convirtió en el rostro que identificaba esta etapa. Menos suerte tuvo a la hora de encontrar un sustituto para Banderas. Probó con Miguel Bosé en *Tacones lejanos* (1991); con Peter

Coyote en *Kika* (1993) y con Javier Bardem en *Carne trémula* (1997), pero ninguno le satisfizo plenamente. En este último título comenzó incluso a trabajar con Jorge Sanz pero, pasadas unas semanas, le sustituyó por Liberto Rabal, nieto del gran Paco Rabal.

En lo que a temas se refiere los 90 fueron los años del melodrama. Historias desgarradas que propiciaban diálogos intensos y descarnados, como los que mantenían la diva de la canción Marisa Paredes y su hija Victoria Abril en *Tacones lejanos*. El tono era predominantemente dramático, aunque Almodóvar no podía evitar que aflorara de vez en cuando su vena cómica, ya fuera en detalles, ya fuera en personajes enteros, como la entrañable madre de Parla que se negaba a salir a la calle en *La flor de mi secreto* (1995). Un personaje que bordaba Chus Lampreave y para el que el director reservaba algunas de las frases más hilarantes de su carrera: «Y ¿para qué quiero salir? ¿Para que me mate un *skin-head* o me atropelle un coche?».

Cada estreno de Almodóvar se convertía en un acontecimiento sociocultural. El de *Tacones lejanos* colapsó la Gran Vía de Madrid porque todo el equipo llegó al cine a bordo de unos descomunales zapatos. Y, aunque ninguna de ellas dejara de obtener buenos resultados en taquilla, las críticas de esas películas, no siempre estaban a la altura de la expectación. A veces eran variadas y en una ocasión —*Kika*— fueron unánimemente negativas. Almodóvar iba convirtiéndose al mismo tiempo en un mito en Francia y esa contradicción hacía que cultivara cierto resquemor por no ser del todo profeta en su tierra.

A finales de la década dio otro giro a su carrera. En *Todo sobre mi madre* (1999) volvía a hablar de putas, monjas y travestidos. Pero lo llamativo fue que Almodóvar, en vez de escandalizar, emocionara a los espectadores de todo el mundo. Sin renunciar a ser él mismo logró, esta vez fuera pero también dentro de España, las mejores críticas de su carrera.

¿Cuándo llegó a España Cecilia Roth?

En agosto de 1976 Jorge Abraham Rotemberg, editor y economista argentino, y su mujer Dina llegaron a España con sus hijos Cecilia y Ariel huyendo de la dictadura militar del General Videla. En un principio la estancia en nuestro país iba a ser sólo de apenas unos meses, un año como máximo. Sin embargo, el cierre del periódico *La Opinión*, donde trabajaba Abraham Rotemberg, les obligó a establecerse definitivamente en Madrid. **Cecilia Roth (1956)**, que entonces tenía poco más de veinte años, y que había trabajado en algunas películas en su país natal, se integró con gran facilidad y naturalidad en el cine español.

Había nacido en Buenos Aires en el barrio de Belgrano. Para adoptar su nombre artístico acortó el apellido paterno, pero su «Roth» se diferenciaba del de hermano Ariel Rot, integrante del grupo Tequila, por añadir esa «h» final: «Pensaba que mi nombre era demasiado corto, que le faltaba algo. Al cabo de los años me di cuenta de que esa decisión era una premonición de *Martín (Hache)*». A finales de la década de los 70 intervino en nuestro país en varias películas como *Las verdes praderas* (1979) de José Luis Garci. En una de aquellas frenéticas noches de la movida madrileña conoció a Pedro Almodóvar y enseguida entró a formar parte de su círculo. Ya en *Pepi, Luci, Bom...* tenía una pequeña aparición en los anuncios de televisión «Bragas Ponte», pero fue en *Laberinto de pasiones* cuando Pedro le reservó un papel estelar, el de Sexilia, la cantante del grupo «Las Perras», que se enamoraba de Reza Niro, el hijo del emperador de «Tirán», un papel que Pedro Almodóvar escribió expresamente para ella. Posteriormente aparecería brevemente en *Entre tinieblas* y *¿Qué he hecho yo para merecer esto!*, y, después de doce años, se reencontraría con Almodóvar en *Todo sobre mi madre*, por la que ganó su segundo Goya como mejor actriz.

Pero no ha sido Almodóvar el único director que, a lo largo de todos estos años, ha sido capaz de sacar lo mejor de Cecilia Roth como actriz. Con su compatriota Adolfo Aristaráin ha rodado dos de sus mejores películas: *Un lugar en el mundo* (1991), ganadora de la Concha de Oro en el Festival de San Sebastián, y *Martín (Hache)* (1996), por la que obtuvo el primero de sus dos «goyas» como mejor actriz. Premios que no son fruto de ninguna casualidad, porque Cecilia es una de las actrices con más oficio, inteligencia y sensibilidad que se ha paseado por nuestras pantallas. Como dice de ella Federico Luppi, su compañero de reparto en los dos títulos mencionados, «hay mujeres más lindas que ella en todas partes del mundo, pero hay algo en Cecilia que da como resultado la presencia de una mujer con mayúsculas o, como dicen en Argentina, una "mena"».

¿Quién es el director maldito del cine español?

Se llama **Iván Zulueta (1943)** y con tan sólo dos largometrajes, un episodio para televisión y decenas de cortometrajes en su filmografía, ocupa, sin embargo, un lugar fundamental en la historia del cine español.

Con veinte años viajó a Nueva York que, por entonces, vivía en plena eclosión del movimiento pop, con Andy Warhol y Roy Lichtenstein como abanderados en el mundo de la pintura. En la ciudad de los rascacielos se matriculó en una escuela de arte y se empapó del llamado cine *underground* y de vanguardia. Cuando regresó a España ingresó en la Escuela Oficial de Cine y comenzó a rodar cortometrajes. Además, en Televisión Española realizó un programa musical innovador, rompedor y rebelde titulado *El último grito*.

Su primer largo, un musical con un aire pop muy cercano a la película de los Beatles ¡*Qué noche la de aquel día*!, estaba producida por José Luis Borau y se tituló *Un, dos, tres al escondite inglés* (1969). El guión, escrito mano a mano con otro futuro director, Jaime Chávarri, era una sucesión de divertidas actuaciones musicales a cargo de cantantes y de grupos famosos como los Pop-Tops, Fórmula V o Los Mitos. Comercialmente, apenas tuvo repercusión pero sí se hizo un pequeño hueco en las entonces llamadas salas de arte y ensayo.

Después de esta experiencia cinematográfica, Zulueta decidió alejarse un tiempo de la realización de largometrajes y se centró en dirigir cortos en Super 8, unas pequeñas películas que hoy son objetos de verdadero culto para los cinéfilos: *Kin Kon, Mi ego está en Babia, El mensaje es facial, Leo es pardo*. También se dedicó frenéticamente a otra de sus actividades preferidas: diseñar carteles de cine. Iván Zulueta es el autor de los pósters de películas tan célebres como *Viridiana* de Luis Buñuel, *Mi querida señorita* de Jaime de Armiñán o ¿*Qué he hecho yo para merecer esto*! y *Entre tinieblas* de Pedro Almodóvar. Casi diez años después, en 1979, rodaría su segundo y, hasta la fecha, último largometraje: *Arrebato*.

¿Por qué es tan famosa *Arrebato*?

Arrebato (1979) es una película fascinante, casi hipnótica. Cuenta la relación de dos personajes, un director de películas baratas de terror y un realizador de cortos de super 8, que están enganchados al cine como si éste fuera una droga más. Una adicción que se va haciendo cada vez más y más fuerte, hasta el punto de que las imágenes van a ir poseyendo y dominando la vida de los protagonistas como si estuvieran colgados de la heroína. La película, que habla abiertamente y con descaro del suicidio, los estupefacientes y la homosexualidad, está protagonizada por Eusebio Poncela, Cecilia Roth y Will Moore. También intervienen en ella el crítico cinematográfico de Televisión Española Antonio Gasset, en un pequeño papel de montador, y Pedro Almodóvar, doblando la voz del personaje que interpreta Helena Fernán-Gómez. Almodóvar, además, participó como figurante en algunas escenas que, al final, fueron cortadas. Y es que, el cine de Zulueta, y en especial *Arrebato,* influyó mucho en la posterior obra del director de Calzada de Calatrava, especialmente en *La ley del deseo.*

Con el paso de los años *Arrebato* se ha convertido en un filme de culto y muchos críticos y especialistas la consideran una de las películas imprescindibles dentro de la historia del cine español. Fue, como recordaba Cecilia Roth, «un filme que se adelantó a su tiempo. Es el comienzo, el permiso, la puerta abierta para lo que vino después tanto estética como narrativamente». Pero después de estrenarla Iván Zulueta volvió a desaparecer. Sus problemas con las drogas hicieron que se aislara y que permaneciera prácticamente encerrado en su casa, haciendo cientos de fotografías con una máquina *polaroid,* experimentando una y otra vez con las posibilidades de la imagen. Una década después reapareció brevemente como director filmando un episodio de la serie de Televisión Española *Delirios de amor* titulado *Párpados.*

Luego volvió a su Donostia natal, donde actualmente vive, dedicado a la ilustración, al dibujo, al diseño de carteles... Pero siempre con el sueño latente de volver a ponerse detrás de las cámaras. Cuando se le pregunta qué filme le gustaría hacer ahora, recuerda que sus géneros favoritos siempre han sido el terror y el musical. Así que probablemente intentaría hacer «un Drácula musical lo más fiel posible al original».

¿Qué fue la comedia madrileña?

A finales de 1976 un joven arquitecto madrileño llamado **Fernando Colomo (1946)** costeaba sus primeros cortos con el poco dinero que ganaba. Se había matriculado en la Escuela Oficial de Cine, en la especialidad de decoración y, para financiar su primer largometraje, creó, en régimen de cooperativa, una pequeña productora vendiendo participaciones entre amigos y parientes a los que además «sableaba» pidiéndoles prestados sus pisos y apartamentos para poder rodar los interiores. Unos meses después estrenaba una película que significaba el nacimiento de un subgénero dentro de nuestro cine: la nueva comedia madrileña. El título de ese filme era *Tigres de papel* (1977).

Tigres de papel se rodó en apenas veinte días, contaba con un presupuesto ridículo y mantenía el espíritu *amateur* de los cortos que, hasta entonces, Fernando Colomo había ido rodando. Con un tono y un estilo muy diferente al de *Asignatura pendiente* de José Luis Garci, la película, empapada de una fina e incisiva ironía, reflejaba los cambios, las contradicciones personales, los sueños y los ideales que se vivían durante la Transición. Colomo pensaba que había rodado una película «seria», profunda, con una fuerte carga ideológica, pero cuando la proyectó por primera vez en el Festival de San Sebastián de 1977, descubrió con asombro que el público se partía de risa con los diálogos y los personajes. En esa proyección, sentada a su lado e igualmente atónita por lo que sucedía, se encontraba la protagonista de la cinta, Carmen Maura. «Tú cállate y di que es una comedia», le decía Fernando Colomo. Y a partir de entonces como tal se promocionó.

Un año después, Carmen volvería a ponerse a las órdenes del director en otra película que dio título a una de las canciones más famosas de la época: *¿Qué hace una chica como tú en un sitio como éste?* (1978).

Sin embargo, Fernando Colomo reniega del término «comedia madrileña» para definir aquellas películas: «Fue un invento de los críticos. Hacíamos comedias en las que empezábamos a utilizar el sonido directo y que se rodaban en Madrid pero sólo porque era más barato que irse a otro sitio a filmar.» Sea o no un término acertado, la mayoría del público identifica el nombre de Fernando Colomo con la comedia y, aunque en su filmografía hay algún pecado o herejía como *El caballero del dragón* (1985), en donde intentó probar, con poco éxito, el género de aventuras y de ciencia ficción, la mayoría de su filmografía está trufada de títulos que invitan a esbozar una sonrisa como *La Vida alegre* (1987), *Bajarse al moro* (1989) o *Cuarteto de la Habana* (1999). No es ninguna casualidad. Colomo confiesa que le gusta reírse de todo, aunque no sepa contar chistes. Así, el secreto de sus películas sigue estando, como ya le ocurrió en *Tigres de papel,* en ir deslizando de forma casi invisible una gran carga de sarcasmo y socarronería a la que ha añadido en los últimos años, como ya se vio en *Al sur de Granada* (2003) o en *El próximo Oriente* (2006), unas gotas de emoción y romanticismo.

Al tiempo que Fernando Colomo se convertía en uno de los directores más populares de la década de los 80, desarrollaba una impagable labor como productor. Gracias a él han tomado la alternativa jóvenes realizadores como Mariano Barroso en *Mi hermano del alma* (1994), Daniel Calparsoro en *Salto al vacío* (1995) o Icíar Bollaín en *Hola ¿estás sola?* (1995). A cambio de invertir el dinero y obtener, cuando hubo, los consiguientes beneficios, en muchas de estas producciones Fernando Colomo se daba otro pequeño gusto: actuar. Y así se ha convertido en el director español que más «cameos» y pequeñas apariciones ha hecho en los últimos años.

¿Quiénes formaban el grupo del Yucatán?

Yucatán era una pequeña cafetería que se encontraba en la Glorieta de Bilbao en Madrid. Allí periódicamente se reunían unos cuantos jóvenes matriculados en la Facultad de Ciencias de la Información que soñaban con trabajar en el mundo del cine. Eran, entre otros, Óscar Ladoire, Antonio Resines, el hoy crítico cinematográfico Carlos Boyero y un chico estrábico al que sus compañeros, cuando querían burlarse de él, le llamaban «el panavisión».

Fernando Trueba (1955) era uno de esos locos por el cine que veía todo lo que se estrenaba y devoraba cuantas sesudas revistas de crítica cinematográfica caían en sus manos: «Soy un cinéfilo empedernido porque el cine es lo más importante de mi vida, es mi forma de relacionarme con el mundo, y aunque no hiciera películas me pasaría la vida viendo, hablando y escribiendo de cine.» A mediados de la década de los 70 se encargaba de la programación del Cine-estudio Griffith, una pequeña sala de las llamadas entonces de arte y ensayo. También colaboraba con distintas publicaciones cinematográficas al tiempo que realizaba con sus amigos algunos cortometrajes. Un día fue a ver a Fernando Colomo para hacerle una entrevista a raíz del estreno de *Tigres de papel*. Enseguida surgió entre los dos una gran complicidad y muy pronto comenzaron a colaborar codo con codo escribiendo guiones. Fruto de este trabajo conjunto nacieron *La mano negra* (1980), una comedia con tintes de *thriller* policiaco, y un episodio de la película *Cuentos eróticos* (1980) que titularon *Koñensonaten*, una parodia de las películas de Bergman, hablada en un imposible sueco inventado y con subtítulos en castellano.

En el verano de 1979 Trueba y Óscar Ladoire terminaron de escribir el guión de una película y se lo dieron a leer a Colomo. Mientras esperaban el veredicto del director bajaron a un bar cercano a tomar unas cañas. Cuando, al cabo de unas horas, volvieron a subir al piso, encontraron a Colomo con las gafas empañadas de tanto reír. El guión le gustó tanto que decidió producir la película. Contaba la historia de un joven periodista separado y calavera que se encontraba con su prima en la boca del metro de Ópera. Con un argumento así y, siendo la primera película de Fernando Trueba como director, el filme no podía titularse de otra manera que *Ópera prima* (1980).

¿Cuánto tiempo estuvo *Ópera prima* en cartel?

Ópera prima se rodó en tan sólo cuatro semanas y con muy poco presupuesto. Estaba protagonizada por Oscar Ladoire, Paula Molina y Antonio Resines.

Se estrenó el 4 de abril de 1980 en el cine Paz de la calle Fuencarral, una de las calles con más cines por metro cuadrado de la capital, y en el primer fin de semana de proyección no acudió a verla casi nadie. Sin embargo, poco a poco, comenzaron a publicarse las primeras críticas favorables y empezó a correr el «boca a oreja» como si fuera pólvora. El público la recomendaba apasionadamente. La encontraba divertida, distinta, fresca, poblada por personajes cercanos y reconocibles que hablaban con desenfado de sexo y de amor. *Ópera prima* se mantuvo todo un año en cartel, recaudó más de 200 millones de pesetas y se convirtió en la película más comercial de la temporada, amén de todo un fenómeno social. Paradójicamente, el único avergonzado por tanto éxito fue el propio Fernando Trueba que, durante ese año, no se atrevió a pisar la calle Fuencarral. Ver su nombre en letras grandes en la cabecera de un cine le producía un gran sonrojo.

Y después de *Ópera prima* ¿cuál fue la «ópera segunda» de Fernando Trueba?

Después del gran éxito de *Ópera Prima* Fernando Trueba tardó dos años en rodar su siguiente película. Se tituló *Mientras el cuerpo aguante* (1982) y era un documental sobre el cantautor Chicho Sánchez Ferlosio. El filme, muy distinto en tono y forma a la comedia desenfadada con la que había debutado, no tuvo ni el beneplácito del público ni las buenas críticas de su primer trabajo. Una de estas reseñas negativas, escrita cuando la cinta se presentó en el Festival de San Sebastián, estaba firmada por Diego Galán y publicada en el diario *El País*. Cuando Trueba la leyó planeó una pequeña pero fría venganza. Pocos días después, arrojó un cubo de agua sobre la cabeza del crítico mientras que un fotógrafo inmortalizaba ese húmedo momento. Lo que en principio fue calificado como una intolerable «agresión» se convirtió con el tiempo en una divertida anécdota y años después, cuando crítico y cineasta hicieron las paces, recordaron los nombres de aquellos que, o bien, habían apoyado al «agresor» o, por el contrario, se habían solidarizado con el agredido. Entre risas descubrieron que había muchos que habían hecho las dos cosas, es decir, primero dieron una palmada en la espalda a Trueba para luego abrazar efusivamente a Diego Galán.

La del cubo del agua no fue su única «hazaña» en aquellos años, porque al comienzo de su carrera Trueba era un verdadero agitador. En otra ocasión entregó una ristra de chorizos a Luis García Berlanga. No se trataba de un ataque personal ni de un insulto sino su particular forma de homenajear al director al que consideraba el mejor estudioso del «chorizo nacional».

Rendido admirador de Ernst Lubitsch y de Billy Wilder, después de *Mientras el cuerpo aguante*, Trueba rodó dos comedias: *Sal Gorda* (1983) y *Sé infiel y no mires con quién* (1985). Pero fue un año después, con *El año de las luces*, cuando encontró definitivamente su propia voz, su personal estilo dentro del cine español. En efecto, *El año de las luces* tiene, sí, esos «toques» de comedia que tanto le gustan, pero también una sensibilidad y cierta amargura que la hacen más cercana al cine francés, al de Jean Renoir en concreto, del que Trueba también se declara fiel devoto. *El sueño del mono loco* (1989) significó un nuevo giro en su filmografía. Por primera vez rodaba en inglés y a sus órdenes se encontraba toda una estrella del cine americano, Jeff Goldblum. Era, además, una película más oscura que las anteriores, casi tenebrosa, que hablaba de obsesiones personales y del cine como último refugio para no crecer, para no madurar, para no hacerse mayor. Comenzaba así una nueva etapa en su filmografía.

¿Por qué se prohibió *El crimen de Cuenca*?

El crimen de Cuenca (1979) contaba una historia real. En 1910, en el pequeño pueblo de Osa de la Vega, desapareció un pastor, y dos personas fueron acusadas de su asesinato. Los sospechosos fueron sometidos a terribles torturas por la Guardia Civil y acabaron admitiendo el homicidio. Fueron juzgados y finalmente condenados a 18 años de cárcel. Décadas después, cuando ya todo parecía olvidado, apareció por el pueblo el pastor supuestamente asesinado y se tuvo que reabrir el caso y aclarar lo sucedido.

El proyecto de hacer una película sobre ese tremendo error judicial había llegado a la mesa del productor Alfredo Matas, que pidió a Pilar Miró que lo dirigiera. Los problemas empezaron nada más terminar el rodaje. A finales de 1979 la Dirección General de Cinematografía no otorgó a la productora la habitual licencia de exhibición porque, según se decía en un informe, la película incluía escenas que podían ser consideradas delito, en concreto el planteamiento y duración de las escenas de tortura y la crudeza de las mismas. Pocos meses después, en febrero de 1980, un juzgado militar ordenó «secuestrar» la película y procesó a su directora, Pilar Miró, por presuntas injurias a la Guardia Civil. El caso se fue complicando y la realizadora, en libertad condicional, tenía que presentarse en el juzgado los días uno y quince de cada mes mientras esperaba el Consejo de Guerra y una petición de pena de seis años de cárcel. Finalmente, después de casi dos años de controversia en los tribunales, el caso fue sobreseído y el largometraje pudo estrenarse en agosto de 1981, siendo un éxito de público.

A **Pilar Miró (1940-1997)** le gustaba que la comparasen con dos de sus ídolos cinematográficos: el Gary Cooper de *Solo ante el peligro* y el Errol Flynn de *Murieron con las botas puestas*. Y es que, como los actores de esas películas, a lo largo de su vida ella tuvo que enfrentarse innumerables veces y en solitario a graves vaivenes tanto personales como profesionales mientras la muerte la rondaba de manera implacable. Nació en Madrid en 1940, estudió Derecho y Periodismo, se matriculó en la Escuela Oficial de Cine y cuando se inauguró Televisión Española se convirtió en la primera mujer realizadora de la casa. Allí adaptó para la pequeña pantalla obras de autores como Dickens, Dostoyevsky, Unamuno, Lope de Vega... En el verano de 1975 tuvo que ser intervenida de corazón a vida o muerte, una experiencia vital que reflejaría años después en el filme *Gary Cooper que estás en los cielos* (1981), protagonizado por Mercedes Sampietro. Antes, en 1976, había dirigido su primer largometraje, *La Petición*, basado en un cuento de Émile Zola y el ya mencionado y controvertido *El Crimen de Cuenca*.

Cuando en 1982 el PSOE ganó las elecciones generales fue nombrada Directora General de Cinematografía y, durante los tres años que ocupó el cargo, gracias a la llamada «Ley Miró», impulsó una política proteccionista de la cinematografía nacional mediante un sistema de subvención anticipada que llegaba a cubrir el 50 por ciento del presupuesto de una película. La ley Miró resultó muy controvertida. Los sectores más conservadores acusaron a la directora de fomentar el amiguismo a través de las comisiones que debían conceder esas subvenciones y también de discriminar, por motivos ideológicos, algunos proyectos que se presentaban. Sin embargo, mientras estuvo en vigor la ley, la calidad media de las películas españolas aumentó notablemente y muchas de ellas encontraron una salida comercial fuera de nuestras fronteras. En cuanto a la exhibición, la ley establecía una cuota de pantalla que obligaba a estrenar una película española por cada tres extranjeras. También se regulaba la existencia de las «salas X», destinadas a la proyección de películas pornográficas.

Con una nueva operación de corazón a sus espaldas fue nombrada, en 1986, Directora General de Radiotelevisión Española, un cargo del que fue destituida después de que se hiciera público un escándalo sobre la utilización de fondos públicos para regalos y vestidos personales. A partir de entonces Pilar Miró, decepcionada por las intrigas de la política y la traición de los que creía amigos y compañeros, se dedicó sólo al cine y realizó alguna de sus mejores películas, como *Beltenebros* (1991), *El pájaro de la felicidad* (1993) o *El perro del Hortelano* (1996), la adaptación de una obra de Lope de Vega, recitada íntegramente en verso y por la que ganó el Goya a la mejor dirección, convirtiéndose en la primera mujer que lo conseguía.

En muchas de sus películas Pilar Miró hablaba de la soledad, de amores frustrados, de la muerte... «Me hubiera gustado retratar el alma masculina de la misma manera que Bergman lo ha hecho con la femenina», decía. Tenía una personalidad compleja y contradictoria. Poseía un carácter fuerte, a veces duro, dentro de un cuerpo frágil. Era ferozmente independiente y solitaria pero debía trabajar en equipo, moviendo personajes, desarrollando historias o estando al frente de organismos oficiales. Huía de las recepciones y de actos multitudinarios y, sin embargo, fue la encargada de realizar la retransmisión de las bodas de las infantas, las hijas del rey Juan Carlos, con el que, desde joven, mantenía una gran amistad. Precisamente pocos días después de terminar su trabajo en la boda de la Infanta Cristina, en octubre de 1997, el corazón le falló definitivamente.

¿Quién es el director que mejor reflejó la marginalidad durante la década de 1980?

Drogadictos, delincuentes juveniles, chavales desarraigados e inadaptados, «chaperos»... Así eran los personajes que protagonizaron habitualmente las películas de **Eloy de la Iglesia (1944–2006)** en los 80. Títulos como *Navajeros* (1981), *Colegas* (1982), *El pico* (1983) y *El pico 2* (1984), además de funcionar bastante bien en las taquillas, reflejaban una realidad que se palpaba en aquel tiempo a pie de acera y que suponía toda una preocupación social: los estragos que causaba la heroína entre los jóvenes.

Guipuzcoano de nacimiento, Eloy de la Iglesia quiso matricularse en la Escuela Oficial de Cine pero su solicitud, al no haber cumplido los 21 años, fue rechazada. Las trabas burocráticas, sin embargo, no impidieron que, a la larga, se dedicara al cine. Casi al mismo tiempo que estrenaba su primera película, *Fantasía 3* (1966), una adaptación de tres cuentos clásicos infantiles, ingresó en el entonces clandestino Partido Comunista. Sus primeras películas eran miradas con lupa por la censura franquista. De una de ellas, *El techo de cristal* (1971), las autoridades rechazaron hasta seis guiones; el rodaje de otra, *La semana del asesino* (1972), fue prohibido a las tres semanas de haberse iniciado y, cuando se terminó, recibió más de sesenta cortes antes de ser autorizada. Al llegar la democracia Eloy de la Iglesia pudo desarrollar finalmente el tipo de cine que más le gustaba, un cine que criticaba a la burguesía y a la Iglesia pero que también intentaba romper tabúes en la propia izquierda. Así, José Sacristán protagonizó en 1979 *El diputado*, la historia de un parlamentario de izquierdas que ve cómo su homosexualidad se convierte en un impedimento para liderar su partido. En muchas ocasiones los protagonistas de sus películas eran muchachos reclutados en las calles, que vivían, al igual que los personajes que interpretaban, al borde mismo de la marginalidad. Algunos de ellos, como José Luis Fernández «El Pirri» o José Luis Manzano, murieron incluso de sobredosis. El propio Eloy de la Iglesia no se libró tampoco de las garras de la droga y, después de rodar uno de sus grandes éxitos, *La estanquera de Vallecas* (1987), abandonó el mundo del cine. Regresó completamente desintoxicado, ya entrado el año 2000, para filmar la que sería su última película, *Los novios búlgaros* (2003).

¿Qué premios internacionales obtuvo el cine español durante la Transición?

La apertura política que vivía nuestro país después del franquismo y la paulatina instauración de la democracia despertó, fuera de nuestras fronteras, una indudable corriente de simpatía y solidaridad de la que el cine recogió algunos sabrosos frutos. Las películas españolas comenzaron a verse en festivales y certámenes cinematográficos con una nueva mirada, con otros ojos, como si se redescubriera un país en el que nadie, durante décadas, se hubiera fijado.

En 1976, José Luis Gómez, ganó el premio al mejor actor en el festival de Cannes por *Pascual Duarte* de Ricardo Franco y en 1984, también en el prestigioso certamen de la Costa Azul, Alfredo Landa y Paco Rabal, compartían el mismo galardón por *Los Santos inocentes* de Mario Camus. Pero durante esas dos décadas quizá fue la Berlinale, el Festival de Berlín, el más generoso con nuestra cinematografía. En 1977 Manuel Gutiérrez Aragón ganó el Oso de Plata al mejor director por *Camada Negra* y, en esa misma edición, Fernando Fernán Gómez obtenía el premio al mejor actor por *El Anacoreta* de Juan Estelrich. Un año después, en 1978, un corto, *Ascensor* de Tomás Muñoz, y dos largometrajes, *Las palabras de Max* de Emilio Martínez Lázaro y *Las Truchas* de José Luis García Sánchez, obtenían, en sus respectivas categorías, el máximo galardón del festival, el Oso de Oro. Carlos Saura y Mario Camus volverían a conquistar el plantígrado dorado en 1981 con *Deprisa, deprisa* y, en 1983, con *La Colmena* respectivamente, mientras que en 1985 Fernando Fernán Gómez repetía premio como mejor actor por *Stico* de Jaime de Armiñán. En 1987 Fernando Trueba, con *El año de las luces*, también consiguió «rascar» un premio en Berlín y finalmente, en 1991, Victoria Abril conseguía el Oso de Plata a la mejor actriz por su trabajo en *Amantes*, de Vicente Aranda.

¿Por qué se hizo famosa en *Amantes* la escena del pañuelo?

Nada más proyectarse en el Festival de Cine de Berlín *Amantes* de Vicente Aranda, en la posterior rueda de prensa oficial, un asombrado e ingenuo periodista preguntó: «¿Me pueden decir en qué consiste la técnica del pañuelo?». El corresponsal se refería a uno de los momentos más sensuales y eróticos de la película en el que los dos protagonistas, Victoria Abril y Jorge Sanz, «jugueteaban» en la cama con un pañuelo de seda. Ciertamente, como reconocían entre risas los actores, el susodicho pañuelo había dado mucho «carrete». Esa escena no hizo sino aumentar la fama que ya tenía Aranda de ser el director que se atrevía a rodar las escenas de sexo más osadas del cine español. Basta con ver algunas secuencias de *Si te dicen que caí* (1989), *Intruso* (1993) o *El Amante bilingüe* (1993) para comprobarlo. Y es que, para Aranda, cuando el erotismo se vincula con la emoción, se convierte en una bomba que traspasa las pantallas.

El padre de **Vicente Aranda (1926)** era fotógrafo ambulante y, por tanto, el mundo de la imagen estuvo desde siempre muy ligado a su vida. Como les ocurría a otros niños de su generación, el cine fue una de sus grandes pasiones, hasta tal punto que sus hermanas le olían la ropa para detectar si desprendía tufillo a Zotal, un desinfectante que en esa época se usaba en los cines. Era la prueba definitiva que delataba que el pequeño Aranda había estado toda la tarde sentado a pie de pantalla.

Sin embargo, después de la Guerra Civil, Aranda tuvo que aparcar su entusiasmo por la cinematografía. Había que ganarse la vida y, sin poder terminar el bachillerato, trabajó en los más variados oficios. En 1952 emigró a Venezuela. Allí, una tarde, vio *Muerte de un ciclista* de Juan Antonio Bardem. Cuando acabó la sesión decidió volver a España y convertirse definitivamente en lo que realmente deseaba: director de cine. Ya en Barcelona trabó amistad con escritores como los hermanos Goytisolo o Juan Marsé, y con los cineastas Joaquín Jordá o Román Gubern. Con este último dirigió en 1964 su primera película, *Brillante porvenir*, que dio paso a una etapa de aprendizaje, de experimentación y de cine de vanguardia. Rodó *El cadáver exquisito* (1969) o *La novia ensangrentada* (1972), dentro de lo que se llamó la Escuela de Barcelona. Pero fue en 1977, con *Cambio de sexo*, cuando su estilo de cine comenzó a cambiar. Además, ahí trabajó por primera vez con la que, durante muchos años, se iba a convertir en su actriz fetiche, Victoria Abril.

Con ella y acompañada de sus otros dos actores favoritos, Jorge Sanz e Imanol Arias, consiguió en los 80 un gran éxito popular llevando a las pantallas, tanto del cine como de la televisión, la vida de Eleuterio Sánchez, «El Lute», el enemigo público número uno de la España de finales del franquismo.

A lo largo de los años, en su cine, Aranda ha retratado, desde distintas perspectivas, la historia reciente de España, la Guerra Civil y los primeros años del franquismo en títulos como *Tiempo de silencio* (1986), *Los jinetes del Alba* (1990) o *Libertarias* (1996). Sus películas más recientes, en cambio, son menos políticas y tienen nombre propio: *Juana La Loca* (2001), *Carmen* (2003), *Tirante el Blanco* (2006)... Y aunque en su cine sigue habiendo escenas «calientes», éstas han ido disminuyendo paulatinamente: «Cuando hice *El amante bilingüe* (1993) quise parodiar mi afición por incluir escenas de sexo e hice que los amantes volaran por el aire con una intención cómica, pensando que ya no podría hacerlo en serio una vez más. Además ahora estoy buscando que la estimulación erótica venga por otro lado, la busco en el alma, quizá porque me vuelvo viejo», explicaba. En 2007, con *Canciones de amor en Lolita's Club*, ha vuelto a llevar a las pantallas una novela del autor que a lo largo de su carrera más veces ha adaptado al cine, su paisano Juan Marsé.

¿Es verdad que Victoria Abril comenzó siendo azafata del *Un, dos, tres...*?

De niña Victoria Mérida Rojas, que es el verdadero nombre de **Victoria Abril (1959)**, no quería ser actriz sino bailarina y, gracias a sus dotes como tal, le ofrecieron intervenir en su primera película. Antes de que se cruzara en su vida Vicente Aranda con *Cambio de sexo* (1977), ya había participado con pequeños papeles en algunos títulos, entre ellos *Robin y Marian* (1976), nada menos que junto a Sean Connery y Audrey Hepburn. Luego, su participación como la azafata que daba las respuestas acertadas y el dinero que ganaban los concursantes en el *Un, dos tres, responda otra vez*, el concurso más popular de la televisión, hizo de ella un rostro muy conocido en toda España. Victoria tenía entonces tan sólo dieciséis años, era menor de edad y su madre administraba todo el dinero que ganaba.

Fue en 1980, con *Mater amantísima*, cuando interpretando a la madre de un niño autista, desplegó todas las posibilidades que atesoraba como actriz. Era un papel, duro, complejo, doloroso... Victoria salió airosa de semejante envite y el público y la crítica descubrieron que esa chica que salía en la tele con gafas y minifalda era algo más que una simple famosa. Por aquellos años, además, la actriz copaba las portadas de las revistas del corazón por su turbulenta vida amorosa. Cuando sólo contaba diecisiete años quiso casarse pero, al ser menor de edad, su madre le negó el correspondiente permiso. La prensa sensacionalista entró a saco en su vida y aireó todas las desavenencias con su familia. Unos años más tarde tomó una decisión radical: se trasladó a vivir a París e intentó buscar allí el anonimato y la libertad personal y profesional que le faltaban en España. La apuesta le salió redonda porque, desde entonces, rueda películas indistintamente en España y en Francia, en donde la consideran una actriz nacional más.

En nuestro país, además de sus trabajos para Aranda y Almodóvar, ha dejado un puñado de actuaciones memorables. Ha trabajado con Mario Camus en *La Colmena* (1982), con Jaime Chávarri en *Las bicicletas son para el verano* (1984) y con Carlos Saura en *El séptimo día* (2004), pero fue, sin duda, a las órdenes de Agustín Díaz-Yanes cuando filmó uno de los mejores papeles de toda su carrera, el de *Nadie hablará de nosotras cuando hayamos muerto* (1995), por el que ganó el Goya a la mejor actriz y el premio a la mejor interpretación en el Festival de San Sebastián.

Su paso por el cine americano, en donde actuó en un filme titulado *Jimmy Hollywood* (1994), le dejó, sin embargo, completamente frustrada ya que nunca logró adaptarse plenamente al sistema de rodaje que allí se sigue. Años después de esta primera experiencia, estuvo a punto de ser contratada para la película *Acoso*, en la que compartiría cartel junto a Michael Douglas, pero el proyecto finalmente no cuajó. Siempre cuenta que, en lugar de la frialdad y la incomunicación que sufrió en Estados Unidos, necesita, tanto con el director como con sus compañeros de rodaje, un cara a cara continuo, un intercambio de ideas e incluso, a veces, hasta una buena discusión que haga saltar chispas. Victoria Abril no es de las que se callan; no es sumisa ni ante los directores ni ante la prensa. Es visceral, testaruda y peleona; dice directamente lo que piensa y difícilmente da su brazo a torcer. Confiesa que, ante la cámara, desconoce lo que es la palabra pudor y que por eso no le importa interpretar las escenas de sexo más duras o los desnudos más atrevidos. Es más, en algunas de ellas, como la que protagonizó en *Átame* con Antonio Banderas, se lo pasó estupendamente. Y no está dispuesta a parar. Lleva más de 80 películas a sus espaldas y sigue leyendo todos los guiones que le llegan con la avidez de una novata.

¿Cuándo se fundó la Academia del cine español?

El 12 de noviembre de 1985, a instancias del productor Alfredo Matas, se reunieron en un restaurante de Madrid una serie de directores, actores y profesionales del mundo del cine. En esa comida, donde se encontraban entre otros el director Luis García Berlanga y los actores José Sacristán y Charo López, se decidió crear una asociación profesional que fomentara y protegiera los intereses del cine español. El 8 de enero de 1986, avalada con la firma de 87 miembros, se presentó ante el Ministerio del Interior la solicitud de inscripción de esa agrupación que se iba a llamar desde entonces la Academia de las Artes y Ciencias Cinematográficas de España. Casi un mes después, el 3 de febrero, la nueva Academia se presentaba públicamente ante los medios de comunicación con José María González Sinde a la cabeza como primer presidente.

La Academia del cine español nacía así a imagen y semejanza de la de Hollywood o de la de Francia y con la intención de promocionar y apoyar la cinematografía nacional. Una de las primeras decisiones que tomó la primera Junta Directiva fue crear unos premios que reconocieran, cada año, el trabajo de actores, directores y demás profesionales, y que ocuparan el lugar de los galardones que, durante el franquismo, otorgaba el extinto Sindicato Nacional del Espectáculo.

¿Por qué los Premios Goya no se pueden llamar Premios Goya?

Porque ese nombre, «Premios Goya», está registrado como tal por la Asociación de fotógrafos de Zaragoza desde 1985 y la Oficina de Patentes, después de varios años de litigio, prohibió a la Academia del cine español utilizar tajantemente ese término. Así, el nombre oficial de los galardones es Premios Anuales de la Academia aunque, popularmente, todos los conocemos como «los Goya».

Elegir ese nombre también desató alguna controversia. Desde un principio se pensó que la máxima distinción de la Academia tuviera un nombre universal, que trascendiera al propio mundo del cine. Se barajaron algunos otros como «los Buñuel» o «los Lumière», pero finalmente se eligió el apellido del pintor aragonés porque, además de cumplir el requisito de la universalidad, muchas de sus pinturas y dibujos tienen algo de cinematográfico, son como fotogramas de películas pintados al óleo.

La primera estatuilla escogida como trofeo fue diseñada por el escultor Miguel Berrocal. Era un busto del pintor aragonés que pesaba más de seis kilos y que guardaba en su interior una sorpresa. Efectivamente, apretando un botón, salía de la cabeza del artista, una cámara cinematográfica con la forma de un mapa de España. Después de las primeras ediciones se comprobó que tal artilugio era totalmente innecesario. Además, debido a su peso, prácticamente nadie podía sostener en las manos semejante «cabezón». El premio se diseñó nuevamente y el nuevo Goya, ese que año a año podemos contemplar en cada ceremonia, es obra de José Luis Enrique Fernández. La famosa cámara interna desapareció y el peso del busto se redujo en unos cinco kilos.

La primera ceremonia de los Goya se celebró el 16 de marzo de 1987 en el cine Lope de Vega de Madrid. Acudieron los Reyes, que fueron obsequiados con el primero de los premios que esa noche otorgaba la Academia. La gran triunfadora fue *El viaje a ninguna parte* de Fernando Fernán Gómez. Obtuvo tres galardones: mejor película, mejor director y mejor guión. Estos dos últimos recayeron en el propio Fernán Gómez que, además, se llevó el Goya al mejor actor por *Mambrú se fue a la guerra*. La mejor actriz fue Amparo Rivelles por *Hay que deshacer la casa*, mientras que los premios a los mejores secundarios o actores de reparto los ganaron Miguel Rellán por *Tata mía* y Verónica Forqué por *El año de las luces*.

A lo largo de todos estos años han destacado películas como *Días contados* de Imanol Uribe con diecinueve nominaciones, *La niña de tus ojos* de Fernando Trueba con dieciocho o *Belle epoque*, también de Trueba, con diecisiete. *Mar adentro* de Alejandro Amenábar consiguió catorce «Goyas» de un total de quince candidaturas y *Ay Carmela* de Carlos Saura, trece premios de quince nominaciones.

¿Cuál fue el segundo Oscar del cine español?

Ocurrió el 21 de marzo de 1994 en el mítico Dorothy Chandler Pavillion de Los Ángeles, la misma noche que Steven Spielberg por fin triunfaba ante la industria de Hollywood con *La Lista de Schindler*. Anthony Hopkins abrió el sobre y leyó el nombre de *Belle Epoque* como ganadora del Oscar a la mejor película en lengua no inglesa. Fue entonces cuando Fernando Trueba, que se había afeitado la barba el día anterior y que iba vestido con un elegante *smoking*, pronunció unas palabras de agradecimiento que han pasado a la historia: «Me gustaría creer en Dios para poder agradecerle este premio pero sólo creo en Billy Wilder así que gracias señor Wilder.» Al día siguiente Billy Wilder telefoneó a Trueba y le dijo: «¿Fernando?, soy Dios. Desde ayer la gente, cuando me ve por la calle, se para y se arrodilla para adorarme.»

Belle Epoque, con guión de Rafael Azcona, contaba los amores de un desertor del ejército, Jorge Sanz, con las cuatro hijas de un pintor anarquista en tiempos de la II República española. Es un filme que refleja, como ningún otro, el pensamiento libertario del director, para quien el estado de felicidad permanente sería aquel en el que apenas hubiera reglas, un mundo de amor libre. Curiosamente, la idea matriz de *Belle Epoque* nació muchos años atrás en la mente de Trueba, concretamente cuando conoció a la familia de su mujer, Cristina Huete. Al igual que ocurre en la película, las Huete son cuatro hermanas y su padre, Manuel, que tenía una pequeña participación en el filme, guardaba en su carácter e ideología muchas semejanzas con el pintor que interpreta Fernando Fernán Gómez.

La aventura del Oscar de *Belle Epoque* no sería la única que Trueba iba a vivir en Norteamérica. Su siguiente película, *Two much* (1995), la rodó en inglés y en las calles de Miami. En ella intervenían estrellas de Hollywood tan conocidas como Melanie Grifith, Daryl Hannah o Joan Cusack. El protagonista del filme era Antonio Banderas que, en aquel tiempo, ya estaba instalado en Los Ángeles y comenzaba a hacerse un hueco entre los latinos más cotizados de la industria americana. Con semejante reparto y con la aureola del Oscar de Trueba aún reciente, *Two much* pretendía abrir una pequeña brecha en el exigente mercado americano. Sin embargo no lo consiguió. En España fue un éxito aún mayor que *Belle Epoque*, convirtiéndose en la película más taquillera del año, pero en Estados Unidos pasó completamente desapercibida y para la mayoría de los comentaristas sólo es el filme donde se conocieron y enamoraron Antonio Banderas y Melanie Griffith.

¿Cómo reaccionó Imperio Argentina cuando se estrenó *La niña de tus ojos*?

Para evitar un enfrentamiento con la mítica actriz, Fernando Trueba negaba que la película recreara hechos reales. Siempre dijo que lo único que pretendía era contar los avatares de un grupo de cineastas que van a la Alemania nazi a rodar una «españolada» y que si hubiera querido filmar un *biopic* sobre la vida de la artista, nadie lo podría haber impedido. Lo cierto es que Imperio Argentina se enfadó mucho cuando se enteró del proyecto porque creyó que el papel que interpreta Penélope Cruz estaba directamente inspirado en ella y en sus vivencias en Alemania, sobre todo sus devaneos con la jerarquía nazi.

La niña de tus ojos (1998) fue otro gran éxito de taquilla, ganó siete premios Goya, entre ellos el de mejor película y, de alguna manera, cierra un ciclo en la filmografía de Trueba. A partir de entonces el director, con la excepción de *El embrujo de Shanghai* (2002), se ha lanzado a indagar otras formas cinematográficas más libres y frescas y a tratar otra de sus grandes pasiones: la música. En *Calle 54* (2000) filmó a sus músicos preferidos de jazz latino: Michel Camilo, Bebo y Chucho Valdés, Tito Puente, Jerry González... y en *El milagro de Candeal* (2004) se acercaba a la ciudad brasileña de Salvador de Bahía para contar, con el fondo musical de los tambores y el ritmo de Carlinhos Brown, los proyectos sociales que se emprenden en esta barriada y que intentan sacar a sus habitantes de la miseria. Pero la pasión de Trueba por la música y el cine es insaciable y su siguiente proyecto, un nuevo documental musical, cuenta la vida y la muerte de Francisco Tenorio Jr., un pianista brasileño compañero de Toquinho y Vinicius de Moraes, asesinado en 1976 durante la dictadura militar argentina.

¿Cuál fue la polémica que rodeó a *El embrujo de Shanghai*?

En un principio, el productor de la película, Andrés Vicente Gómez, encargó la adaptación cine-

matográfica de la novela de Juan Marsé a Víctor
Erice, el director de *El espíritu de la colmena* y *El sur*.
Erice, después de interminables discusiones con el
productor y de escribir diez versiones distintas del
guión, abandonó el proyecto. La razón que esgrimió
Andrés Vicente Gómez fue que la película resultan-
te iba a ser muy larga, entre dos horas y veinte minutos y tres horas, y que con esa duración no había para
ella ningún hueco en el mercado internacional. Fue
entonces cuando Fernando Trueba se hizo cargo del
proyecto. El director madrileño era consciente de
que no sólo debía realizar una película sino que su
trabajo, además, se iba a comparar inevitablemente
con la película fantasma, jamás rodada por Víctor
Erice. Así ocurrió y *El embrujo de Shanghai* (2002) fue
un gran fracaso en las taquillas, uno de los pocos, por
no decir el único, que a lo largo de su carrera ha
sufrido Trueba.

¿En qué película Antonio Resines dejó de hacer de Resines?

Desde que debutó en 1980 con *La mano negra* de
Fernando Colomo y *Ópera Prima* de Fernando Trueba, a **Antonio Resines (1954)** se le había considerado fundamentalmente como un actor de comedias
especializado casi siempre en papeles de tipo ingenuo, bonachón, pícaro y, sobre todo, de impeniten-
te gruñón.

Hijo de una familia de abogados, comenzó estu-
diando la carrera de Derecho pero muy pronto dejó
aparcados los «códigos» para decantarse por el ambiente más «canalla» y bohemio que se respiraba en
los pasillos de la Facultad de Ciencias de la Información. Ya desde el inicio de su carrera en el cine se le
vio como el perfecto continuador de los personajes

que, en otro tiempo, interpretaron los Landa, López Vázquez o Sacristán: hombres normales y corrientes, de esos que se pueden encontrar en cualquier calle y que, de alguna manera, representan al españolito medio.

Resines parecía anclado en comedias y en personajes que, en muchas ocasiones, parecían clónicos unos de otros. En una película era el marido de Verónica Forqué; en otra, de Carmen Maura; en la siguiente volvía con la Forqué... El tipo duro que había interpretado en *Todo por la pasta* (1991) era tan sólo una pequeña excepción. Por eso sorprendió, y mucho, que el director Ricardo Franco le ofreciera un personaje radicalmente diferente a lo que habitualmente venía interpretando. Por primera vez en toda su carrera Resines tendría que meterse en la piel de un tipo que no iba a despertar ni una carcajada, ni siquiera una leve sonrisa sino todo lo contrario, debía provocar un nudo de emoción en las gargantas de los espectadores e incluso arrebatarles alguna que otra lagrimita. En *La Buena Estrella* (1997) Resines daba vida a un ser introvertido, herido física y anímicamente, que sufría por amor y por celos y que trasmitía, sobre todo, una descomunal bondad.

¿Y quién fue el responsable de este cambio?

La buena estrella se iba a titular en un principio *El manso*. Estaba basada en un suceso real: un triángulo amoroso que acabó de forma trágica, entre un carnicero castrado, una pobre chica huérfana y su novio, que acababa de salir de la cárcel. En un principio el productor Pedro Costa confió el proyecto a Juanma Bajo Ulloa pero, debido a las constantes desavenencias que hubo entre los dos, rompió el contrato que le unía con el director vasco y encargó la película a

Ricardo Franco (1949-1998). Ricardo era sobrino de Jesús Franco, el rey de las producciones de serie Z del cine español. En 1970 rodó *El desastre de Annual,* un filme que ganó el principal galardón del Festival de Benalmádena. Al recoger el premio, Ricardo saludó puño en alto a las autoridades franquistas. Fue detenido, acabó en prisión y la película, prohibida por las autoridades, nunca llegó a estrenarse. Una vez muerto el dictador, llevó a las pantallas *Pascual Duarte* (1976), basada en la obra de Camilo José Cela, y la que muchos consideran su película más personal, *Los restos del naufragio* (1978), que aunque gustó a la crítica, como ocurre tantas veces, fue ignorada completamente por el público. Tras unos años de estancia en Méjico se convirtió en un director «guadiana», de esos que aparecían y desaparecían periódicamente del primer plano de la actualidad cinematográfica.

Antes de hacerse cargo de *La buena estrella* trabajó para la televisión en series como *La huella del crimen* o *La mujer de tu vida*. También había rodado largometrajes de ficción como *Berlín blues* (1988) o *El sueño de Tánger* (1991), y un documental, *Después de tantos años* (1994), la continuación de aquel mítico *El desencanto* en el que Jaime Chávarri había hurgado en las miserias de la familia del poeta Leopoldo Panero. Pero su salud era delicadísima. Padecía una aguda diabetes y se estaba quedando ciego. Su corazón, además, le daba periódicamente algún que otro susto. Recién salido de una operación, pidió al productor cambiar el tono de la historia que debía rodar. En lugar de hacer una película violenta y sangrienta filmaría una delicada y tierna historia de amor a tres bandas, y en vez de sacar lo peor de cada uno de los personajes, quería extraer lo mejor de ellos, lo más noble. Así, con ese espíritu, *La buena estrella* protagonizada, además de por Antonio Resines, por

Maribel Verdú y Jordi Mollá, se convirtió en una de las películas más bellas y emocionantes de los 90. Antonio Resines ganó, por ese papel en el que no hacía de Resines, el Goya al mejor actor y Ricardo Franco el de mejor director. Unos meses más tarde de recibir ese galardón, en abril de 1998, el director se colocaba nuevamente detrás de las cámaras dispuesto a dirigir su nuevo filme, *Lágrimas negras*, cuando sufrió un nuevo, y esta vez definitivo y mortal, ataque al corazón.

¿Cómo se distinguen las películas «Bigas» de las películas «Luna»?

Se trata de una broma que el propio autor hace con sus apellidos y que le ayuda a clasificar sus películas. «La familia de mi padre, los Bigas, era más intelectual, catalanista y cerebral y conformaron la parte masculina de mi ser; mientras que los Luna, la familia de mi madre, tenían más encanto y dulzura y de ella salió, indudablemente, mi alma femenina», explica. En su cine se produce esta dualidad. Hay películas «Bigas» y películas «Luna», e incluso algunas que toman algo de esas dos naturalezas y serían propiamente películas Bigas Luna. Lo que odia profundamente es que alguien le recuerde su nombre de pila, Juan José. Es más, en los últimos tiempos, ha abreviado su apellido. «Según los japoneses, cuando alguien cumple los 60 años puede cambiar de casa, de mujer, de trabajo... Tienes ese derecho», explica. «Además vivimos en una época en la que hay que aprender a vivir prescindiendo de muchas cosas. Yo he decidio reducir mi nombre. Ahora soy, simplemente, "Bi"».

Bigas Luna nació en Barcelona, en el barrio de Sarriá, en 1946. Antes de dedicarse al cine fue un diseñador industrial y de interiores de bastante éxito. Uno de sus proyectos, un armario transportable, obtuvo un importante premio internacional en 1970. Después de realizar unos cuantos cortometrajes, dirigió en 1976 su primer largo, *Tatuaje*, basado en la novela homónima de Manuel Vázquez Montalbán, en donde contaba las andanzas del detective Pepe Carvalho. Bigas Luna, según confesaría más tarde, comenzó a hacer esa película sin saber muy bien lo que era de verdad un rodaje y sin conocer todas las posibilidades que podía extraer de la cámara. Lo que sí tenía claro es que quería hacer una película arriesgada, novedosa y, sobre todo, muy libre.

En su segundo filme, *Bilbao* (1978), narraba la historia de la obsesión que tiene un psicópata por una prostituta del barrio chino de Barcelona. En ella Bigas dejaba ya bien claras cuáles iban a ser las señas de identidad de su cine: la presencia del erotismo, el gusto por lo onírico, lo fetichista, lo simbólico y, a veces, por lo surrealista. Según el director, *Bilbao* se rodó en 16 milímetros para que tuviera una estética parecida al cine independiente americano que tanto admiraba, pero lo cierto es que lo hizo en ese formato porque apenas tenía presupuesto. El filme poseía un alto contenido erótico. En una de las escenas se veía, por ejemplo, cómo se rasuraba el pubis de la actriz protagonista, Isabel Pisano, y las autoridades la calificaron como película «S», ya que, como decía la normativa de la época, «podía herir la sensibilidad del espectador». En el rodaje de esta secuencia se produjo una curiosa anécdota. Isabel Pisano quería que solamente intervinieran en la filmación de tan escabroso momento el cámara y el realizador. Bigas Luna le contestó que eso no era posible, que tenían que estar presentes también los eléctricos porque cobraban muy poco y habían aceptado trabajar en el filme para ver precisamente el rodaje de esa escena.

El caso es que el director italiano Marco Ferreri vio la película y recomendó que se proyectara en la Quincena de los Realizadores del Festival de Cannes, donde tuvo un gran éxito. Fue así como Bigas Luna se hizo un nombre en el panorama cinematográfico internacional.

Después de su siguiente filme, *Caniche* (1979), intentaría la aventura americana. El resultado fue *Reborn* (1981), protagonizada por Dennis Hopper, del que desde entonces Bigas Luna es íntimo amigo. En los años 80 rodaría *Lola* (1985), con Ángela Molina, y una curiosa película de terror, *Angustia* (1986), pero fue en los 90 cuando alcanzó plena popularidad, primero con *Las edades de Lulú* (1990), basada en la novela de Almudena Grandes y, sobre todo, con la llamada «trilogía ibérica»: *Jamón, jamón* (1992), *Huevos de oro* (1993) y *La teta y la luna* (1994).

¿Fue Bigas Luna el descubridor de Javier Bardem y Penélope Cruz?

Sí, y de hecho le hubiera gustado que Penélope interviniera en *Las edades de Lulú* haciendo de Lulú niña, pero Penélope tenía sólo 15 años y se consideró que la película era demasiado fuerte para ella. Javier Bardem, en cambio, sí que tiene un pequeño papel en la parte final del filme, en una escena sadomasoquista. Bigas Luna estaba seguro de que aquellos dos jóvenes se iban a convertir en estrellas, no sólo en España, sino también en el extranjero, y les dio los papeles protagonistas de su siguiente largometraje: *Jamón, jamón*. Penélope tenía 17 años; Javier, 23. Un día, en una pausa del rodaje, se reunió con ellos y con el tercer protagonista, Jordi Mollá, y les dijo: «con el tiempo seréis muy famosos». Los tres jóvenes pusieron cara de incredulidad y se rieron con semejante comentario pero, efectivamente, los años han demostrado que Bigas no se equivocó.

En *Jamón, jamón* el director dio rienda suelta a otra de sus grandes pasiones, la gastronomía, y consiguió que su película oliera a ajo y a tortilla de patatas, y que rezumara erotismo fotograma a fotograma. El filme es una fábula de amores no correspondidos entre niños ricos, jóvenes arribistas y putas de carretera, que trascurre en mitad de un desierto, Los Monegros, sólo roto en el horizonte por la silueta de un toro de Osborne, un símbolo de la España de siempre que va dando paso a otra distinta, esa que encarnan precisamente Penélope y Bardem.

En el segundo título de la trilogía, *Huevos de oro*, Bigas iba a retratar a la perfección a otro personaje que, ya por aquel tiempo, se estaba convirtiendo en uno de los arquetipos más reconocibles del paisaje nacional: el promotor inmobiliario, un tradicional macho ibérico convertido en nuevo rico. Finalmente, en la que cierra la serie, *La teta y la luna*, se volvía un poco más romántico y contaba, con una fina ironía catalana, la historia de tres hombres, dos adultos y un niño, enamorados de la misma mujer pero de distinta manera. Así, el amor de uno será más espiritual; el del otro más pasional, mientras que el crío está fascinado simplemente por su pecho.

¿Cuál fue el mayor escándalo que se vivió por una película de Bigas Luna?

Sucedió en la Mostra de Venecia en 1996. En Italia había una enorme expectación por ver *Bámbola*, un filme que protagonizaba Valeria Marini, una gran estrella de la televisión italiana. Bigas la había elegido, según confesión propia, porque se había enamorado de su trasero nada más verlo. Se sabía, además, que la película contenía un gran número de escenas eróticas, sobre todo una con una anguila que recorría el cuerpo desnudo de la actriz, y que el cineasta catalán y la artista italiana habían tenido grandes diferencias durante el rodaje. El caso es que la película se proyectó a medianoche, ante un auditorio lleno de críticos expectantes y, como se comprobó enseguida, con las uñas bien afiladas. A los cinco minutos, por un problema con el sonido, comenzaron las protestas. Luego siguieron las risotadas, los gritos, los abucheos y los insultos contra Bigas Luna y Valeria Marini. Un barullo que sólo se acalló una vez que la proyección terminó. *Bámbola*, gracias a la publicidad de ese escándalo, no fue del todo mal en las taquillas pero supuso uno de los grandes fracasos artísticos del director catalán. Quiso hacer una película llena de excesos y el tiro le salió por la culata. Quizá por eso, en sus siguientes películas, *La camarera del Titanic* (1996) y *Son de mar* (2001), decidió mostrar su otra alma, la más sosegada y tranquila, su lado más Luna. Pero que nadie se engañe, su parte Bigas sigue estando allí, en algún lugar de su cuerpo, agazapada, dispuesta a salir en cualquier momento, como ha demostrado en *Yo soy la Juani* (2006).

¿Qué directores han tratado en su cine el conflicto vasco?

Como no podía ser de otra manera, la situación política del País Vasco con el terrorismo de ETA tristemente presente en la vida española desde hace 40 años, ha quedado reflejada a lo largo de las últimas décadas en distintas películas. Ya el director italiano Gillo Pontecorvo contó en *Operación Ogro* (1979) el asesinato del penúltimo Presidente del Gobierno en tiempos de Franco, el almirante Luis Carrero Blanco. En otros casos, la sombra de la organización armada sobrevolaba la trama, como en *Sombras en una batalla* (1993) de Mario Camus, que contaba la historia de una antigua militante de la banda que deseaba abandonar la lucha armada. *El caso Almería* (1983), primera película del también productor Pedro Costa, abordaba uno de los sucesos más tristes y dramáticos de la Transición, la muerte de unos jóvenes que se dirigían a una comunión y a quienes la Guardia Civil confundió con miembros de la organización terrorista. En *Yoyes* (1999) Helena Taberna recordaba la vida de Dolores González Katarain, la primera mujer que formó parte de la cúpula de ETA y que, cuando abandonó la clandestinidad y regreso a su pueblo, fue asesinada por sus antiguos compañeros. Más recientemente, en 2004, hemos visto *Lobo* de Miguel Courtois, que cuenta la historia del primer infiltrado que pudo colocar la policía en la organización criminal, y *Gal* (2006) sobre la llamada «guerra sucia» durante los años 80.

Pero quizá haya sido el realizador **Imanol Uribe (1950)** quien más y mejor ha analizado en las pantallas este delicado y espinoso tema. Uribe es un vasco nacido en Centroamérica, en concreto en San Salvador. A los doce años, mientras sus amigos soñaban con convertirse en bomberos, abogados, arquitectos o futbolistas, él tenía claro que quería ser director de cine porque, pensaba que ser director le convertía casi en un «dios». A finales de los 70 comenzó lo que se conoció como «la trilogía vasca»: *El proceso de Burgos* (1979), *La fuga de Segovia* (1981) y *La muerte de Mikel* (1983). En la primera de ellas contaba el célebre Consejo de Guerra en el que dieciséis personas fueron acusadas de pertenecer a la organización terrorista y cometer diversos atentados; en la segunda recreaba la fuga de unos presos de ETA que tuvo lugar en la primavera de 1976 en la cárcel de esa capital castellana. Finalmente, en la tercera, tomando como punto de partida la extraña muerte de un farmacéutico que militaba en un partido abertzale, Uribe retrataba las tensiones sociales y políticas que se vivían entonces en Euskadi y de las que no se libraban ni siquiera los partidos de la izquierda independentista.

Años después, en 1994, con *Días contados,* volvería a introducirse en el siniestro universo de la organización terrorista contando la historia de un amor loco que surgía entre una «yonqui» y el jefe de un comando etarra que preparaba un atentado en Madrid. La película fue todo un éxito, tanto de crítica como de público. Triunfó con ocho galardones en los Goya, ganó la Concha de oro en el festival de San Sebastián y encumbró a dos de sus protagonistas masculinos, Carmelo Gómez y Javier Bardem, que obtuvo además el premio al mejor actor en San Sebastián y un Goya por su papel de drogadicto. *Días contados* sirvió también como alternativa a una nueva generación de jóvenes actrices: Candela Peña, Elvira Mínguez y la efímera Ruth Gabriel.

Además de sus películas «vascas» Imanol Uribe dirigió en los 90 algunos títulos que tuvieron una gran acogida popular. Es el caso de *El rey Pasmado* (1991), basada en la novela de Gonzalo Torrente Ballester, con Gabino Diego metiéndose en la piel del rey Felipe IV, o *Bwana* (1996), con la que ganó una nueva Concha de Oro y en la que trataba el drama de la emigración.

También el navarro **Montxo Armendáriz (1949)** quiso mostrar, aunque desde otra perspectiva, el paisaje tanto físico como social del País Vasco. Con su primer largometraje, *Tasio* (1984), se adentró en sus bosques y montes para contar la bucólica vida de un leñador y carbonero. En *27 horas* (1986), en cambio, su cámara abandonaba el campo para patear las calles de la ciudad y enfocar la vida de una pareja de adictos a la heroína, uno de los grandes problemas sociales de aquellos tiempos. Años después, tras haber retratado los problemas de los emigrantes en *Las caras de Alou* (1990) y de la juventud urbana más salvaje en *Historias del Kronen* (1995), regresaría a su cine más íntimo y personal, a los recuerdos de infancia en una de las mejores películas de toda su filmografía, *Secretos del Corazón* (1997), por la que fue candidato al Oscar. En *Obaba* (2005) tradujo en imágenes las diversas historias, tanto del pasado como del presente, que transcurrían en un pequeño pueblo, un universo fantástico y onírico, creado por el escritor Bernardo Atxaga.

¿Por qué levantó tanta polémica *La pelota vasca, la piel contra la piedra*?

El autor de este documental, el donostiarra **Julio Medem (1958)**, pretendía desmenuzar, mediante una polifonía de voces y distintas opiniones, las raíces del llamado conflicto vasco; las posibilidades de encontrar una paz definitiva y las relaciones entre Euskadi y el resto de España. Para ello Medem realizó más de cien entrevistas a políticos, profesores de universidad, periodistas, escritores y víctimas del terrorismo. No consiguió, sin embargo, que todos aceptaran ponerse frente a las cámaras. El filósofo Fernando Savater, uno de los intelectuales que más ha denunciado en estos últimos años la violencia de ETA y ha criticado la política nacionalista, se negó a participar en el documental porque, según dijo, el proyecto «no le inspiraba confianza». Asimismo, otras personas que, en un principio, habían aceptado hablar ante la cámara, pidieron que sus intervenciones fueran cortadas en el montaje final porque no estaban de acuerdo con la visión que Medem mostraba allí.

Era el año 2003. Gobernaba entonces el Partido Popular de José María Aznar y ETA, después de una tregua, había recrudecido su actividad terrorista. Además, el Lehendakari Juan José Ibarretxe había presentado una propuesta soberanista y las tensiones políticas entre el gobierno central y el vasco estaban más encendidas que nunca. En ese contexto Medem estrenó su documental en septiembre de 2003 en el Festival de San Sebastián y estalló la polémica. Desde los medios más cercanos al Partido Popular se le acusó de hacer apología del terrorismo y de equiparar a las víctimas de los terroristas con sus verdugos. La llama se avivó pocos meses después, en febrero de 2004, durante la ceremonia de entrega de los Goya. Esa noche *La pelota vasca* estaba nominada en la categoría de mejor documental y, a las puertas del Palacio de Congresos donde se celebraba la gala, se manifestaron decenas de personas convocadas por la Asociación de Víctimas del Terrorismo lanzando insultos y gritos contra el cineasta. Medem vivió, según sus palabras, el día más injusto y desmoralizante de su vida. Para colmo y, aunque fuera lo de menos, no ganó el Goya.

¿Cuándo dejó Medem su «ojo clínico» para desarrollar su «ojo cinematográfico»?

Julio Medem se licenció en Medicina y Cirugía por la Universidad del País Vasco. Quería ser psiquiatra pero, viendo cómo su padre hacía cortos domésticos en «super 8», nació su pasión por el cine, una pasión que acabó enterrando a la psiquiatría. Fue precisamente un ojo, el ojo de una vaca, el que en su primera película miraba incrédulo los amores, los odios y las eternas disputas de dos familias que vivían en caseríos cercanos. *Vacas*, no se podía titular de otra manera aquel filme, fue en 1992 su puesta de largo como director. En ella Medem ya apuntaba algo que fue desarrollando más y más en sus siguientes trabajos. No era un narrador convencional sino un cineasta que pretendía indagar en todos los recovecos cinematográficos a su alcance, incluidos los más complicados, para contar sus historias. «Cuando me pongo a escribir un guión, me dejo llevar por él, como si el argumento cobrara vida propia y tirara hacia delante sin ningún tipo de freno», explica.

Sus siguientes películas, *La ardilla roja* (1993), *Tierra* (1995) y *Los amantes del Círculo Polar* (1998), están llenas de imágenes poéticas y los personajes que las protagonizan poseen una gran carga de profundidad psicológica. Son seres complejos, enrevesados, a veces difíciles de comprender, pero siempre provocan en el espectador distintos tipos de sensaciones. En *Lucía y el sexo* (2001) se propuso otro reto: desprenderse de todo pudor y rodar una película muy romántica pero, a la vez, muy sexual; un filme que, sin ser pornográfico, incluyera varias escenas de sexo lo más explícitas posible. El resultado, y no sólo por el morbo que despertó, fue el mayor éxito que ha obtenido hasta ahora en toda su carrera.

Después del terremoto que supuso en su vida *La pelota vasca*, Julio Medem decidió tomarse su regreso a la ficción con calma. Desechó llevar al cine la historia de *Aitor, la piel contra la piedra*, un proyecto hermano del polémico documental, y, después de dos años, concentró todas sus energías en *Caótica Ana* (2007), un filme en el que nos encontramos con el Medem de siempre, con sus personajes y tramas tan originales como complejas.

¿Quién fue el «niño malo» del cine español de la década de 1990?

El vitoriano **Juanma Bajo Ulloa (1967)** ganó en 1991, y con sólo 24 años, la Concha de Oro del Festival de San Sebastián por el primer largometraje que dirigía. Se titulaba *Alas de mariposa* y era una fábula tierna y terrible sobre una niña que no se sentía querida por su madre. Para rodarla el joven Juanma había involucrado a toda su familia en la producción hipotecando su propia vivienda. Al recoger el galardón de manos de la actriz Glenn Close, Bajo Ulloa terminó su discurso de agradecimiento con un retador: «Os vais a enterar.» Con esa pequeña bravuconada anunciaba que, a partir de ese momento, se iba a hablar mucho de él y de su cine. Y, en parte, tenía razón.

Bajo Ulloa había comenzado a trabajar con las imágenes en el taller de fotografía de su padre montando vídeos de bodas y comuniones. Debutó como cortometrajista con tan sólo diecisiete años y todo el mundo le auguraba una brillante carrera como director. Tanto en sus cortos, *Akixo* y *El reino de Víctor*, como en *Alas de Mariposa*, demostraba que poseía una enorme capacidad para narrar y trasmitir emociones y, a la vez, un gran poderío visual. Pero las altas expectativas depositadas sobre él y su cine se fueron diluyendo poco a poco. Su segunda película, *La madre muerta* (1994), otro cuento terrible y violento, fue duramente vapuleada por la crítica cuando se presentó en la Mostra de Venecia de 1994. Bajo Ulloa no supo encajar los comentarios de la prensa y poco a poco se fue convirtiendo en el niño malo del cine español en los 90. Discutía airadamente con los críticos, a los que irritaba sobremanera cuando confesaba abiertamente que no había leído nunca un libro y que no conocía las obras de los grandes maestros del cine; se enfrentaba a los organismos públicos por las subvenciones que le debían corresponder y no cobraba; y rompía los acuerdos con los productores que le encargaban algún proyecto.

Con *Airbag* (1997) cambió radicalmente de estilo. En lugar de hacer una película intimista y simbólica como las anteriores, rodó una *road-movie* desmadrada, llena de tiros, persecuciones, acción y humor grueso. El filme fue denostado una vez más por los críticos más sesudos, pero en las taquillas se convirtió en todo un fenómeno comercial y popular reventando las recaudaciones. Este éxito, sin embargo, no le sirvió para remontar su carrera. Su idea de llevar al cine las famosas historietas del Capitán Trueno se quedó también en agua de borrajas. Bajo Ulloa volvió a desaparecer del primer plano del panorama cinematográfico español al que sólo volvió brevemente en 2005 para estrenar *Frágil,* una nueva fábula sobre la belleza y la fealdad que recuperaba el espíritu de sus dos primeros filmes y que, según sus palabras, puede ser la última película que dirija en su vida. El tiempo lo dirá. Lo que es cierto es que aquel joven que tocó el cielo ganando la Concha de Oro en San Sebastián con su primera película y al que muchos pronosticaron una carrera plagada de éxitos, después de cuatro títulos en su haber, no ha acabado de encontrar su acomodo dentro del cine español.

¿Quién fue el mejor descubrimiento de los hermanos Almodóvar?

Cuando Pedro y Agustín Almodóvar vieron un cortometraje tremendamente bestial y sangriento titulado *Mirindas asesinas* quedaron encantados. Quisieron conocer a su director, un joven bilbaíno llamado Alex de la Iglesia, y concertaron una cita con él. Éste se presentó en las oficinas de El Deseo, la productora de los Almodóvar, con un guión bajo el brazo. Era una historia de ciencia ficción, absolutamente insólita dentro del panorama del cine español, con mucha violencia y un humor disparatado que llevaba el curioso título de *Acción Mutante* (1992). Los hermanos Almodóvar, que llevaban un tiempo barajando la posibilidad de producir películas de jóvenes valores, decidieron apostar por él.

Alex de la Iglesia (1965) estudió filosofía porque, según él, «es algo que da cierto *background* y ayuda a mantener el equilibrio mental». En lugar de especializarse en Platón o en Aristóteles, lo hizo en juegos de rol, cómics y cine fantástico. De hecho uno de sus primeros trabajos remunerados fue publicar en un periódico local una historieta sobre un monstruo que campaba a sus anchas por la ría de Bilbao sembrando el pánico. La oportunidad de trabajar en el cine se la brindó otro joven director vasco, Enrique Urbizu, que le encargó los decorados de *Todo por la Pasta* (1991). A partir de ese momento Alex de la Iglesia comenzó a poner al servicio del cine toda su desbordante imaginación y su sentido del humor, que es mucho. Su segundo largometraje, *El día de la bestia* (1995), fue todo un éxito. Se trataba de una irreverente, violenta, trepidante y demoníaca historia sobre el nacimiento del anticristo en Madrid. Alex de la Iglesia ganó con ella el Goya al mejor director, pero además consiguió que algunas de las escenas del filme, como la de los personajes descolgándose por el anuncio luminoso de Schweppes de la madrileña Plaza del Callao, ocupen desde entonces un puesto de honor en la antología de las mejores imágenes cinematográficas de la capital de España.

Luego volvería a sumergirse en el universo de lo diabólico, la santería y los ritos afrocubanos en *Perdita Durango* (1997). La película se rodó en México y en el sur de los Estados Unidos. Estaba protagoniza-da por Javier Bardem y Rosie Pérez, contaba con un presupuesto de más de seis millones de euros y un enorme despliegue de medios. El director vasco siempre afirma que es la mejor película que ha hecho en toda su carrera pero, quizá por lo excesiva, vio-lenta y sangrienta que resulta, no tuvo la repercusión que esperaba. Alex aprovechó el rodaje de la pelícu-la, al menos, para, durante un descanso, casarse en Las Vegas. Se vistió de Elvis y organizó una brutal fiesta nupcial en la habitación de su hotel. Pero, debido al escándalo que se montó, fue sacado en cal-zoncillos por la policía y acabó la noche en la comi-saría. Después rodó *Muertos de risa* (1999), una come-dia cruel en la que contaba la relación de amor y odio de dos humoristas de éxito en la España de los 70 que, aunque funcionó muy bien en las carteleras, no fue apreciada por la crítica.

Con *La Comunidad* (2000), en cambio, regresó a su mejor cine, filmando una historia de humor ne-grísimo llena de personajes excéntricos y descabella-dos, todos ellos vecinos de un mismo edificio, que buscaban un dinero escondido durante años en uno de los pisos. Fue, según confiesa, el rodaje en el que más ha disfrutado porque estaba rodeado de grandí-simos actores como Sancho Gracia, Emilio Gutiérrez Caba, Terele Pávez y Carmen Maura que, haciendo de avariciosa agente inmobiliaria, ganó el premio a la mejor actriz en el Festival de San Sebastián.

¿Cuál es la película que siempre ha querido rodar Alex de la Iglesia y hasta ahora no ha podido hacer?

Se trata de *Fumanchú*, uno de los proyectos más queridos y ambiciosos que ha intentado desarrollar el cineasta vasco a lo largo de toda su carrera. Durante más de tres años Alex estuvo escribiendo y rescribiendo el guión; viajando a Shanghai y a Hong Kong en busca de localizaciones; habló con Antonio Banderas para que protagonizara el filme y quería, además, que estrellas norteamericanas como Dustin Hoffman o Robert de Niro participaran en él. No fue posible. Se trataba, lógicamente, de una producción cara con un presupuesto inicial de más de 20 millones de dólares. Cuando los productores intentaron rebajarlo a la mitad, Alex de la Iglesia prefirió renunciar a su sueño y fundar su propia compañía cinematográfica a la que llamó Pánico Films.

Para su siguiente proyecto, en lugar de marcharse a rodar al lejano y exótico Oriente, se fue al polvoriento y cercano desierto de Almería, a la cuna de los *spaghetti-westerns*, para rodar lo que él definió como un «marmitako western». *800 balas* (2002) era una historia, como casi todas las suyas, habitada por entrañables *freaks*, tipos que vivieron fugaces momentos de gloria siendo dobles o extras de películas del oeste, y que malvivían montando espectáculos para turistas. Una tipología de personajes que también encontramos en *Crimen Ferpecto* (2004). Está claro que Alex de la Iglesia se siente cómodo dándoles primero vida y más tarde conviviendo con ellos, quizá porque, en el fondo, él también es un poco «friki». Un tipo voluminoso, vestido casi siempre con camiseta negra y pantalones anchos, con una voz profunda y risa potente, que siempre quiere reflejar en sus películas el lado siniestro de la vida porque, como él suele decir: «somos productos del horror más que del amor». Y el horror también está presente en *Los crímenes de Oxford* (2007), rodada en inglés y con un reparto internacional encabezado por Elijah Wood, el famoso Frodo de la trilogía de *El señor de los anillos*, y el veterano John Hurt.

¿Quién es el cineasta que mejor maneja la autopromoción?

Si hubiera un Oscar o un Goya en esta categoría **Santiago Segura (1965)** tendría la estantería de su casa repleta de ellos. «De pequeño —lo reconoce él mismo sin rubor— era un ser patético: gordo, lleno de granos, amargado porque no gustaba a las chicas, que veía a todas horas compulsivamente la televisión y que tenía una galopante tendencia a la alopecia.» Ese terrible perfil, que en cualquier otro caso hubiera derivado hacia un peligroso asesino en serie, se convirtió sin embargo en la raíz de su posterior éxito. Gracias a las miles de horas que pasó tumbado en el sofá tragándose todo lo que salía por la pequeña pantalla, consiguió tener una amplia y sofisticada cultura audiovisual que le sirvió para ganar un concurso, *Locos por la tele*, y embolsarse el primer dinero que ganaba en su vida, más de 6.000 euros. Como lo de ser concursante parecía un buen *chollo*, durante algún tiempo se presentó a todos y cada uno de los que se emitían por las distintas cadenas con desigual suerte.

Sin embargo, lo que más deseaba en realidad era dedicarse al cine. A los doce años, con un pequeño tomavistas de su tío, realizó su primera película casera. Luego, con otra que se compró en El Rastro, realizó su primer corto de ficción titulado *Los mutantes*. Ya de mayor trabajó como extra, dobló películas porno, escribió guiones y comenzó a rodar sus primeros cortometrajes: *Relatos de medianoche*, *Evilio*, *Perturbado*... unas peliculitas de horror cercanas al *gore* que, además de chorrear sangre, derrochaban una gran imaginación y sentido del humor.

Fue el papel de José María, ese *heavy* «satánico y de Carabanchel» que salía en *El día de la bestia*, el que le propulsó al estrellato nacional convirtiéndole en todo un fenómeno mediático. Su fama llegó a tal punto que la gente le paraba por la calle y le repetía los diálogos de la película. Gracias a ese personaje ganó el Goya al actor revelación y, acto seguido, comenzó a escribir el guión del que sería su primer largometraje, *Torrente, el brazo tonto de la ley* (1998), la historia de un ex policía racista, fascista, misógino pero, sobre todo, guarro. Para promocionar *Torrente...* Santiago Segura se hizo unas camisetas con el nombre del filme, que no se quitó en un mes. Concedió decenas de entrevistas para la prensa y la radio, e intervino en todo tipo de programas de televisión. En uno de ellos dejó que le lanzaran cuchillos, en otro le rompieron huevos en la cabeza. Todo valía con tal de que la gente supiese que se estrenaba el filme. «Me ha faltado poner el culo con un luminoso que diga: ¡Vea Torrente!», llegó a decir. El resultado fue espectacular. *Torrente* demostró no ser tan tonto y se convirtió en la película española más taquillera del año 1998, desbancando durante algunos fines de semana como número uno de recaudación al mismísimo *Titanic* de James Cameron.

¿Qué se apostaron Santiago Segura y Juanma Bajo Ulloa?

Airbag, de Bajo Ulloa, había recaudado en las taquillas un año antes más de siete millones de euros. Santiago Segura le desafió diciéndole que *Torrente...* batiría esa marca. Era una apuesta privada pero Alex de la Iglesia, en una conferencia de prensa, desveló los términos del envite: el que perdiera el reto debía tatuarse en el trasero el título de la película de su rival. ¿Quién ganó? Según los datos del Ministerio de Cultura, *Torrente, el brazo tonto de la ley* estuvo a punto de superar los 11 millones de euros de recaudación y Santiago Segura se erigió como vencedor de tan insólito duelo. Eso sí, no consta en ninguna crónica que se hayan cumplido plenamente los términos de la susodicha apuesta.

Curiosamente, además de pulverizar los récords de taquilla, esa primera parte de *Torrente* obtuvo también buenas críticas en España. No así en el extranjero donde no podían entender que una película tan casposa pudiera llevar a tantos espectadores a las salas. El diario *Herald Tribune*, por ejemplo, dijo de ella que tenía un «humor de letrina y la originalidad de las sobras de comida frías». Santiago Segura aprovechó el tirón de *Torrente* para trabajar como actor en series de televisión y en largometrajes, tanto nacionales como extranjeros, pero siempre tenía *in mente* realizar, cuanto antes, la segunda parte de las aventuras del ex policía. Y así fue. En marzo de 2001 regresaba el personaje más cutre de la historia del cine español, más gordo, asqueroso y desagradable que nunca. *Torrente 2, misión en Marbella* recaudó más de 22 millones de euros pero, a diferencia de la anterior, fue vapuleada sin piedad por la crítica.

Santiago Segura no se limitaba sólo a su papel de José Luis Torrente. Debido a su indudable tirón entre los espectadores, otros directores le han ido ofreciendo periódicamente distintos papeles. Ha hecho de niño «pijo» en *El asombroso mundo de Borjamari y Pocholo* (2004) y de macarra *heavy metal* en *Isi & Disi* (2004). También, a través de su propia compañía, Amiguetes Entertainment, ha producido diversos títulos, casi siempre comedias desmadradas. En 2005 se puso por tercera vez en la piel de José Luis Torrente en *Torrente 3, el protector* rompiendo de nuevo las taquillas con más de 18 millones de euros recaudados. Nunca en la historia del cine un personaje tan indecente, obsceno y hediondo como Torrente ha convertido tanta suciedad en oro.

¿A qué director nunca veremos vestido con chaqueta y corbata?

Fernando León de Aranoa (1968), con su pelo largo, ensortijado y habitualmente recogido en una coleta; su barba descuidada y vestido con vaqueros y camisetas, ha dirigido el cine más comprometido y de denuncia social de los últimos años en nuestro país. Es en España lo que Ken Loach en Gran Bretaña, un realizador que retrata con su cámara el mundo de los jóvenes que viven en barrios marginales, a los trabajadores en paro o a las emigrantes que viajan a Europa en busca de una vida mejor y que caen en la prostitución.

Fernando León de Aranoa no pensaba convertirse en director de cine. A él, de adolescente, le gustaba dibujar, sobre todo cómics. Quiso estudiar Bellas Artes pero le informaron mal de las fechas de los exámenes de ingreso y tuvo que matricularse en Imagen. Allí, en la facultad, descubrió una nueva posibilidad para expresar sus inquietudes: el guión de cine. Escribió los argumentos de diversos largometrajes, de series de televisión e incluso los guiones de algunos programas como el *Un, dos, tres...* o de los especiales de la pareja cómica Martes y Trece. Fue Elías Querejeta quien le dio la alternativa como director. El veterano productor vasco había visto un corto suyo titulado *Sirenas*, que le había encantado, y le preguntó si tenía listo algún guión para un realizar un largometraje. Fernando León sacó del cajón la historia de un hombre que para celebrar su 55 cumpleaños alquila a una familia de mentira y se la mandó. Con *Familia* (1997) demostró que tenía una habilidad especial para que sus personajes se expresaran con una naturalidad pasmosa, como si las palabras que salían de sus bocas no estuvieran previamente pensadas y después trasladadas a un ordenador.

Nada es casual. Cada uno de sus libretos sufre un largo proceso de gestación. Después de escribir y reescribir los diálogos, los graba en su estudio en un magnetófono, con su gato como único testigo. Los recita de varias formas distintas y, cuando los escucha, los pule hasta encontrar el ritmo perfecto. Luego piensa en quién debe interpretarlos. No es extraño, pues, que, cada vez que un actor mete una morcilla en sus textos, se ponga enfermo. Y de eso no se libran ni las estrellas. Cuando Javier Bardem le dijo que estaba dispuesto a trabajar con él, releyó el guión de *Los lunes al sol* (2002) imaginando la cara del actor para comprobar que encajaba a la perfección con la del personaje. Además Fernando León tiene otro secreto antes de ponerse a escribir. Necesita hallar lo que él llama un pulso o tono emocional, que unas veces encuentra en la música y otras en la poesía. En *Familia* fue el jazz, en *Barrio* (1998) los poemas de Jorge Guillén y en *Los lunes al sol* el también poeta Claudio Rodríguez. Y parece que el método le da resultado. *Barrio* ganó la Concha de Plata del Festival de San Sebastián; *Los lunes al sol*, la de Oro. Y él también es un buen coleccionista de «Goyas». Ha ganado el de mejor director novel por *Familia*, los de mejor director y mejor guión original por *Barrio* y, nuevamente, el de mejor director por *Los lunes al sol*. Y recogió todos esos galardones con su mismo *look* de siempre, es decir, en vaqueros y camiseta, sin sombra alguna de corbata alrededor del cuello.

¿Cuándo ganó Almodóvar su primer Oscar?

En 1999 *Todo sobre mi madre* fue seleccionada para competir por la Palma de Oro en el Festival de Cannes. Cuando se proyectó para la crítica internacional, obtuvo una de las más grandes ovaciones que se recuerdan en toda la historia del certamen de la Costa Azul. Allí, Almodóvar ganó el premio al mejor director y, pocos meses después, presentaba la película con todos los honores al otro lado del Atlántico. En Estados Unidos *Todo sobre mi madre* fue acaparando todos los premios que conceden los críticos a lo largo y ancho del país: el de Nueva York, el de Boston, el de Los Ángeles... Conquistó finalmente el Globo de Oro, el premio que conceden los corresponsales extranjeros en Hollywood, a la mejor película extranjera, y se colocó como indiscutible favorita para ganar el Oscar.

Fue la noche del 26 de marzo de 2000. Habían pasado once años después de la gran decepción que supuso la derrota de *Mujeres al borde de un ataque de nervios*. La ceremonia esta vez se celebraba en el vetusto Shrine Auditorium y la Academia de Hollywood, consciente de que Almodóvar era el favorito en la categoría, había dispuesto que fueran Antonio Banderas y Penélope Cruz quienes entregaran la dorada estatuilla. Y fue precisamente «Pe», con un agudo «Peeeeeedro», quien dio a conocer al ganador. Al recoger el Oscar, Almodóvar pronunció uno de los agradecimientos más surrealistas que se recuerdan mencionando a la Virgen de Guadalupe, a la de la Cabeza y a San Judas Tadeo. Almodóvar parecía que no iba a terminar nunca de mencionar vírgenes y santos y tuvo que ser Antonio Banderas quien, tirando de él, se lo llevó fuera del escenario mientras el patio de butacas miraba lo ocurrido entre divertido y atónito.

¿Y cuándo ganó el segundo?

Tres años después, el 23 de marzo de 2003. La ceremonia se celebró en esta ocasión en el Kodak

Theatre, en pleno corazón de Hollywood, al lado del mítico Teatro Chino. *Hable con ella* (2002) se había estrenado en Estados Unidos meses atrás y había obtenido parecido éxito o incluso más que *Todo sobre mi madre*, ganando otro buen puñado de premios, entre ellos un nuevo Globo de Oro. Almodóvar se presentaba esa noche con dos candidaturas en el bolsillo: la de mejor director y la de mejor guión original. Era la primera vez que un cineasta español optaba a dos de los grandes premios de la industria americana pero, en cambio, no podía conseguir nuevamente el de mejor película en lengua no inglesa porque la Academia del Cine español había preferido enviar a Hollywood *Los lunes al sol* de Fernando León de Aranoa, que no logró llegar a la ceremonia final. El director manchego ganó finalmente el Oscar al mejor guión original pero, en esa ocasión, su discurso de agradecimiento no fue nada divertido ni disparatado. Dedicó su premio al cine español, «a los que alzan su voz a favor de la paz, los derechos humanos, la democracia y la legalidad internacional». Pocos días antes había comenzado la invasión norteamericana en Irak y toda la ceremonia se desarrolló en un ambiente tenso y triste, marcada por la sombra de la guerra.

¿Cuál fue la película en la que nadie creía y que se convirtió en un gran éxito?

En febrero de 1999 se presentó en una sección paralela del Festival de cine de Berlín una pequeña producción española. Se había rodado en una treintena de días y con un presupuesto mínimo, poco más de setecientos mil euros. Su director era un debutante y las actrices protagonistas, prácticamente desconocidas. Los productores pensaban estrenar la película en

España casi de tapadillo, con sólo siete u ocho copias. Pero aquella proyección en la Berlinale lo cambió todo. De la capital alemana la película se llevó un premio del público, dos menciones especiales y unas inmejorables críticas. Un mes después se estrenaba comercialmente en España en unas veinte salas pero casi sin hacer ruido, sin una gran campaña de publicidad que la respaldara. Y, sin embargo, se obró el milagro. Los espectadores salían de los cines con los ojos húmedos, emocionados y deseando recomendarla rápidamente a amigos y familiares. El «boca a oreja» funcionó y de las veinte copias iniciales se pasó a más de cuarenta. Cuando se retiró definitivamente de los cines, casi un millón de espectadores la habían visto. Se titulaba *Solas* (1999) y contaba la triste historia de una mujer maltratada durante años por su marido y la de su hija, una chica alcohólica, en paro, soltera y embarazada. Su director era un sevillano de Lebrija que respondía al nombre de Benito Zambrano.

Benito Zambrano (1964) era hijo de jornaleros y él también hubiera terminado trabajando en el campo andaluz de no ser por su enorme afición a la interpretación y al teatro. Durante un tiempo trabajó como cámara de televisión para el canal autonómico de Andalucía pero dejó su empleo y un sueldo seguro para perseguir un sueño mayor: convertirse en director de cine. Se fue a Cuba, a la Escuela de Cine de San Antonio de los Baños, en donde recibió clases, entre otros, del premio Nobel Gabriel García Márquez. Allí, en el país caribeño, escribió el guión de *Solas*, recordando las vivencias de muchas mujeres con las que se había cruzado por las calles de Lebrija. Cuando regresó a España comenzó a moverlo por las productoras pero nadie lo quería: «Siempre me decían que preferían una comedia juvenil y fresca.» Finalmente, un productor andaluz se arriesgó a financiarla. Para el papel de la anciana madre eligieron a una veterana actriz que trabajaba esporádicamente y que daba clases de Historia del arte en un Instituto sevillano, María Galiana. Para el de la hija, a Ana Fernández, una debutante en las pantallas que había sido la chica del tiempo en la tele andaluza.

Cuando *Solas* se proyectó por primera vez ante el público en aquel Festival de Berlín, Benito Zambrano estaba tan nervioso que quería subir a la cabina y quemar el negativo porque pensaba que había hecho una mamarrachada de película. Luego, cuando terminó el pase, un espectador alemán se acercó a él y, haciendo esfuerzos por hablar español, le dio las gracias. Fue el primero y el más sincero de los galardones que recibió el filme. Casi un año después, en enero de 2000, Benito Zambrano ganaba los «Goyas» a la mejor dirección novel y al mejor guión original; Maria Galiana, el de mejor actriz secundaria; y Ana Fernández y Carlos Alvárez-Novoa (1940), otro de los interpretes, los de mejor actriz y actor revelación, respectivamente.

Pero lejos de dejarse llevar por semejante estela de éxitos, Benito Zambrano calculó con especial cuidado cuáles iban a ser sus siguientes trabajos. Primero llevó a la pequeña pantalla un caso real, el del llamado *Padre Coraje*, un hombre que se infiltró en el mundo del hampa para descubrir al asesino de su hijo y, en 2004, recuperó uno de los viejos guiones que escribió en Cuba cuando estudiaba cine. Se titulaba *Habana Blues* (2004), y contaba las peripecias de unos jóvenes que componen música alternativa y medio marginal y que tratan de sacar adelante sus proyectos en la isla. Tanto la serie como la película son trabajos solventes, bien realizados, entretenidos, interesantes, pero les falta quizá esa pizca de magia que desprendía *Solas*. Esos momentos que solo de vez en cuando se pueden ver en una pantalla de cine.

¿Y qué otros directores han destacado también en las últimas décadas?

A lo largo de su carrera, y además de su labor como director, el madrileño **Jaime Chávarri (1943)** ha realizado cortometrajes, trabajos en televisión, documentales e incluso ha trabajado como actor; baste recordar su divertida participación en la película de Pedro Almodóvar *¿Qué he hecho yo para merecer esto!* (1984). En 1976, producido por Elías Querejeta, Chávarri dirigió uno de los documentales más fascinantes de la historia reciente del cine español: *El desencanto* (1976), un despiadado retrato que, sobre la vida y muerte del poeta falangista Leopoldo Panero, dibujan su viuda y sus hijos. Un año después, también producida por Querejeta, rodó *A un dios desconocido* (1977), un amargo ensayo sobre la soledad, y ya, entrada los años 80, *Bearn o la sala de las muñecas* (1982) y, sobre todo, *Las bicicletas son para el verano* (1983), basada en la obra teatral homónima que escribió Fernando Fernán Gómez. En 1989, con Ángela Molina como protagonista, estrenó *Las cosas del querer*, una película musical lejanamente basada en la vida del cantante Miguel de Molina, con la que cosechó uno de los mayores éxitos comerciales de toda su trayectoria.

Emilio Martínez Lázaro (1945) dejó apartada su carrera de Física para dedicarse plenamente a la cinematografía. Comenzó rodando cortos y poco después pasó a trabajar en Televisión Española realizando diversos programas dramáticos. En 1977 el productor Elías Querejeta le encargó la dirección de *Las palabras de Max*. El filme era una amarga reflexión sobre la soledad y la incomprensión entre un padre y una hija, que se rodó a lo largo de todo un año, y que ganó el Oso de Oro del Festival de Berlín. En sus siguientes películas, Martínez Lázaro abordó distintos géneros: una comedia en donde reflejaba los problemas de los jóvenes de la época titulada *Sus años dorados* (1980); una aproximación al drama con toques de cine negro, *Lulú de noche* (1986); y un alocado vodevil de enredos, *El juego más divertido* (1988). En los 90 se especializó en comedias románticas protagonizadas por jóvenes, como *Amo tu cama rica* (1992) y *Los peores años de nuestra vida* (1994) y, aunque con posterioridad volvió a hacer un cine más reflexivo y dramático con títulos como *Carreteras secundarias* (1997) y *La voz de su amo* (2001), sus mayores éxitos los ha conseguido rodando nuevamente comedias como *El otro lado de la cama* (2002) y su continuación, *Los 2 lados de la cama* (2005), en las que introdujo diversos números musicales basados en famosas canciones del pop-rock nacional de las últimas décadas.

¿Quién descubrió a Alejandro Amenábar?

Desde que debutó en 1982 con *Pares y nones*, **José Luis Cuerda (1947)** ha ido labrando, paso a paso, una de las carreras más originales y divertidas del reciente cine español. En *El bosque animado* (1987) y, sobre todo, en *Amanece que no es poco* (1989) mostró, para delirio del público que no dejaba de reír en las salas, su alma cinematográfica más surrealista y absurda, mientras que con *La lengua de las mariposas* (1999) enseñó, por el contrario, su lado más tierno y poético.

Un día, este director manchego recibió la llamada de un amigo que le pedía un pequeño favor. Quería que viera un cortometraje titulado *Himenóptero* en el que intervenía su hija y saber la opinión del veterano director sobre si la chica tenía o no futuro como actriz. Cuerda comenzó a ver ese corto pero a los pocos minutos se olvidó de la hija de su amigo.

Quedó fascinado, en cambio, con el autor de ese trabajo; un chico que, además de dirigirlo, había escrito el guión, lo interpretaba, lo había montado e, incluso, le había puesto la música. Se fijó en su nombre y lo apuntó: **Alejandro Amenábar**. Cuerda pensó que un joven capaz de hacer, y bien, todos esos trabajos a la vez era un verdadero diamante en bruto e inmediatamente le llamó por teléfono. Poco después le invitó a uno de sus rodajes, *Tocando Fondo* (1993), habló con él y le animó a que escribiera un largo. Si el guión tenía la suficiente calidad, él se comprometía a producirlo. Pocos meses después el joven Amenábar entregaba a su benefactor la sinopsis de una oscura trama de *snuff-movies*, que tenían lugar en los pasillos de la Facultad de Ciencias de la Información de la Universidad Complutense. Había nacido *Tesis* (1996).

Alejandro Amenábar nació en Chile en 1972. Un año después, poco antes del golpe de Estado del General Pinochet, su familia se trasladó a España. Ya desde muy pequeño Amenábar dio muestras de poseer una gran imaginación, escribiendo y dibujando todo tipo de historias. También, gracias a un órgano electrónico que le regalaron sus padres, empezó a componer melodías sin haber estudiado nunca solfeo ni saber escribir en un pentagrama. En casa de unos vecinos descubrió algo que iba a cambiar su vida: un aparato de vídeo. En ese nuevo electrodoméstico el joven Amenábar no sólo veía las películas, sino que además, rebobinando una y otra vez las escenas, las analizaba a fondo. Se fijaba en el movimiento de la cámara, en la composición de cada plano, en el movimiento de los actores y en cómo la música podía subrayar y multiplicar las emociones. Antes de terminar el bachillerato ya lo tenía decidido: quería ser director de cine.

Con el dinero que ganó trabajando como jardinero y reponiendo productos en un almacén, compró una videocámara y comenzó a filmar sus primeros cortos caseros. Se matriculó en la carrera de Imagen en la Facultad de Ciencias de la Información y allí conoció a otro joven con sus mismas inquietudes: Mateo Gil. Pero Amenábar apenas aparecía por las clases. Enseguida se dio cuenta de que allí, sentado en un pupitre y escuchando aburridas lecciones, nadie le iba a enseñar lo que de verdad le interesaba. Prefería aprender por su cuenta y riesgo rodando cortos con sus amigos.

¿Qué profesor suspendió a Amenábar?

Gracias a los cortometrajes que dirigió en su etapa como estudiante, Amenábar aprendió a hacer cine y conoció a otros jóvenes, como Eduardo Noriega, que después iba a intervenir en sus dos primeras películas. La carrera de Imagen, en cambio, no la terminó. Una de las preguntas del examen de la asignatura de Realización Cinematográfica en quinto de carrera era «El efecto desfamiliarizador en *Los cañones de Navarone*». Amenábar suspendió y decidió no volver a pisar las aulas. Cuando escribió el guión de *Tesis* ideó una pequeña venganza. El apellido del malo de la película sería, no exactamente el del que le suspendió realización, pero sí el de uno de aquellos profesores que le había amargado durante los años de facultad. Así, el personaje que interpreta el actor Xavier Elorriaga se llama Jorge Castro en homenaje al profesor y crítico de cine Antonio Castro.

Tesis tuvo una carrera meteórica. Antes de su estreno comercial se proyectó en una de las secciones del Festival de Berlín en febrero de 1996 en donde obtuvo una buena acogida. Un mes después llegaba a las pantallas. En diciembre la Academia del Cine Español hizo públicas las nominaciones y el filme, sorprendentemente, estaba nominado en ocho apartados. La película se reestrenó y tuvo, si cabe, mayor éxito. Pero la traca final estaba aún por llegar. En enero de 1997 se celebró la ceremonia y *Tesis* fue la gran triunfadora de la noche. Ganó siete «Goyas», entre ellos el de mejor director novel y mejor guión original para Alejandro Amenábar. Después de la gala el equipo de *Tesis* celebró hasta altas horas de la madrugada su inesperado triunfo, yendo de garito en garito por el barrio madrileño de Malasaña. En el calor de esas celebraciones uno de los Goya desapareció, siendo encontrado, a la mañana siguiente, en la calle San Bernardo. Amenábar tenía sólo 24 años y ya estaba listo para rodar su siguiente película: *Abre los ojos* (1997).

¿Dónde reside el éxito de las películas de Amenábar?

Alejandro Amenábar es un director que tiene una apabullante seguridad en sí mismo. Sabe lo que quiere contar y cómo hacerlo. Se educó, cinematográficamente hablando, viendo cine norteamericano y no se avergüenza en reconocerlo: «Mis directores favoritos han sido Steven Spielberg, Alfred Hitchcock y Stanley Kubrick, de los que he aprendido el "abc" del lenguaje cinematográfico.» Además, él se considera, sobre todo, un espectador. No le interesa hacer un cine intelectual, rebuscado, que sólo entiendan los críticos y una minoría selecta y cinéfila, sino rodar la película que a él le gustaría ver. *Abre los ojos* (1997) y *Los otros* (2001) son películas de misterio, de terror, que juguetean con el espectador ofreciéndoles abundantes momentos de tensión y angustia, giros inesperados en los argumentos y sorprendentes finales.

Enseguida el interés por el cine de Amenábar traspasó nuestras fronteras. *Abre los ojos* se proyectó en el Festival de Sundance y numerosas distribuidoras norteamericanas se interesaron por la película. La revista *Variety*, una de las «biblias» de la industria de Hollywood, publicó una reseña muy elogiosa del filme. Decía que era «ambiciosamente compleja y de una factura espléndida». Destacaba, además, su sólido guión y su dirección inteligente. No fue nada extraño, pues, que Amenábar comenzara a escuchar cantos de sirena de la meca del cine. Sin embargo, no fue Amenábar el que viajó a Hollywood sino Hollywood el que cruzó el Atlántico para trabajar con Amenábar. Tom Cruise compró los derechos para hacer la versión americana de *Abre los ojos* y años después protagonizaría el *remake* norteamericano, *Vanilla Sky*. Además, se comprometió a coproducir su siguiente película, un filme de terror gótico rodado en inglés, titulado *Los otros* y que protagonizaría su entonces esposa Nicole Kidman.

Durante el rodaje de *Los otros*, Amenábar dio nuevamente pruebas de su precoz madurez. Manejó un presupuesto de más de 20 millones de euros; esperó pacientemente a que Nicole Kidman se recuperara de una lesión de rodilla que había sufrido durante el rodaje de su anterior película, *Moulin Rouge*, y, para colmo, vivió las tensiones del matrimonio Kidman-Cruise, que ya hacía aguas y que acabó rompiéndose. Supo dar su brazo a torcer y aceptó algunos de los pequeños cambios que Tom Cruise, como productor, le propuso. También lidió como pudo los caprichos de su estrella, que en una ocasión se negó a rodar una escena en la que tenía que pegar a los niños. Lo único que le preocupaba, según dijo, era que no se alterara su visión de la historia, que reflejara sus miedos infantiles: los ruidos que, en una ocasión, escuchó en el piso de arriba de su casa y que no le dejaban dormir; su obsesión por la muerte y el más allá.

Los otros fue un nuevo éxito, el tercero consecutivo en la carrera de Amenábar. Triunfó en España, batiendo el récord de taquilla que hasta entonces tenía *Torrente 2* de Santiago Segura, y ganó ocho «Goyas». En Estados Unidos, durante varias semanas, se mantuvo entre las diez películas más taquilleras. En total, en todo el mundo, *Los otros* recaudó más de 200 millones de euros. No cabía ya ninguna duda. Como se decía de Steven Spielberg, todo lo que tocaba el niño prodigio del cine español se convertía en oro.

¿Por qué se interesó Amenábar por la historia de Ramón Sampedro?

Amenábar siempre dice que cuando se pone a escribir una comedia acaba haciendo un *thriller* o un filme de terror. Si nos fijamos en todas sus películas, el tema de la muerte está muy presente. En *Tesis* se comercia con ella; *Abre los ojos* cuenta la posibilidad de que, en el futuro, sea viable la resurrección y los protagonistas de *Los otros* son fantasmas. No es extraño, por tanto, que Amenábar se interesara por la historia de Ramón Sampedro, un hombre que, postrado en una cama durante casi treinta años, reivindicaba su derecho a morir dignamente. A pesar de ese argumento, *Mar adentro* (2004) no es una película oscura y tristona sino luminosa y, a ratos, hasta divertida, con bastantes golpes de humor. En esta ocasión el director no se acercaba al tema de la muerte desde el miedo sino desde la emoción.

Javier Bardem que, curiosamente ya había interpretado a un tetrapléjico en *Carne Trémula* de Pedro Almodóvar, aceptó el reto de pasarse prácticamente toda la película sin moverse. Además, debía someterse a más de cinco horas diarias de maquillaje para que su rostro se pareciera lo más posible al de Ramón Sampedro. El esfuerzo valió la pena. *Mar adentro* se presentó en la Mostra de Venecia de 2004; ganó el León Plata, el segundo premio del festival, y Javier Bardem, la Copa Volpi al mejor actor. Fue sólo el comienzo de una gran cosecha de premios. Director y actor volvieron a repetir galardones en los Premios europeos del cine y, en los Goya, la película arrasó con 14 estatuillas, la mitad de las que se repartían esa noche. Finalmente en Estados Unidos, tras ganar el Globo de oro, se hizo con el Oscar a la mejor película en lengua no inglesa, el cuarto que conseguía el cine español en toda su historia. Pero esa noche, además de ganar el premio más emblemático de la historia del cine, Amenábar consiguió cumplir otro de sus viejos sueños: estrechar la mano de John Williams, el compositor favorito de Spielberg, el autor de la música que le acompañaba desde niño en sus sueños de hacer cine.

¿Qué directoras recogieron el testigo que dejó Pilar Miró?

Aparte de Pilar Miró, durante años apenas hubo directoras en la nómina del cine español. Sólo **Josefina Molina (1936)**, con títulos como *Esquilache* (1989) y series de televisión como *Teresa de Jesús* (1984), mantenía una mínima presencia femenina. Pero esa triste realidad no tardaría en empezar a cambiar. En estos últimos treinta años la mujer ha ido incorporándose a empleos y puestos antes reservados casi en exclusiva a los hombres y el cine no podía ser una excepción.

Gracias a *El Sur*, la entrañable película de Víctor Erice, los espectadores españoles habían descubierto ya el pecoso rostro de una chica pelirroja de quince años llamada **Icíar Bollaín (1967)**. En esa ocasión, más que por sus dotes de actriz, el director se fijó en ella porque era una niña extremadamente tímida e introvertida, algo que le iba muy bien a su personaje. Además, en aquellos años, como si quisiera ocultarse de los demás, Icíar escondía su rostro tras unas grandes gafotas que sólo se quitaba para rodar. Esa adolescente creció y estudió Bellas Artes; hizo cursos de interpretación en Nueva York, se libró de su enfermiza vergüenza, también de sus grandes gafas y la volvimos a ver, convertida ya en mujer, en títulos tan recordados como *Malaventura*, de Manuel Gutiérrez Aragón, o *Tierra y libertad*, de Ken Loach.

Pero Icíar Bollaín tenía claro que su futuro en el cine estaba detrás y no delante de las cámaras. Fundó una productora, La Iguana, y comenzó a prepararse para dar el salto de actriz a directora. Su debut como realizadora fue la historia de dos chicas muy jóvenes, interpretadas por las actrices Silke y Candela Peña, que se marchan de casa para buscarse la vida. Con *Hola ¿estás sola?* (1995), Icíar Bollaín demostró que podía deslizarse igual de bien tanto por las pendientes de la comedia como por las del melodrama y que, a través de la cámara, miraba con una especial ternura y complicidad a sus personajes. En su siguiente película, *Flores de otro mundo* (1999), hablaba de la emigración, del choque cultural entre españoles y dominicanas, y de la soledad en la que vive mucha gente en pequeños pueblos, personas que buscan desesperadamente compañía para ser felices. La rodó en Cantalojas (Guadalajara) y en ella intervinieron, haciendo de extras, casi todos los vecinos de la localidad. Antes de escribir el guión, para documentarse, Icíar Bollain participó con una amiga en una de esas «caravanas de mujeres» como la que refleja la película y pudo comprobar de primera mano la ilusión con la que muchas mujeres emprenden esos viajes.

Pero fue en su tercer largometraje, *Te doy mis ojos* (2003), cuando encontró su consagración definitiva como realizadora. En ella trataba el drama del maltrato y la violencia en el seno del matrimonio, uno de los más graves problemas sociales de nuestro país en los últimos tiempos. Unos años antes había realizado un documental titulado *Amores que matan* (2000), que abordaba el mismo tema y, cuando lo acabó, quiso trasladar a la ficción una serie de preguntas y dudas que le asaltaban: ¿Cómo es un maltratador? ¿Se puede curar? ¿Por qué las mujeres aguantan tanto tiempo viviendo con su pareja a pesar del maltrato? ¿Por qué siguen diciendo que están enamoradas? Su único miedo al escribir el guión era que el público pensara que estaban intentando justificar al marido violento pero, gracias a la sutileza de las escenas y de los diálogos, y, sobre todo, a la medida e intensa interpretación de Luis Tosar y Laia Marull, consiguió sortear todos esos peligros. *Te doy mis ojos* fue, con siete galardones, la gran triunfadora de la ceremonia de los Goya que se celebró en 2004. Esa noche Icíar Bollaín colocó, al lado de la cuna de su segundo hijo que acababa de nacer pocos días antes, los Goya de mejor dirección y de mejor guión original. Y con *Mataharis* (2007), la historia de tres detectives privadas, la directora madrileña vuelve a enfocar con su cámara otro de los problemas que viven las mujeres de su tiempo: la difícil conciliación de la vida laboral y familiar.

A diferencia de Icíar Bollaín, **Isabel Coixet (1960)** nunca trabajó como actriz. Lo suyo era la publicidad y, antes de lanzarse al mundo del cine, fue directora creativa de varias agencias en donde realizó decenas de «videoclips» y anuncios para televisión. En 1987 dirigió su primer filme, *Demasiado viejo para morir joven*, que pasó sin pena ni gloria por la taquilla. Fue en 1996 en el Festival de Berlín, en la misma edición en la que se presentó *Tesis* de Alejandro Amenábar, cuando presentó en sociedad su segunda película, *Cosas que nunca te dije*. Estaba rodada en inglés, ambientada en una ciudad perdida de la América profunda, y protagonizada por actores estadounidenses. Algo que no es ningún capricho. «Lo que ocurre es que me siento más cómoda, libre y concentrada, haciendo una película lejos de casa que en Barcelona» afirma. Lo ha demostrado con sus mejores trabajos: *Mi vida sin mí* (2003) y *La vida secreta de las palabras* (2005), en los que ha contado con actores tan cotizados como Sarah Polley, Alfred Molina, María de Medeiros o Tim Robbins. Sus largometrajes tienen un estilo y una puesta en escena muy similar a las películas del llamado cine independiente americano. Son, además, películas románticas, melancólicas a veces y, como ocurría en *Mi vida sin mí*, inmensamente tristes porque, según explica: «la tristeza es más fotogénica que la felicidad».

Gracia Querejeta (1962) creció rodeada de cámaras, celuloide y guiones cinematográficos, oliendo a cine las veinticuatro horas al día. A los siete años su padre, el productor Elías Querejeta, la llevó a un rodaje para que saliera en una escena cubierta de palomas. En un descanso de la filmación la dejó subirse a un taburete y que mirara por el objetivo de una cámara. A la cría le pareció que aquello que se veía a través de ese extraño aparato era algo muy raro pero, sin duda, mucho mejor que unas palomas picoteándole la cabeza. Poco a poco, ese mundo tan extraño fue rondándola, seduciéndola y atrapándola hasta hacerla totalmente suya. Con trece años trabajó como actriz en *Las palabras de Max* (1978), de Emilio Martínez Lázaro. Luego fue ayudante de dirección con Carlos Saura, realizó cortos y documentales y finalmente, cuando se sintió lo suficientemente segura y preparada, se lanzó a dirigir su primer largometraje. Escribió el guión de *Una estación de paso* (1992) mano a mano, y en ocasiones hasta grito a grito, junto a su padre y fue también él quien la animó a leer la novela *Todas las almas* de Javier Marías para que la llevara al cine.

Lo que al principio iba a ser una adaptación más que el cine hacía de una novela de éxito se convirtió, en cambio, en una agria polémica entre autor, realizadora y productor. Javier Marías demandó ante los tribunales a Gracia y a Elías Querejeta porque, según él, *El último viaje de Robert Rylands* (1996) no respetaba el espíritu de su novela. Finalmente, después de diez años de largos recursos ante los tribunales, los jueces sentenciaron que la productora de Querejeta había incumplido los términos del contrato firmado entre ambas partes. Como consecuencia, los derechos cinematográficos volvían a ser propiedad del autor y en la película se debía eliminar toda referencia a la obra.

Cuando vuelvas a mi lado (1999), su tercer largometraje, cerraba una trilogía de filmes que tenían algo en común: la ausencia de la figura paterna. No es algo casual. A Gracia Querejeta le gusta contar en sus películas historias familiares. Le fascinan los argumentos que, como ocurre con *Héctor* (2004) o en *Siete mesas de billar francés* (2007), nacen de las relaciones entre personas que conviven bajo un mismo techo, ya sea una casa familiar o un viejo salón de billares que vivió tiempos mejores. Historias aparentemente sencillas pero que en sus entrañas esconden amores y pasiones, alegrías y frustraciones.

¿Quién es el primer actor español que fue candidato a un Oscar?

Cuando el 13 febrero de 2001 **Javier Bardem (1969)** supo por la televisión que era candidato al Oscar como mejor actor organizó una gran fiesta en su casa para celebrarlo. A ella acudieron decenas de familiares y amigos y, algunos de ellos, como recuerda su madre en sus memorias, quedaron atrapados en el ascensor. Como el elevador no bajaba ni subía, tuvieron que llegar al rescate los bomberos que, al saber que iban a casa del recién nominado, aportaron unas cuantas cervezas para la juerga.

Un mes más tarde, el 25 de marzo, Javier Bardem pisaba, acompañado de su madre Pilar y de su hermano Carlos, la alfombra roja del Shrine Auditorium de Los Ángeles. Era una noche ciertamente histórica para el cine español porque por primera vez un actor de nuestro país optaba a ganar la célebre estatuilla dorada como protagonista principal de una película. El papel que le había aupado hasta ese momento estelar era el del poeta cubano Reinaldo Arenas en *Antes que anochezca* (2000), una pequeña producción del cine independiente norteamericano que dirigió el también pintor Julian Schnabel. Javier Bardem recorrió la moqueta encarnada recibiendo aplausos y muestras de cariño por parte del público que abarrotaba los graderíos y contestando las preguntas de los periodistas de las televisiones de medio mundo que se encontraban al pie del alfombrado. Luego, durante la ceremonia, recibió los elogios de algunos presentadores como Winona Ryder, que le dio las gracias por una interpretación que, según dijo, le había emocionado profundamente. Javier estuvo durante toda la ceremonia relajado y sonriente. Sabía que no era el favorito en su categoría y que sólo una intervención divina en forma de milagro podía brindarle el Oscar. No era ninguna pose ya que competía esa noche con cuatro pesos pesados del mundo de Hollywood: Tom Hanks, Ed Harris, Geoffrey Rush y Russell Crowe que, finalmente, por su *Gladiator*, fue el ganador. Quizá durante algún momento de aquella gala, mientras estaba sentado en su butaca y como si fuera un *flash-back* cinematográfico, pudo brevemente echar la vista atrás, recopilar recuerdos y rememorar cómo comenzó todo. Cómo se había convertido, en tan sólo diez años, en toda una estrella internacional.

Javier Bardem es hijo y nieto de actores, de dos sagas de ilustres cómicos que se remontan a finales del siglo XIX: los Muñoz Sanpedro y los Bardem. Al poco tiempo de nacer, sus padres se separaron y él creció viendo cómo su madre, Pilar, iba de un rodaje a otro, preparando este o aquel personaje. Siempre dice que ha sido ella quien le ha inculcado esa visión femenina de la vida que tanto le ha ayudado a abordar algunos personajes. Con sólo cinco años trabajó por primera vez ante las cámaras en la serie de televisión *El Pícaro,* dirigida por Fernando Fernán Gómez. Fue también, como suele recordar, la primera ocasión en que desobedeció a un director porque el realizador quería que riera y él acabó llorando. La escena acabó dándose por buena y Javier se olvidó de la actuación durante muchos años.

Le gustaba dibujar, jugar al rugby, —llegó incluso a formar parte del equipo nacional—, y también bailar. Además tuvo una adolescencia difícil y compleja, llena de problemas de los que logró escapar gracias a su fuerza de voluntad. Trabajó de portero de discoteca y de *stripper* saliendo de una gran tarta en algunas fiestas de despedidas de soltera. Fue Bigas Luna quien primero confió en él. Le había citado para una prueba de *casting* de *Las edades de Lulú*. La noche anterior Javier tuvo una pelea en un bar.

Alguien se rió de él por el trabajo que por aquellos días desempeñaba en un programa en la televisión matinal en donde iba vestido de Superman. Llovieron los puñetazos y él se presentó al ensayo con la nariz rota. Nada más verle Bigas pensó que «un tío con esa cara de bestia iba a dar muy bien para ciertas cosas». Así sucedió. En *Las edades de Lulú* hacía un pequeño papel al final de la película, unas escenas llenas de violencia en las que tenía que pelearse incluso con su propia madre, que también intervenía en el filme.

Javier pasó la prueba y Bigas le lanzó un envite mayor: le propuso convertirse en el protagonista de su siguiente película: *Jamón, jamón* (1992). Gracias a este filme y al siguiente, *Huevos de oro* (1993), Javier Bardem se convirtió en el macho ibérico por antonomasia durante los años 90 pero, afortunadamente, los directores no sólo supieron ver en él su físico y su imponente presencia sino, ante todo, un actor capaz de hacer sencillas las escenas aparentemente más difíciles, un artista que asume riesgos y que no se conforma con lo fácil y cómodo.

Es cierto. Javier Bardem siempre ha elegido papeles que le exigían entregarse al límite. Durante el rodaje de *Éxtasis* (1995), de Mariano Barroso, se rompió los tendones de su muñeca y en el de *Perdita Durango* (1997), la explosión fuera de control de unos efectos especiales le ocasionó algunas quemaduras. Y si en sus primeros papeles primaba su masculinidad, su lado más pasional, salvaje y lleno de energía, en otros, como en *Segunda piel* (1999) o en *Antes que anochezca* (2000), en los que hacía de homosexual, ha sabido mostrar su lado más sensible y tierno. Él suele decir que hay personajes, como el de Ramón Sanpedro de *Mar adentro*, que, más que prepararlos, lo invaden totalmente. Antes de este rodaje pasó una larga temporada visitando y hablando con médicos y enfermos del Hospital Nacional de Parapléjicos de Toledo, que le explicaron cómo debía colocar sus dedos, la mejor manera para dejar muertas las manos y la correcta posición que tenía que adoptar su cuerpo tumbado inmóvil en la cama para que se pareciera lo más posible a uno de ellos. Luego se sometió pacientemente a interminables horas de maquillaje que consiguieron acercarle físicamente al personaje real y, finalmente, suavizó su voz con un tenue deje gallego que acabó vistiendo completamente al personaje.

Gracias a su nominación al Oscar por *Antes que anochezca* comenzaron a lloverle ofertas del cine americano. Steven Spielberg le ofreció un papel en *Minority Report* y también le propusieron ser el protagonista masculino en *Instinto Básico 2*, junto a Sharon Stone, pero Javier Bardem los rechazó todos. «Sólo trabajaré en Hollywood cuando encuentre un guión que verdaderamente me motive, una historia en la que pueda aportar algo más que correr frenéticamente detrás de alguien o ser engullido por los efectos especiales.» Algo que parece haber hallado finalmente en *No country for old men* (2007) de los hermanos Coen o trabajando a las órdenes de Woody Allen.

¿Salía Penélope Cruz en un vídeo de Mecano?

Sí, era la protagonista del *videoclip* que ponía imágenes a la canción «La fuerza del destino» del célebre trío madrileño. Casi por la misma época los telespectadores la podían ver presentando un programa juvenil de música llamado *La Quinta Marcha* pero cuando comenzó a hacer sus pinitos en el cine abandonó completamente la pequeña pantalla. Y es que, desde pequeña, cuando hojeaba las revistas en la peluquería de su madre, **Penélope Cruz (1974)** sabía que un día sería actriz y sólo actriz. Persiguiendo ese sueño rechazó jugosas ofertas como, por ejemplo, ser presentadora del *Un, dos, tres...* Además, a los 15 años, dejó el colegio y se dedicó plenamente a desarrollar su carrera.

Siendo todavía una «pipiola» se presentó en una oficina de representación artística que buscaba caras nuevas y ni corta ni perezosa recitó uno de los monólogos de Ingrid Bergman en *Casablanca*. «Lo hice fatal —recuerda Penélope—. Me cabreé muchísimo y pedí que me dejaran repetir. La segunda vez tampoco me salió bien. Y entonces me inventé una escena, con toda mi mala leche, llorando de rabia». Fue la única de entre 300 aspirantes que superó la prueba.

En el cine su primer pretendiente fue Bigas Luna. La quería para que hiciera de Lulú niña en *Las edades de Lulú*, pero ella era todavía menor de edad y se pensó que era muy pequeña para afrontar algunas escenas. El director catalán tomó nota y esperó a que estuviera al borde de los 18 años para ofrecerle, en *Jamón, jamón*, el jugoso papel de una chica cuyos pechos saben a tortilla de patatas con cebolla. Por aquel entonces, el año 1992, Penélope ya acaparaba decenas de portadas y reportajes en las revistas españolas más importantes. No era sólo la actriz de moda sino que su noviazgo con Nacho Cano, uno de los integrantes del grupo Mecano, hacía correr, más que ríos, mares de tinta.

Lejos de quedarse en mero alimento del papel cuché, Penélope, con una ingenuidad y una sensatez a prueba de bomba, ha seducido uno tras otro a todos los directores con los que ha trabajado. Fernando Trueba, en un primer momento, no la quería para hacer de Luz en *Belle Epoque*. La había visto como presentadora de la tele y le parecía que sólo era una joven sexy. Fue la agente de la actriz quien le hizo cambiar de opinión. Le envió un vídeo de jóvenes actrices interpretando una escena de la película y entre ellas estaba Penélope. Cuando Trueba la vio se quedó boquiabierto. Se dio cuenta de que transmitía una gran credibilidad y la fichó de inmediato. Años más tarde, en 1998, volvería a contar con ella para *La niña de tus ojos*, que ha sido uno de los mejores trabajos de toda su carrera, y por la que ganó un Goya a la mejor actriz. Alejandro Amenábar ya la quiso para *Tesis*, aunque al final, por un problema de fechas, no pudo contar con ella. En *Abre los ojos*, en cambio, le reservó desde el principio el papel de Sofía.

Su idilio con Pedro Almodóvar ha sido más gradual. En *Carne Trémula* aparecía simplemente en el preámbulo de la historia, pariendo al protagonista en un autobús. En *Todo sobre mi madre* asomaba hacia la mitad, en uno de los papeles de reparto, mientras que en *Volver* salía desde el primer fotograma y prácticamente no abandonaba la película hasta el último.

Pero, a la vez que desarrollaba su carrera en España, «Pe» abría las espitas de los mercados europeo y norteamericano. En Estados Unidos, en donde la promocionaron como la nueva Audrey Hepburn, rodó a las órdenes de directores como Stephen Frears en *Hi Lo country* (1999), Billy Bob Thornton en *Todos los caballos bellos* (2000) o John Madden en *La mandolina del Capitán Corelli* (2001). Papeles que, si bien no le brindaron ni éxitos arrolladores ni críticas indiscutibles, sí sirvieron, al menos, para que su rostro fuera conocido por todo el país. En Europa, en cambio, mantenía su prestigio por todo lo alto. Ganó el David de Donatello, el equivalente al Goya en Italia, por su papel de prostituta en *No te muevas* (2004).

Para rematar su creciente popularidad sólo le faltaba un romance con el actor más conocido en todo el mundo y esto sucedió cuando comenzó el rodaje de *Vanilla Sky* (2001), el *remake* americano de *Abre los ojos*. Allí conoció a Tom Cruise, que acababa de divorciarse de Nicole Kidman. Comenzaron a salir «oficialmente» el 6 de julio de 2001, en la fiesta de cumpleaños del actor, y su romance duró tres años. Más adelante Penélope apostó por una película de aventuras, *Sahara* (2005), en la que conoció a Matthew McConaughey, que durante un tiempo también fue su pareja sentimental, y con la que logró situarse durante algunas semanas en el puesto más alto de la taquilla norteamericana.

Sin embargo, fue gracias a su reencuentro con Pedro Almodóvar en *Volver* (2006), cuando Penélope volvió a demostrar que es algo más que la imagen que promociona un perfume o una marca de ropa. Con una sensualidad muy cercana a la de las grandes estrellas italianas de los 50, como Sofía Loren, recibió las mejores críticas de su carrera convirtiéndose en la primera actriz española candidata a un Oscar. Una nominación que, además, le ha servido para trabajar a las órdenes de directores tan prestigiosos como Woody Allen. Y aunque parezca que su vida y su carrera han sido un cuento de hadas, ella recuerda que no todo ha sido perfecto, que su profesión y el mundo de la fama es como un terreno minado, lleno de peligros, de bombas que pueden estallar en cualquier momento. Y ella, a lo largo de todos estos años, ha desarrollado un olfato especial para detectarlas y evitar así las situaciones de peligro.

¿Qué pasará en el futuro?

En un artículo publicado en septiembre de 1931 el futuro director Rafael Gil escribía: «El cine español ha muerto. Su muerte la preveíamos hace muchos años. Su constitución era extremadamente débil. A pesar de tener la misma edad que sus hermanos, el cine americano, alemán y francés, estaba tan enclenque que la primera enfermedad que padeció —el cine sonoro— terminó con él. No pudo aguantar tan tremenda crisis y mientras otros, sin grandes esfuerzos, entraban en franca convalecencia, el nuestro dejaba el mundo de la realidad para cobijarse en la mente de los soñadores.» Unos años después Juan Antonio Bardem pronunciaba su famosa frase en las Conversaciones de Salamanca: «El cine español es políticamente ineficaz, socialmente falso, intelectualmente ínfimo, estéticamente nulo e industrialmente raquítico.» Y es que desde sus mismos orígenes y hasta la actualidad la idea de que nuestro cine vive en un permanente estado de crisis, cuando no de enfermedad terminal, se ha convertido en un tópico del cual es difícil escapar. El cine español es malo y aburrido dicen algunos. Y muchas veces es verdad. Tan detestable como lo es a veces el cine americano. Y tan apasionante y conmovedor como lo es en otras ocasiones. Pero más allá de nuestro eterno complejo de inferioridad y de las precarias condiciones económicas, políticas y artísticas en las que a menudo se ha desarrollado nuestra cinematografía, el cine español cuenta con una gran baza: su proximidad. Los personajes de *La aldea maldita, El verdugo* o *Solas* siempre nos resultarán mucho más cercanos que el Rick de *Casablanca* porque con ellos compartimos historia e idiosincrasia, y nuestra capacidad de identificación con situaciones o acontecimientos que nos son familiares siempre será mayor. Ésa es su ventaja. Por eso hay que reconocer que, a pesar de sus carencias, ese cine moribundo y permanentemente en crisis también nos ha hecho reír, nos ha emocionado y nos ha hecho soñar desde hace más de cien años. A su manera, con su estilo propio y singular, apegado al espectador, sustituyendo presupuestos millonarios y mejores condiciones por grandes dosis de ilusión. Y así continuará siendo en el futuro porque, si de algo estamos seguros, es de que aquí sobra gente con talento para seguir provocando esa magia.

Agradecimientos

Para escribir este libro hemos consultado el trabajo de historiadores y periodistas: libros, artículos y memorias. A algunos de esos autores los conocemos personalmente. A otros los admiramos a través de sus obras. A todos ellos queremos agradecerles su trabajo, sus conocimientos y su inspiración.

Carlos Aguilar, Luis Alegre, Fernando Alonso Barahona, Rosa Alvares Hernández, Rosa Álvarez Berciano, Domingo Andórez, Álvaro Armero, Carlos Barbáchano, Ricardo Baroja, Nancy Berthier, Boquerini, Enrique Brasó, Enrique Camacho, Joaquín Cánovas, Carlos Cañeque, José María Caparrós Lera, José Luis Castro De Paz, Pascual Cebollada, Josetxo Cerdán, Ángel Comas, José De La Colina, Martín De La Plaza, Francisco Elías, José María Escudero, Félix Fanés, Luis Fernández Colorado, Fernando Fernán-Gómez, Belén Frías, Francisco Javier Frutos, Diego Galán, Jesús García de Dueñas, Emilio C. García Fernández, Juan Ignacio García Garzón, Eduardo García Maroto, Luis Gasca, Fructuoso Gelabert, Jaime Genover, Jaume Genovés, Rafael Gil, Antonio Gómez Rufo, Palmira González López, Maite Grau, Román Gubern, Emmanuel Guigon, Juan B. Heinink, Carlos F. Heredero, Javier Herrera, John Hopewell, Jo Labanyi, Fernando Lara, Jon Letamendi, Francisco Llinás, Antonio Llorens, Steven Marsh, Josefina Martínez, Basilio Martín Patino, Fernando Méndez Leite (padre), Fernando Méndez Leite (hijo), Pablo Mérida De San Román, Joan M. Minguet, Terenci Moix, José Enrique Monterde, Ana Oliva, Áurea Ortiz, Juan Antonio Pérez Millán, Julio Pérez Perucha, Tomás Pérez Turrent, Paula Ponga, Esteve Riambau, Eduardo Rodríguez, Manuel Rodríguez Blanco, Oti Rodríguez Marchante, Manuel Román, Ramón Sala, Alicia Salvador, Bernardo Sánchez, Agustín Sánchez Vidal, Emilio Sanz de Soto, Gonzalo Sanz Larrey, Jean-Claude Seguin, Antonio Sempere, Paco Ignacio Taibo, Mirito Torreiro, Augusto M. Torres, Juan J. Vázquez, Nuria Vidal, Pedro Manuel Villora, Fernando Vizcaíno Casas.

Índice onomástico

Índice

LOS PRIMEROS VIENTOS DE CAMBIO .. 105

EL CINE EN DEMOCRACIA

EL CINE
CONTADO CON SENCILLEZ

Juan Zavala, E. Castro-Villacañas y Antonio C. Martínez

**EL GOLF CONTADO
CON SENCILLEZ**
Hugo Costa

**LA MITOLOGÍA
CONTADA CON SENCILLEZ**
David Hernández de la Fuente

**LA FILOSOFÍA
CONTADA CON SENCILLEZ**
Javier Sádaba

**EL EMBARAZO
CONTADO CON SENCILLEZ**
Mayka Sánchez

Contado con sencillez

**LA ECOLOGÍA
CONTADA CON SENCILLEZ**
Joaquín Araújo

**LA BOLSA
CONTADA CON SENCILLEZ**
Nuño Rodrigo

**LA PUBLICIDAD
CONTADA CON SENCILLEZ**
Fernando Ocaña

**EL MUNDO DEL VINO
CONTADO CON SENCILLEZ**
Cristina Alcalá

NOVEDAD OCTUBRE 2007